L'art caché

Groupe Eyrolles
61, bd Saint-Germain
75240 Paris Cedex 05

www.editions-eyrolles.com

Le Code de la propriété intellectuelle du 1er juillet 1992 interdit en effet expressément la photocopie à usage collectif sans autorisation des ayants droit. Or, cette pratique s'est généralisée notamment dans les établissements d'enseignement, provoquant une baisse brutale des achats de livres, au point que la possibilité même pour les auteurs de créer des œuvres nouvelles et de les faire éditer correctement est aujourd'hui menacée.
En application de la loi du 11 mars 1957, il est interdit de reproduire intégralement ou partiellement le présent ouvrage, sur quelque support que ce soit, sans autorisation de l'éditeur ou du Centre français d'exploitation du droit de copie, 20, rue des Grands-Augustins, 75006 Paris.

© Groupe Eyrolles, 2007, 2013

ISBN : 978-2-212-55783-1

Aude de Kerros

L'art caché

Les dissidents de l'art contemporain

Deuxième édition

EYROLLES

À Henri Josseran

Table des matières

Préface : Hors champ 9
Avant-propos 13
Glossaire 19

Partie I
Un peu d'histoire récente

1. L'art en révolutions : 1905-2007 29
2. La toile de fond américaine 40
3. Les mystères de la valeur 62
4. La pensée implicite de l'AC : la philosophie analytique 74
5. L'ultime gnose 87

Partie II
Les ressorts de l'« art contemporain »

6. L'essence de la rupture entre modernité et postmodernité 103
7. Aliénations réciproques 116
8. Les utilités de l'« art contemporain » 139

Partie III
La controverse silencieuse

9. Le schisme en l'état… 155
10. Les théoriciens contre les historiens d'art 166

11. L'impossible controverse — 183

12. Les questions inaudibles — 204

13. L'expérience inverse des peintres — 219

Partie IV
La permanence de l'art

14. Le bruit court qu'il ne se passe plus rien à Paris — 241

15. La suppression organisée des savoirs — 249

16. L'art caché — 263

17. Les marchés cachés de l'art d'aujourd'hui — 273

18. Les perspectives du temps long — 280

19. Signes des temps — 292

Bibliographie — 305

Index des noms propres — 311

Du même auteur — 317

Préface
Hors champ

L'Art caché, paru en 2007, décrit une période de la vie artistique en France qui s'achève avec la catastrophe financière qui a lieu un an plus tard en 2008. Celle-ci a déclenché une multitude d'effondrements matériels et immatériels qui ont entraîné de réels changements dans le monde des arts et de la création en France. Cet événement, qui s'est produit à l'échelle du monde, a déchiré au passage quelques voiles qui recouvraient pudiquement des trafics concernant le marché de l'art. À la faveur du krach financier, les Français, jusque-là assez à l'écart de ces réalités en raison d'un art fortement étatisé, ont découvert les nouveaux mécanismes de la fabrication des cotes. Ils ont constaté l'impensable : les œuvres ne sont que des produits financiers dérivés, très sécurisés... La crise a révélé que la valeur et le prix sont deux notions qui ne coïncident pas forcément. Ce constat a entraîné à son tour la mise en lumière d'un aspect difficile à appréhender et à admettre de l'histoire de l'art de ces cinquante dernières années : l'existence de deux définitions contradictoires et simultanées de la notion d'art. Deux pratiques contraires coexistaient sous la couverture d'un même mot : « art contemporain » et « art ».

L'« art » était lié aux lieux où il apparaissait. Confidentiel, il naissait d'une nécessité intérieure de l'artiste et d'une relation forte avec ses amateurs. L'œuvre dite d'« art contemporain », en se métamorphosant en concept, devenait un produit financier. Sa nature est si immatérielle qu'elle peut se négocier par-dessus les frontières, se concrétiser n'importe où. Elle est reproductible, fabricable sur commande en « *factory* », dans la quantité et les formats adaptés à sa monstration partout dans le monde. L'effet révélateur de la « très grande crise » rend cette double réalité enfin perceptible en dehors du cercle des initiés et c'est ce qui change le cours de l'histoire après 2008. Il faut cependant surmonter une difficulté majeure : l'extrême visibilité de « l'art contemporain » cache « l'art », devenu si invisible qu'il faut prouver qu'il existe !

La réalité postmoderne est celle qui apparaît sur les écrans, ce qui ne s'y voit pas est supposé ne pas être. Il est pourtant nécessaire d'évoquer ensemble ces deux versants de la réalité. Car depuis un demi-siècle leur destin est lié. Leur antagonisme a provoqué un séisme dans le monde de l'art. Il s'est produit un schisme, une guerre culturelle, un combat sourd, silencieux, secret, tragique ! Sans pareil dans l'histoire, ce conflit a mis beaucoup de temps à être perçu et élucidé par les artistes eux-mêmes et leurs amateurs... La confusion a produit un chaos où pour survivre intérieurement les artistes ont choisi divers chemins. Certains ont adopté un pur cynisme, d'autres la passivité, la schizophrénie, le double langage, le camouflage, la contrebande sur les frontières. D'autres ont pratiqué le stoïcisme, le silence, le beau métier à l'abri d'une occupation nourricière. D'autres encore se sont donné la mort. Cette crise aujourd'hui ouverte et purulente a un effet infiniment douloureux, elle a passé au crible ceux qui se disent artistes. Elle a aussi eu un effet bénéfique : pour survivre au poison du doute, au spectre de la stérilité, il fallait se dépasser, faire œuvre envers et contre tout, s'interroger sur l'essentiel, comprendre, retrouver les sources. Cet étrange combat a comme issue la mort ou la métamorphose positive. Les destins des uns et des autres sont toujours uniques.

Comment donc évoquer cette époque sans montrer l'interaction de ces deux réalités captives l'une de l'autre ? Comment les distinguer, les décrire ? *L'Art caché – Les dissidents de l'art contemporain*, est la première partie d'un diptyque. Il décrit les deux faces de la vie artistique entre les années 1960 et 2007 : l'installation de la pratique conceptuelle comme art officiel international et la poursuite de l'art par des chemins moins instrumentalisés et par conséquent plus libres.

Six ans plus tard, il est possible de faire un début d'histoire et de géographie, et de décrire comment se pose la question de la création artistique au cœur même d'une crise majeure qui s'avère avant tout concerner la civilisation elle-même. Le temps a passé, l'histoire s'est accélérée : on peut avoir enfin un regard rétrospectif sur le XXe siècle. On découvre avec un œil nouveau à la fois ses trésors occultés et ses cruelles utopies. On aperçoit mieux les multiples chemins de la création : voies sans issue, marche aux extrêmes, retour aux sources, voies singulières. En regardant la grande perspective, en assumant la profondeur du temps, un paysage apparaît. Il devient possible de faire la description des divers courants de l'art caché.

Ce livre décrit une réalité qui n'est ni considérée ni admise par les autorités qui dissertent sur l'art et font instance. Ils appartiennent à quatre clergés qui décident de ce qui est de l'art et de ce qui n'en est pas. Ils sont universitaires et ont un point de vue sociologique, philosophique. Ils sont fonctionnaires, « inspecteurs de la création » et se disent « experts ». Ils appartiennent même parfois au clergé catholique, apostolique et romain et consacrent eux aussi les Saintes Espèces conceptuelles sur les autels. Ils sont journalistes et maîtres de la com'. Viennent ensuite tous les professionnels du marketing et du montage financier. Dans l'évolution actuelle de la vie artistique et de sa mondialisation, les clercs jouent ainsi le rôle d'agents d'influence au service des collectionneurs qui se chargent, grâce à des techniques de spéculation en réseau fermé, de fabriquer des cotes faramineuses et de contribuer au grand spectacle médiatique, visible du monde entier.

Il manque le point de vue de l'artiste dont la pratique n'est pas conceptuelle et qui considère sa liberté et sa disponibilité comme absolument essentielles. Il fait la différence entre la création plastique et la pure élaboration intellectuelle et verbale, il fait aussi la distinction entre création et « créativité ».

Les clercs se sont fabriqué une légitimité en diabolisant ceux qui font l'analyse critique de « l'art contemporain ». C'était le seul moyen en l'absence d'arguments et de critères partageables en dehors du milieu initié. S'il s'est créé des œuvres majeures au XXe siècle malgré des systèmes d'oppression policière, pourquoi ne s'en créeraient-ils pas aujourd'hui à l'ombre d'un doux totalitarisme, financier et médiatique, fondé sur le détournement de la visibilité et de l'argent pour une spéculation sans création de biens ? L'histoire d'une création hors champ d'État ou de marchés financiers mérite d'être sortie de l'ombre. La vérité et la complexité d'une époque finit toujours par apparaître, le temps la dévoile !

À cette nouvelle édition est ajouté un chapitre : « Signes des temps ». Il évoque quelques événements symboliques qui mettent en évidence le paroxysme des contradictions atteint au cœur de la crise. Spectacles sidérants et loufoques, danses macabres, culte grotesque des idoles cachent les signes plus ténus d'une réalité autre qui apparaît sous les décombres. Le fracas des ruines qui s'effondrent fait plus de bruit que la forêt qui pousse dit le proverbe.

Avant-propos

*« L'artiste moderne trouve dans sa malédiction
une fécondité sans exemple. »*
André MALRAUX

Graveur et peintre[1], dans les remous d'un temps de crise, j'ai désiré comprendre…
La réalité est cependant la chose au monde la plus difficile à voir, chacun se trouvant, comme Fabrice à Waterloo, témoin et acteur, pris au milieu d'une bataille, sans recul ni visibilité.

J'ai beaucoup lu mes contemporains, philosophes, historiens d'art, sociologues ou scientifiques, pour apercevoir avec plus de distance le champ de bataille de l'art, d'un autre promontoire que le mien.

J'ai dû constater que, de la fenêtre de mon atelier, je ne reconnaissais pas tout à fait la réalité décrite par eux. D'évidence, la vision que l'on a d'une salle de rédaction, d'un cabinet ministériel, d'un studio de philosophe ou de la bibliothèque d'un historien ne rend pas forcément compte du point de vue de celui qui crée. Il manquait donc une note à leur concert.

Je me suis tournée vers les artistes et j'ai cherché à connaître leurs réflexions, observations et écrits sur l'époque que nous partageons. J'ai mieux compris.

Lorsque l'on est perdu dans la forêt de la réalité, tous les livres sont importants. C'est comme si l'on grimpait en haut d'un arbre pour savoir où l'on est.

---

1. Ces mots sont déjà en soi une transgression du système de l'art en France qui ne connaît que les plasticiens, installateurs et auteurs conceptuels.

Un livre décalé dans le temps m'a éclairée sur la crise que nous vivions, *Les Abeilles d'Aristée*, de Wladimir Weidlé[1], livre commencé avant-guerre et publié en 1956. Ce n'était ni un artiste, ni un de mes contemporains. Il ne décrivait pas l'époque qui est la mienne mais la crise de l'« art moderne », avant le grand schisme de l'« art contemporain ». Je n'y ai pas perçu particulièrement une critique pessimiste de la modernité mais plutôt une façon de voir paradoxale, saisissant le processus d'une évolution dans son mouvement contradictoire et vivant. C'est le type de point de vue qui nous fait défaut aujourd'hui pour comprendre.

En le lisant, je reconnus les élaborations intérieures de la création. Wladimir Weidlé évoque dans ce livre l'émergence de grands artistes qui ouvrent, explorent et épuisent une voie dans l'art et n'ont pas de descendance : Rimbaud, Joyce, Picasso, Mathieu, etc. Constante que l'on retrouve pendant tout le siècle. Voies uniques, exploration des « finisterres ». Il remarque que les plus grandes œuvres de l'art moderne sont celles où la crise se manifeste le plus. Les grands artistes se tiennent en équilibre sur la faille, dramatiquement et fortement plantés au bord du précipice qui va en happer tant d'autres, attirés par le vide. Un grand drame se trame, qui met en jeu la liberté, comme aux origines. Il décèle dans leurs œuvres toutes les formes de l'angoisse, souvent indiscernable de l'espérance.

Il les regarde une par une, dans leur singularité, et n'use pas des concepts aveuglants d'« avant-garde » ou d'« arrière-garde », employés pour consacrer ou condamner les œuvres de ce siècle. Avec le recul du temps, ceux-ci s'avèrent soudain bien incertains et même insignifiants. La différence entre l'une et l'autre notions, si peu liées à l'art, devient floue... Où classer les œuvres marquées par une réduction à l'indifférencié, les démarches régressives, les pathologies totalitaires, les transgressions en boucle, montrées jadis comme la fine pointe du progrès ?

Wladimir Weidlé cherche à comprendre : il relève le fait de la disparition des styles qui se produit dès la période romantique. Le style était le ciment qui faisait l'unité d'une époque et entraînait l'adhésion des contemporains. La perte de cette cohésion a eu pour résultat de libérer

---

1. Wladimir WEIDLÉ, *Les Abeilles d'Aristée*, Ad Solem, Genève, 2002, livre écrit entre 1932 et 1952. Wladimir Weidlé est né à Saint-Pétersbourg en 1895 et mort à Paris en 1979. Après des études de lettres et une période d'enseignement d'histoire de l'art, il quitte la Russie en 1924, s'installe à Paris. Penseur à contre-courant, il vit indépendant des chapelles ennemies et en marge de l'Université. Sa culture encyclopédique, sa connaissance de différentes langues dont l'allemand et le russe, lui permettent de ne pas séparer dans ses analyses la littérature, la musique, les arts plastiques et d'appréhender ce qui se passe dans toute l'Europe de l'époque.

les démarches individuelles, d'ouvrir les voies singulières, mais aussi de rompre l'accord naturel entre l'artiste et son public.

Cette disparition du langage commun au profit des expressions individuelles permet la découverte d'une nouvelle *terra incognita*, celle de la psyché humaine, alors que l'exploration de la planète touche à sa fin. Cette libération produit des œuvres étranges, qui frôlent les abîmes, choquent et mettent l'artiste dans une solitude et une angoisse très perceptibles dans leur art.

Cette irruption de la subjectivité, se rebellant contre le carcan social, libère au début du processus une grande énergie créatrice et protéiforme.

Weidlé remarque que le socle de l'art ancien s'adressait à l'être intégral et que, depuis l'avènement de l'« esthétique », l'artiste explore sa province intérieure, sans se soucier du reste ; son art se spécialise.

Weidlé y verra la source de la modernité et le principe qui va la ronger. Tôt ou tard, la fragmentation à l'infini de la réalité va permettre à certains d'affirmer que tel fragment est le tout. La subjectivité exacerbée, alliée au rationalisme désincarné, va paradoxalement atteindre les sources mêmes de la création, et ils contribueront ensemble à la « destruction des mondes imaginaires ».

Cette perte met en danger la pensée. L'image est première dans la perception, avant toute formulation. Le réel, si confus et difficile à voir, prend forme, s'unifie et s'harmonise tout d'abord dans l'imaginaire. Les mots prennent la suite ; ils ne peuvent tout dire de son mystère. Ainsi nous sommes protégés d'une pensée fermée. Renoncer à cette voie préalable de la main qui ouvre une brèche à la pensée en la faisant passer dans la forme, c'est encourir un grave danger car « ce que l'imagination renonce à étreindre, la raison essaye de se l'approprier ». Ainsi s'enclenche l'engrenage de la pensée et des expressions totalitaires.

Le privilège ontologique de créer

Artiste par inexplicable vocation, je me suis toujours demandé comment survivre dans un contexte d'atomisation en y participant par le fait même d'exister. Situation dramatique dont il faut prendre la mesure : en ce temps, tout est libre, tout est égal, tout est indifférent, tout se vaut, la solitude de l'artiste est totale. Cette époque est inouïe, démesurée, et pourtant je ne l'échangerais contre aucune autre.

L'ambition que l'on peut avoir est de poursuivre l'œuvre singulière, de travailler avec le don unique en se laissant éclairer par le sentiment d'avoir le privilège de créer envers et contre tout, privilège que les êtres angéliques et purs n'ont pas… Il faut avec ses mains donner forme aux mondes invisibles, boire à la source, accepter la pauvreté et la mort, croire à la puissance créatrice du temps, rejoindre comme on peut la patrie spirituelle, « l'ordination suprême de la grâce », selon l'expression de Wladimir Weidlé.

Ce livre décrit l'histoire d'un schisme apparu au tournant des années 1960, temps que Wladimir Weidlé n'a pas décrit. Deux voies s'ouvrent désormais devant chaque artiste : celle de l'accomplissement de la forme pour atteindre les mondes intérieurs, et celle qui cherchera au contraire à élaborer un concept pur. Peu à peu les notions « art moderne » et « art contemporain » vont prendre des voies divergentes.

Les « hors-l'histoire » face aux « contemporains »

Dans cette évocation, je n'ai pas voulu séparer ni démêler les deux courants. Leurs frontières sont floues ou poreuses, leur histoire est commune, même s'ils s'opposent. Leur destin est lié. L'art vit dans l'ombre de l'« art contemporain », lequel vit de la transgression de l'art.

L'« art contemporain » se nourrit du dépeçage de l'art, quand le meilleur de l'art s'élabore en mûrissant cette remise en cause. L'« art contemporain », en usant de ses transgressions et événements, a une efficacité médiatique ; l'« art » n'émeut les êtres qu'un par un. La destruction de l'art est consubstantielle à l'assomption de l'« AC[1] », mais l'art survit par sa nécessité. Fait incontournable, il est indissociable de la nature humaine.

Une image a toujours été présente à mon esprit lorsque j'essayais de comprendre ce qui se passait sous mes yeux, qui semblait si contradictoire et si paradoxal : celle d'une balance avec ses deux plateaux. Les mouvements de l'un et de l'autre étant toujours en relation par la nature même de l'objet. Voilà pourquoi je n'ai jamais pu croire à la présentation médiatique, historique, sociologique, philosophique qui a été faite de l'art actuel. Dans cette vision officielle, l'« AC » est le seul art d'aujourd'hui. Certes les esprits les plus éclairés admettent l'existence d'une « arrière-garde » réunissant tout ce qui est exclu. C'est un art impossible à voir, perdu dans un brouillard, indistinct, « hors l'histoire ». Un art caché.

---

1. « AC », abréviation pour « art contemporain ». Cet acronyme sera communément employé dans tout le livre pour éviter la confusion du sens que l'expression « art contemporain » peut entretenir avec la notion d'« art fait aujourd'hui » ou même avec la notion, encore différente, d'« art moderne ». L'AC, qui se prétend le seul art significatif d'aujourd'hui, est une idéologie au contenu bien précis dont le principe est exclusivement conceptuel. Ce terme a été employé pour la première fois par Christine Sourgins dans *Les Mirages de l'art contemporain*, La Table ronde, Paris, 2005.

La conscience d'une corrélation forte entre les deux voies faisait que tout ce que je voyais et entendais prenait un sens et un relief particulier... J'entrepris une série de longs entretiens d'artistes pour servir l'Institut des archives sonores[1]. Et j'ai observé, à travers le récit de leurs vies, ayant ce demi-siècle comme toile de fond, comment chacun avait vécu cette rupture unique dans l'histoire.

Je pus voir à quel point il avait été difficile pour ces artistes, convaincus de la grande dimension de l'art, de concevoir une inversion de sa définition. Ils ont mis un temps immense à comprendre la différence qui existait désormais entre la modernité, à laquelle ils adhéraient profondément, et la rupture opérée par le conceptualisme. Ce passage de la modernité à la postmodernité, d'un monde dominé par des conceptions esthétiques, religieuses et politiques à un monde régi par des conceptions morales, philosophiques et économiques, leur fut infiniment douloureux.

Premiers regards rétrospectifs

Il a fallu attendre les années 1990 en France pour que la conscience du schisme se répande dans l'esprit des artistes. Les premières traductions des livres sur l'esthétique analytique américaine y contribuèrent. On comprit alors que la dimension esthétique de l'art était abolie au profit d'un contenu moralisateur. Il a fallu attendre l'an 2000 pour que les artistes perçoivent clairement la relation entre l'AC et les systèmes financiers, mercantiles et de communication.

L'histoire officielle de l'art, faite au jour le jour pour les besoins de la cotation sur le marché, ne dit pas tout. Elle élude la peinture et les arts de la main, et tente ainsi de les mettre à mort, alors même qu'ils renaissent secrètement en nous. Les péripéties de cette aventure méritent d'être racontées.

Nous étions devenus pauvres, sans commandes et malhabiles, mais nous travaillions à la lumière de la nécessité intérieure, cela au point que même la reconnaissance n'était plus indispensable.

Les logiques fatales ont été jusqu'à leur terme... En tournant notre regard en arrière, nous mesurons maintenant le chemin parcouru. Nous avons changé d'époque. Ce qui était confus se laisse enfin voir dans la lumière.

---

1. Institut des archives sonores, dirigé par Franklin Picard, collection d'interviews « L'art caché ».

Glossaire

« *Notre époque a remplacé l'art par son ersatz.* »

Luigi PAREYSON

Toute personne qui veut observer et décrypter le monde de l'art doit se munir d'un guide sémantique. La révolution de l'« art contemporain » n'est pas une révolution des formes mais une subversion conceptuelle. Celui qui veut comprendre entre dans un labyrinthe sémantique. Il faut connaître bien sûr les mots partagés par les initiés du milieu de l'art. Il faut être averti également de l'évolution du contenu de certains mots dont la signification change de décennie en décennie, fruit d'une intense élaboration théorique. Mais le principe essentiel de la confusion est un fait nouveau : certains mots ont deux sens opposés. Autant tenir le fil d'Ariane pour ne pas se perdre.

Les mots bifides

Un mot, deux définitions… Parfois même deux sens inverses et simultanés. Ils sont le principe organisateur du labyrinthe conceptuel. Le phénomène se produit parce que chaque définition est le fruit d'une conception du monde différente.

Généralement le renversement de sens se produit du fait de l'opposition des points de vue entre la vision traditionnelle du monde et les conceptions postmodernes. L'une admet l'existence d'une transcendance. Le monde et l'être ont une dimension au-delà de ce que l'on voit. Pour appréhender le réel, il y a une échelle à gravir, un effort à faire. L'autre la nie. Il n'y a rien d'autre à voir que ce que l'on voit, chacun voit ce qu'il veut, tous les points de vue sont légitimes et équivalents.

Les premiers mots touchés par cette différence de point de vue sont précisément ceux que l'on nommait les « transcendantaux », sans cesse employés lorsque l'on disserte sur l'art : la beauté et la vérité notamment.

La beauté

Dans le sens originel, c'est un état d'harmonie, d'accomplissement de l'esprit dans la forme. C'est le but poursuivi par l'artiste dans son œuvre, il en a l'intuition tout en sachant qu'il ne peut que s'en approcher mais jamais l'atteindre complètement, car précisément la beauté est d'une nature transcendante. L'application des lois et des savoir-faire ne suffit pas. La beauté ne se possède pas.

Dans le sens postmoderne, la beauté n'est même plus une affaire de goût comme dans l'art moderne, mais un concept comme le joli, le kitsch, le laid, le *gore*, etc. L'artiste décide de son contenu.

La vérité

Dans le sens traditionnel, la vérité s'approche mais ne se possède pas – pour les mêmes raisons. Dans le sens postmoderne, est vrai ce que chacun ressent comme tel.

En art, la « réalité » est le nom donné au vrai. Pour l'artiste ancien ou moderne, le réel, le monde visible est lui-même signe du monde invisible. Il peut le représenter mais ne peut pas prétendre tout dire de lui.

Pour l'artiste postmoderne, le réel est ce que l'on voit, et le but de son art est de le présenter tel quel, sans le transformer.

Le sacré

L'artiste au sens originel du terme tente, par le moyen de l'art, de laisser percevoir cet invisible transcendant qui n'est pas seulement terrible mais aussi positif.

Pour l'artiste postmoderne, le sacré est entièrement dans la vision des forces de la nature qui provoque une conscience vertigineuse des abîmes, de la mort irrémédiable, du néant vers lequel l'homme est entraîné.

L'art

Il est évident que le mot « art » s'est trouvé pris dans ce changement de perspective. Au sens premier, l'art implique une transformation positive de la matière par l'artiste. Dans la perspective postmoderne, est de l'art ce que l'artiste définit comme tel.

Il est frappant, en lisant la littérature des critiques d'art, que parfois dans le même paragraphe, pour ne pas dire la même phrase, les auteurs emploient le même mot dans ses deux sens différents. Ils connaissent pourtant parfaitement les codes mais ils le font par inadvertance comme s'il s'opérait un retour inconscient au réel.

Petit vocabulaire anti-piège pour circuler dans le labyrinthe

Art

Objet résultant d'une transformation positive de la matière visant à l'accomplissement de la forme dans un but dépassant l'intention idéologique ou la simple utilité.

Art moderne

L'art moderne est dans la suite de l'art. Même si les modernes remettent en cause les codes établis, expérimentent tous les moyens formels, donnent la priorité à l'expression plutôt qu'à l'harmonie, au mouvement plutôt qu'à la forme, à la couleur plutôt qu'au dessin, remettent en cause la figuration, explorent les codes archaïques ou primitifs, s'inspirent des autres cultures, leur démarche n'en demeure pas moins d'abord esthétique.

L'« art contemporain » ou « AC »

L'« art contemporain » a un contenu théorique particulier qui le situe en rupture avec le « grand art » mais aussi avec l'« art moderne » en refusant la démarche esthétique pour adopter la démarche conceptuelle. Il convient donc, chaque fois que l'on rencontre cette expression généralement mise entre guillemets, de comprendre que cela ne signifie ni l'« art moderne », ni l'« art abstrait », ni l'« art d'aujourd'hui », mais une idéologie nominaliste répondant à la formule : « Est de l'art ce que les artistes et le milieu de l'art déclarent être de l'art. » Christine Sourgins, dans son livre *Les Mirages de l'art contemporain*[1], emploie l'acronyme « AC » pour éviter cette confusion naturelle et automatique. Cela permet d'avoir présent à l'esprit en permanence le contenu théorique de l'expression « art contemporain » et de le distinguer du mot « art ».

---

1. *Op. cit.*

Il existe cependant des expressions extrêmes de l'art moderne qui s'apparentent à l'art contemporain.

En 1998, Christie's et Sotheby's officialisent le schisme en adoptant d'un commun accord une définition chronologique des mots « arts moderne » et « art contemporain ». Est de l'« art moderne » ce qui a été fait entre le début du XXe siècle et 1960 ; est de l'« art contemporain » ce qui a été fait après 1960. C'est ainsi qu'un art innommable et réprouvé va sortir de l'histoire et entrer dans la clandestinité : soit, tout l'art non conceptuel créé après cette date.

L'art caché

L'« art caché » est la suite de l'art, la modernité naturelle. Il est « caché » parce qu'on lui dénie le fait d'exister en le revêtant d'autres noms qui l'occultent : dans le meilleur des cas, on le baptise « art d'arrière-garde » ; dans le pire des cas, c'est un art pastiche, syncrétique, artisanal. Il est vrai que cet art réprouvé recouvre une réalité polymorphe où parfois seulement se cache le « grand art ».

Artiste d'art

Peintre, sculpteur, graveur, etc. L'artiste représente, transpose, transforme la matière avec les mains, visant à provoquer une émotion d'ordre esthétique et sensible.

Auteur contemporain

Plasticien, installateur, performeur, vidéaste, etc. Il met en œuvre un concept, présente la réalité, intervient dans un contexte pour le perturber, exercer une critique pour le salut de l'humanité opprimée. Il « donne à penser ».

Les problèmes de frontières

L'« art caché » et l'AC entretiennent néanmoins des rapports intenses, et bien des problèmes de frontières se posent.

Peinture

Toute chose peinte n'est pas forcément « de la peinture ». Pour y accéder, il faut accepter le rectangle blanc, y créer un temps, un espace, une nécessité formelle unique. L'œuvre continuera à exister en dehors de l'artiste,

Glossaire 23

du regardeur, du contexte et même du milieu de l'art qui l'a vu naître. Un fragment retrouvé dans une fouille archéologique des siècles après sera reconnu comme « œuvre d'art ».

Conceptualisme naïf et conceptualisme peint

Malgré le fait que le schisme ait eu lieu il y a de cela un demi-siècle, beaucoup d'artistes n'ont pas compris les tenants et les aboutissants de cette révolution sémantique et ne savent pas où ils sont, ni même qui ils sont.

Le fait qu'il suffise de s'autoproclamer « artiste » pour qu'immédiatement la moindre œuvre produite devienne art a pour résultat d'entraîner l'existence de deux formes de conceptualisme : un conceptualisme naïf fondé sur les bonnes intentions, comme dans l'art sulpicien (beaucoup de peintres du dimanche sont ainsi des conceptuels sans le savoir…) ; à quoi s'oppose une manière théoriquement élaborée de faire de la peinture, c'est le « conceptualisme peint ».

L'artiste utilise une toile et même des pinceaux pour énoncer quelque concept, la forme étant sans importance, accidentelle. L'artiste revendique le fait de ne rechercher ni beauté, ni matière, ni essence, ni picturalité, ce qui est un exploit en soi et se définit par là même comme « conceptuel ».

Petit vocabulaire théorique

Beaucoup de mots reviennent dans les discours sur l'art. Ils sont la plupart du temps le fruit d'une longue élaboration théorique et ont un contenu précis.

Le milieu de l'art

C'est à la fois les marchands, les institutions, les collectionneurs, les critiques. Cette expression a de l'importance car c'est « le milieu de l'art » qui décide, en l'absence de tout autre critère déterminant, ce qui est de l'art et ce qui n'en est pas. L'artiste ne fait partie de ce milieu que s'il a été agréé.

Le regardeur

Dans la conception traditionnelle, le « public » est le destinataire de l'œuvre d'art. Dans le dispositif postmoderne, celui-ci fait partie intégrante de l'œuvre. Il est le « regardeur ». L'œuvre l'inclut soit à son insu comme dans un piège, ou bien avec son consentement s'il accepte les procédures imposées par l'artiste. C'est ce que l'on appelle l'« interactivité ». Le regardeur est soit complice, soit manipulé, le plus souvent les deux à la fois. Il a l'illusion de la liberté car on lui dit que l'œuvre a le sens qu'il veut bien lui donner.

Le contexte

L'œuvre, pour exister, a aussi besoin du contexte. Le « contexte » lui donne son statut mais aussi son sens. Une pissotière fonctionnant dans une vespasienne n'est pas une œuvre d'art, mais, exposée à Beaubourg, elle le devient. Une installation faite par un artiste sur le trottoir en face du Moma n'est pas une œuvre d'art, elle le deviendra le jour où elle sera exposée à l'intérieur. Il n'y a pas d'œuvre d'« art contemporain » sans que toutes ces conditions soient réunies.

Les théoriciens

Ils énoncent le dogme et donnent le sens de l'œuvre. Ils ont remplacé les critiques. Ils n'évaluent pas la valeur de l'œuvre, ils la légitiment. Leur discours n'est pas esthétique, il est moral ou sociologique.

L'englobant

Il est le « contexte » social et historique de l'œuvre en dehors duquel l'œuvre d'AC n'existe pas. Les artistes ont le devoir d'exprimer leur époque, de dénoncer la société, de rendre compte de ses maux. C'est une des conditions pour mériter leur statut d'artiste.

Les institutions

En France, elles émanent essentiellement de l'État : ministère de la Culture, musées, centres d'art. En Amérique, il faut ajouter aux rares organismes émanant de l'État des centaines de fondations et musées privés dont certains ont une extension internationale. Les institutions ont un rôle essentiel dans la légitimation de l'« art contemporain » et émergent.

L'art émergent

L'art en cours de consécration par le « milieu de l'art ».

Le grand art

C'est l'art au sens habituel. Selon les « théoriciens », il appartient au passé. Il n'est plus possible aujourd'hui de le pratiquer. Il est entouré d'une aura terrible car, selon eux, il a été complice des grands malheurs de l'humanité : guerres de religion, colonialisme, injustices sociales, etc.

High culture

Les théoriciens américains emploient à la place de « grand art » l'expression « high culture », mais le sens de ce mot a un contenu différent. En effet, il désigne l'art réservé aux gens cultivés. En raison de cela, aux États-Unis, il inclut l'AC, considéré comme l'art des intellectuels et des élites.

En Amérique, le « grand art », c'est-à-dire l'art « moderne classique », fait aussi partie de l'art d'aujourd'hui. Depuis deux décennies, la règle est : « *Rejecting rejection.* » Pas de discrimination !

Partie I

UN PEU D'HISTOIRE RÉCENTE

1

L'art en révolutions : 1905-2007

> « L'art contemporain est une forme parfaite du totalitarisme, une forme pure, un enfermement métaphysique, une subversion parfaite. C'est l'art de la fonction déviante. »
>
> Pierre RESTANY

Soudain, peu avant la guerre de 1914, une nouvelle conception de l'art se fait jour. Elle a de profondes racines dans les grands tropismes du siècle précédent, qui s'appellent Progrès, Rationalisme et surtout Génie. Kant, Nietzsche, Schopenhauer ont marqué les esprits. Le génie rend la transgression légitime, utile pour accoucher d'un monde nouveau et meilleur.

Entre les idées et l'art convenu du temps, encore fidèle à Raphaël, il y a inadéquation : lassitude de l'œil devant le concours de virtuosité qui s'expose aux Salons, attente d'autre chose. Il se propage alors comme un désenchantement de tout ce que l'on avait aimé, admiré, tenu pour évident jusque-là, un désir de jamais vu.

1905. L'art du nouveau – l'artiste chercheur

En 1905, les « fauves » au Salon d'automne enclenchent la succession des « avant-gardes ». Toutes les formes esthétiques de la rupture se produisent entre 1907 et 1920, presque simultanément. Elles ont pour nom : fauvisme, cubisme, futurisme, abstraction, conceptualisme, suprématisme, néoplasticisme, Bauhaus, dadaïsme, constructivisme, etc. Elles mettront un siècle à décliner toutes leurs possibilités formelles… Expressions multiformes ! Comment les définir ? Un de leurs découvreurs, le galeriste Kahnweiler, homme cultivé, amateur d'art ancien au tempérament mesuré et sage, énonce : « L'art, c'est le nouveau. » Il considérait ses artistes comme des « chercheurs ». Il attendait d'une œuvre qu'elle procure une émotion, un ébranlement ; il fallait qu'elle « choque », pour employer ses propres mots.

Au même moment, dans un contexte très différent, Kropotkine reprenant Bakounine proclamait : « Détruire c'est créer. » Pour créer un monde nouveau, il faut faire table rase. C'est le sens même de la révolution, et pour beaucoup d'artistes ce sera leur finalité.

Ainsi, politique ou pas, quelles que soient ses finalités, l'art est fondé désormais sur l'obligation du changement.

Néanmoins, il n'y a pas de rupture entre ce nouvel art dit « moderne », qui croit au génie, et la suite de l'art dit « académique », qui croit aux lois : ce sont deux polarités d'une même activité qui connaît toutes les situations intermédiaires. La communauté des artistes se retrouve dans les mêmes lieux, et les idées s'échangent ; le débat est centré sur les solutions formelles à donner à l'œuvre, et, pour cette raison, les artistes aux doctrines les plus contraires s'influencent. L'œil exercé constate que l'art des grands néoclassiques des années 1930 a assimilé les expériences des « modernes ». De même les cubistes, constructivistes et autres révolutionnaires ont été très amateurs du nombre d'or ; de leurs œuvres émane un équilibre classique.

Les meilleurs artistes ont créé des œuvres profondément originales, hors des concepts idéologiques – d'avant ou d'arrière-garde… Mais une histoire objective dans ce domaine reste à écrire, car contrairement à l'idéologie et à ses légendes, le choix de la modernité en art n'était pas forcément lié à des opinions politiques révolutionnaires.

Cependant, il viendra un moment où l'obligation de la « rupture », devenue une fin en soi, va ronger l'« art moderne » et le confronter à une limite. Pierre Restany le déclare dans son premier *Manifeste des Nouveaux Réalistes* en 1960 : « Nous assistons aujourd'hui à l'épuisement et à la sclérose de tous les vocabulaires établis, de tous les langages et de tous les styles. »

Cela perturbera d'abord les artistes les moins créateurs, puis tous progressivement ! L'artiste occupé à inventer perd son génie propre, le fil intérieur. La rupture de la rupture conduit fatalement à la répétition d'un acte qui n'a plus sa source dans l'irréductible singularité de l'être. Le temps passant, l'idée étrange que « tout a été déjà fait » va angoisser les artistes et les plonger dans la mélancolie et le doute. Ce phénomène s'accentuera d'autant plus que les artistes se trouvent confrontés par la photo à tout le patrimoine artistique de tous les temps et de tous les lieux. Écrasant héritage qu'il faut assimiler en trop peu de temps.

Cette conception matérialiste et fermée du « nouveau », vu comme une invention technique ou formelle, va provoquer une crise, une nouvelle lassitude vers la fin des années 1950. Les artistes se trouvent confrontés à une imminente cassure.

Elle n'a pas tout de suite été perçue parce qu'elle s'est faite dans un domaine étranger à l'esthétique : la sémantique.

1960. Le schisme duchampien : l'art total – l'artiste divin

Désormais, on n'explorera plus les formes, on ne démontera plus la grande machine de la peinture, c'est chose faite. C'est au tour du langage de subir ce sort. Ce sont les mots et le discours qui seront subvertis. Pour commencer, c'est la définition de l'art qui va changer.

Nous sommes en 1960. Un événement, plus visible que d'autres, permet de dater ce moment où l'art connaîtra non pas une rupture mais une inversion. C'est la date que choisiront Christie's et Sotheby's, quarante ans plus tard, pour délimiter l'art moderne de l'« art contemporain ».

En avril, sur la place de la cathédrale à Milan, le *Manifeste des nouveaux réalistes* conçu, rédigé, déclamé par le critique Pierre Restany affirme, après avoir constaté l'épuisement de la modernité :

« La peinture de chevalet a fait son temps... Elle est remplacée par la passionnante aventure du réel perçu en soi, et non à travers le prisme de la transcription conceptuelle ou imaginative... C'est la réalité sociologique qui est assignée à comparaître. »

Restany reprend les idées du solitaire Duchamp, adulé à New York mais peu reconnu en France, et va lui créer une postérité. Il reformule sa condamnation radicale de la peinture. Désormais, l'artiste ne fera plus œuvre de ses mains, ne représentera plus, il prononcera le *fiat* divin, il dira : « Que cela soit une œuvre d'art ! » – et cela sera.

Sept ans plus tard, en 1967, quatre artistes rassemblés sous le sigle BMTP – Buren, Mosset, Toroni, Parmentier – répètent ce credo dans un nouveau manifeste lors d'une performance dans la salle de conférence du musée des Arts décoratifs à Paris. Les spectateurs sont assis sagement devant quatre œuvres absolues, définitives, purifiées de tout « pathos » : rayures transversales ou horizontales, cercle ou coups de pinceaux alignés. Un enregistrement monotone passe en boucle une déclaration : « L'art n'est plus justifiable, l'art est illusion de liberté, de sacré. L'art est faux, etc. » Duchamp est présent, il est désormais la référence. Interrogé sur la « pertinence » du propos, il répondit en riant qu'il avait trouvé cela particulièrement ennuyeux !

Ce n'est plus une rupture, c'est un *schisme* fondé sur un détournement sémantique du mot « art ». Car dorénavant, il n'y aura plus deux grands courants aux frontières floues, deux polarités – l'une moderne dite d'« avant-garde » et l'autre « classique moderne ». Il y aura d'un côté la suite de l'art depuis le néolithique, qui ne sera plus considéré comme de l'art mais comme un artisanat ou un pastiche, et de l'autre une nouvelle activité sans les mains, qui confisque l'appellation d'« art ». Le terme d'« avant-garde », en vigueur depuis un demi-siècle, accompagnera ses débuts, il cachera pour un temps, aux yeux de beaucoup, la nature radicale du schisme. La prise de conscience de ce changement ne sera faite que par un petit nombre, même parmi les artistes, et demandera beaucoup de temps. Duchamp n'avait-il pas mis lui-même quarante ans pour élaborer et imposer ses *ready mades* ? Quant au grand public, il ne comprend toujours pas, au bout d'un demi-siècle, qu'il puisse exister un art en dehors de toute notion d'esthétique et de beauté. Plongé dans un abîme de perplexité, il s'avoue humblement incompétent et peu concerné…

Ce nouveau contenu du mot « art », qui rend illégitime la définition antérieure, va prendre de décennie en décennie des tonalités diverses. Entre 1960 et 1975, comme entre 1906 et 1920, on verra toutes les tendances issues de cette rupture apparaître simultanément. Elles mettront elles aussi cinquante ans à décliner toutes leurs formes : nouveaux réalistes, *Happenings, Arte Povera, Land Art, Body Art*, art minimal, Fluxus, BMTP, Support-surface, actionnistes de Vienne, etc.

Le fait que l'art conceptuel s'applique désormais à explorer tous les ressorts du langage fera de l'École des beaux-arts une annexe de l'Université, illustrant ses combats, ses chapelles marxistes, freudiennes, lacaniennes, structuralistes, etc. Les intellectuels consacrent désormais les artistes grâce à leurs écrits théoriques. Linguistes, philosophes, anthropologues, sociologues, psychologues, sémiologues… vont dicter le bien et le mal en matière d'art, de littérature, d'architecture ou de musique. Ce ne sont plus les revues d'art qui révèlent les artistes mais la revue *Tel quel*. Là s'élabore le « discours » et d'étranges synthèses contre nature, entre Marx, Duchamp, Debord, Restany, Gramsci, Freud, Lévi-Strauss, McLuhan, livres que tous les intello-artistes se doivent de chaparder chez Maspero… Mai 68 se prépare dans les ateliers et les bibliothèques.

Le nouvel « art » est philosophique, militant, moral, souvent politique mais pas toujours. Une partie des artistes des années 1960 est

« engagée » : la destruction de la société capitaliste passe pour eux par la subversion du langage et de l'art. D'autres, dans la mouvance de Pierre Restany et de Marcel Duchamp, sont explicitement apolitiques. Dans son *Manifeste*, Pierre Restany dit qu'il est « sans complexe d'agressivité, sans volonté polémique caractérisée, sans autre prurit de justification que notre réalisme ». Il rejoint en cela Duchamp, qui avait coutume de dire : « Je ne comprends rien à la politique et je constate que c'est vraiment une activité stupide qui ne mène à rien. »

À l'arrière-plan, le transfert de la capitale des arts, de Paris à New York, est achevé. La volonté américaine de faire coïncider le centre de la vie culturelle et politique du monde se double d'un désir de détourner la notion d'avant-garde à son profit, afin d'enlever ce pouvoir aux Soviétiques qui ont la faveur des intellectuels et qui sont très présents sur la scène internationale depuis les années 1920. Dans les provinces éloignées du monde, le seul moyen pour les artistes et intellectuels d'être visibles hors des frontières de leurs pays est d'adhérer au parti communiste et de participer aux congrès internationaux et aux manifestations prestigieuses organisés par le parti dans le monde entier.

La stratégie américaine consistera à jouer habilement sur la confusion sémantique entre le mot « avant-garde » et « révolutionnaire ». Personne ne s'apercevra que seules certaines avant-gardes sont consacrées à New York.

Ainsi, si Sydney Janis fait un triomphe aux nouveaux réalistes à New York en 1962, deux ans à peine après la proclamation de leur *Manifeste* à Milan, rien de tel ne se produira pour d'autres avant-gardes françaises, très engagées à gauche, travaillant pourtant dans le style « pop » en vogue en Amérique à cette époque-là.

À partir de 1960, l'Amérique est en mesure, en conjuguant ses marchands, ses collectionneurs et ses fondations, de créer un réseau international, capable de consacrer instantanément les avant-gardes et donc *de les choisir*. C'est ainsi que, peu à peu, ce terme va perdre, sans que l'on s'en aperçoive, son contenu politique et révolutionnaire.

Leo Castelli est l'inventeur du concept de la galerie qui fonctionne en réseau. Chaque promotion d'artiste est un montage financier à plusieurs. Dans l'art, désormais, il y aura les initiés et les naïfs qui croiront jusqu'à aujourd'hui que tout fonctionne comme au temps de Kahnweiler.

Ces consécrations instantanées à l'échelle mondiale sont une nouveauté absolue dans l'histoire de l'art. Les artistes français conceptuels issus des nouveaux réalistes, Support-surface, école de Nice, BMTP en ont bénéficié. C'est ce qui les imposera à Paris bien plus tard. Lorsque

Beaubourg ouvrira ses portes en 1977, les premières expositions rétrospectives leur seront consacrées. Ainsi, ils auront été reconnus à Paris bien après New York, et à cause de cela.

Malgré la diversité des courants en présence en Mai 68, le discours politique révolutionnaire envahira tout et expliquera tout. Personne ne contestera en France, pendant le demi-siècle qui suivra, l'idée que toute avant-garde est par essence de gauche et révolutionnaire. C'est une des causes de l'enfermement de la France et de sa difficulté à imposer ses artistes sur la scène internationale.

1970. L'art de la subversion de soi-même – l'artiste comme œuvre d'art

L'échec politique de Mai 68 fait évoluer cependant le discours sur l'art. Sa finalité subversive visera moins le social que la sphère du privé. Pas de révolution politique sans libération sexuelle, dira-t-on. L'art va trouver ses sources d'inspiration dans la subversion des mœurs et de toutes les conventions du quotidien. Wilhelm Reich en est le prophète. Puis ce sera le tour de Foucault, Deleuze, Derrida, Lyotard, pillés pour étayer les nouveaux discours de légitimation de l'art. Ces maîtres de la contre-culture devront leur consécration eux aussi à l'Amérique. Vraies « pop stars de campus », ils sont portés en triomphe par les universités américaines. En France, on les percevra comme des révolutionnaires au sens politique et traditionnel du terme, tout comme on imagine, à tort, que Duchamp et Restany le sont. Il y a là un malentendu ; la reconnaissance outre-Atlantique de ce qu'ils ont baptisé la *« french theory »*, comme de la démarche duchampienne, tient plutôt à ce que la déconstruction de l'histoire, de la pensée, de la culture et de l'art, correspond aux préoccupations et à aux enjeux des États-Unis qui élaborent dans ces années-là l'idéologie multiculturaliste qui sied à leur situation hégémonique.

Pendant cette décennie, les machines à consacrer, institutionnelles, internationales et nationales, vont commencer à fonctionner en réseau à l'échelle de la planète. Simultanément, le marché se met en place, les grandes foires internationales cotent les produits dès qu'ils apparaissent. Vers le milieu des années 1970, le terme d'« avant-garde », label de l'art promu par les institutions, est jugé à la fois trop limité et trop politique pour les milieux capitalistes et financiers internationaux qui ont pris en charge sa destinée. Un label plus neutre va apparaître, « art contemporain ». Cette expression a cependant le même pouvoir occulte d'exclusion, car tout art qui ne sera pas labellisé comme « contemporain »

L'art en révolutions : 1905-2007   35

sera rejeté et plongé dans les ténèbres extérieures. Ce label couvre une marchandise très diverse – les modes passent vite. C'est un produit qui résulte de la collaboration des collectionneurs, médias, marchands et « institutions culturelles ». Le tandem institutions-marché fonctionne désormais en parfaite harmonie, la spéculation peut commencer sans trop de risques.

On comprendra l'efficacité de cette métamorphose sémantique, en observant un événement qui marquera la fin de l'art « académique » survivant encore à l'Est sous la bonne garde d'un État totalitaire. L'agitation à Moscou dans les milieux artistiques aboutit le 15 septembre 1974 à une exposition sauvage, dans un terrain vague, d'« art contemporain » comme on en fait à l'Ouest. L'événement attire la foule et tourne à l'émeute lorsque les bulldozers interviennent, détruisant tout sur leur passage. Les médias internationaux en font un événement planétaire. Ce jour-là, les artistes de l'Est, martyrs de la liberté, rejoignent le camp de l'art, qui se décide à New York.

En effet, la chose a été bien préparée. Une mission diplomatique américaine réside au même moment à Moscou pour élaborer des traités commerciaux entre les deux pays. L'exposition persécutée fait désormais partie de la négociation. Les artistes dissidents font une requête auprès du gouvernement ; sous la pression médiatique planétaire, une seconde exposition est autorisée pour le 29 septembre 1974 dans le parc d'Ismaïlovo. Un troc a eu lieu entre l'URSS et les États-Unis : les Soviétiques autorisent l'exposition et l'autorisation de départ pour beaucoup d'artistes à l'étranger, contre l'octroi par les Américains de la clause diplomatique dite de la « nation la plus favorisée » sur le prix d'achat du blé américain dont l'URSS ne peut alors se passer. C'est l'apothéose, à l'échelle de la planète, de l'« art contemporain » et de sa capitale, New York.

1980. L'art de la subversion subverti par le mercantilisme – l'artiste producteur

Au cours des années 1980, s'amorce une nouvelle métamorphose : le marché tout nouveau, tout beau, si bien en main grâce au système de réseaux, a faim de marchandises. De plus, l'amateur, qui ne perçoit pas la machine commerciale mise en place, est naïf. Il se croit encore au temps de l'art moderne de papa. Cela provoque pendant une décennie une extraordinaire spéculation sur l'art à l'échelle mondiale, qui n'a d'égale que celle qu'ont connue les Pays-Bas au XVIIe siècle.

L'art conceptuel doit s'adapter. Il est trop pur, trop théorique. On appréciera un nouveau conceptualisme moins sévère, plus matériel, plus consommable. La finalité politique et révolutionnaire de l'art s'efface, la subversion comme fin en soi suffit. Tout est désormais possible, même la peinture.

L'évolution idéologique du moment le permet. Dans les milieux artistiques, on parle de la fin de l'histoire, de la mort de Dieu et de la fin de l'Art. L'utopie se réalise, diront les théoriciens : « Enfin, l'art se confond avec la vie ! » C'est une façon d'avoir raison en dépit de l'histoire… Car les utopies politiques sont mal en point. Les intellectuels sentent venir un effondrement à l'Est qui leur donnera tort. Cette mort des certitudes va curieusement provoquer un intérêt pour l'irrationnel, le sacré, mais sous sa forme magique ou démoniaque, comme si l'on recherchait là une chaleur, une énergie, un pouvoir perdu par trop de cérébralité. En 1984, le Moma organise une exposition, « Le primitivisme dans l'art du XXe siècle ». C'est un engouement, les discours qui accompagnent les installations prennent une tonalité nettement mystique.

En France la Figuration libre, en Allemagne le néoexpressionnisme, s'autorisent la peinture, ou plutôt un conceptualisme pictural qui consiste à détourner la peinture elle-même, tout en restant fidèle à l'esprit de Marcel Duchamp pour ne pas perdre le label si précieux d'« art contemporain ». Cette peinture apparaît comme un bric-à-brac multiforme, dont le point commun est le collage, la citation, le pastiche.

Au milieu de cette agitation et de cette exceptionnelle surchauffe du marché de l'art, le critique Bonito Oliva crée un mouvement, la Transavangarde, qui ose proclamer que « l'artiste n'est pas obligé au nouveau, ni à l'engagement, il a même le droit de se servir de ses mains et de son identité ».

En France, à partir de 1981, l'« art contemporain » est consacré seul art officiel par Jack Lang. Il écarte des faveurs de l'État tous ceux qui n'ont pas le label, y compris les artistes militants révolutionnaires et néanmoins peintres.

C'est ainsi que l'AC, qui a servi de machine de guerre au libéralisme américain, devient en France, par privilège régalien, un art de gauche, une avant-garde institutionnelle. Un dogme s'installe : à gauche, il y a les pratiquants de l'« AC » allant dans le sens du progrès et de l'histoire ; à droite, il y a les artistes de la main, les peintres « réactionnaires » et « anachroniques ». Cette conception dogmatique, très éloignée des réalités de l'AC consacré à New York, s'est révélée une cause d'enfermement et de sclérose de l'art en France.

1990. L'art d'État – l'artiste fonctionnaire

Au tournant des années 1990, entre la chute du mur de Berlin et la guerre du Golfe, le marché de l'art connaît un krach spectaculaire. Ironie du sort ! Les deux piliers de l'« art contemporain » en son premier âge, le marché spéculateur et l'utopie révolutionnaire, s'effondrent simultanément.

Dès lors, l'utopie de la « transgression créatrice » survivra en France à l'abri de l'État en transformant encore une fois son discours. À quoi sert l'artiste désormais ? Le ministère de la Culture, qui doit justifier l'usage de l'argent public, le considère comme un « travailleur social », pratiquant un « art citoyen », assumant un rôle « critique » sous la protection de l'ordre public. En France, dans un système culturel d'État parvenu à maturité, les artistes sont des licenciés en arts plastiques ou issus de l'École des beaux-arts ; ils sont professeurs à l'Éducation nationale et poursuivent une carrière d'artiste-fonctionnaire en élaborant, en dehors de leurs heures de travail, des dossiers pour obtenir des subventions afin de réaliser installations et performances.

Si la fonction de l'artiste évolue, le contenu change également : disparue la grande fantaisie des années 1980… La peinture est de nouveau hors la loi, le conceptualisme triomphe.

En 1992, la galerie Alain Blondel, une des rares avec la galerie Claude Bernard à présenter de la peinture à la Fiac, en est exclue après quatorze années de participation. Elle avait le tort d'attirer le public et de tout vendre, détournant celui-ci d'un « art contemporain » en crise.

Il va être difficile, à partir de cette date, pour les galeries qui défendent la peinture d'avoir une visibilité sur le marché en France et à l'étranger.

Il y eut une résistance à l'occultation. La création du salon de Mars reposa sur l'idée d'assortir, dans une ambiance luxueuse, antiquités et peinture. Mais il ne parvint pas à s'imposer au-delà de deux ans. « Art Paris » prit le relais sans arriver à créer une polarité assez forte face à l'« art contemporain » soutenu par l'État.

L'art officiel dictait plutôt alors une négativité essentielle de l'art. Il soumettait l'artiste à un devoir de violence, de profanation, de dénonciation. L'œuvre d'art consiste désormais à récupérer, à présenter, à détourner une réalité devenue absurde et impossible à transfigurer. L'artiste exsangue puise son énergie dans le processus de décomposition. Le discours a perdu son contenu politique. Il devient incohérent et ressemble à un « coupé-collé » d'idées confuses. L'art virtuel et vidéaste qui s'impose achève par la totale « évaporation » de la matière de l'œuvre ce que Jean Baudrillard appellera l'« extermination du réel ».

Après la mort symbolique de l'art et la fin de l'histoire, si souvent évoquées dans les années 1980, l'art semble être désormais sorti du temps. Il n'y a plus de Révolution ni de Progrès. Au tournant du millénaire, l'AC se présente comme un éternel présent. Une sorte d'art sacré. L'artiste contemporain est devenu un « contemporain total ». Buren l'est depuis cinquante ans, parce que ce mot est un label et non une réalité. Tout est bloqué. De rupture en rupture, on tourne en rond, tout se répète, rien n'évolue, ne mûrit, ne croît ou ne se développe.

2000. L'art de la com' – l'artiste saltimbanque

La fin du siècle voit l'AC se refaire une beauté. Il a surmonté le krach boursier en se transformant. Il est désormais, assurément, un des grands vecteurs du mondialisme… L'AC ne cache plus sa fonction, il est le support de la communication à l'international. Son côté choquant, scandaleux, spectaculaire, permet de créer des événements visibles pour les médias. Quoi de mieux qu'une biennale ou une foire d'art contemporain pour donner à une ville bien provinciale une existence mondiale dont on parlera dans la presse étrangère ? Quel meilleur prétexte qu'une performance, pour organiser un charter et réunir pendant quarante-huit heures des hommes d'affaires des quatre coins de la planète ?

On comprendra l'étendue du phénomène en voyant, en 2005, Nicolas Bourriaud, commissaire de la biennale de Lyon, jeune théoricien en vogue de l'« art contemporain », endosser, lui et ses artistes invités, les modèles d'Hermès, leur mécène, pour un défilé de mode-événement médiatique. « On est passé de Gramsci à Gucci », écrira Régis Debray, constatant ces nouvelles mœurs dans son livre *Sur le pont d'Avignon*.

Défenseurs et amateurs de l'« art contemporain » semblent avoir admis la véritable fonction de cette activité spécifique : il confère à tous ceux qui s'en approchent l'image de la jeunesse, de la richesse, du non-conformisme, de l'ouverture à tous les possibles, source de créativité, d'idées, d'événements, utile aux échanges internationaux et à la prospérité économique, toutes choses qui financent cet « art contemporain » et sa survie.

Des termes nouveaux sont apparus comme *arty*, mélange du pouvoir transgresseur de l'art et du sexy, pour qualifier les objets de consommation inspirés par l'« art contemporain ». Cet art s'adresse à la tranche de marché de gens fortunés et branchés qui fréquentent les boutiques de mode et les galeries d'AC et y dépensent des sommes équivalentes.

Un concept est remis au goût du jour dans le monde de l'art, celui de la « réalité ». Il s'est métamorphosé en *reality*, perdant au passage sa sévère connotation marxiste. On le sait depuis un demi-siècle, l'artiste contemporain ne crée pas un objet de ses mains, « il présente la réalité ». Ce geste rejoint une technique récente des médias et de la com', qui présente la réalité ré-élaborée par ses soins au public, de façon « excitante ». La *reality*, c'est la réalité plus l'excitation « sexy ». L'« AC » va au bout du dogme duchampien, il détourne tout : la pub, le journalisme, la sociologie, la philosophie, la mode, etc.

L'impossible définition de l'« art contemporain » et de ses critères devient un atout pour relancer le marché de l'art. Les nouvelles techniques et arguments de vente dans les galeries, salles des ventes et foires brouillent désormais la distinction de fond entre art « moderne » et art « contemporain », ne retenant que la succession chronologique. Christie's et Sotheby's, afin de créer de la plus-value, avaient quelques années auparavant fait basculer dans l'histoire l'« art moderne », label de toute œuvre datée d'avant 1960. À Beaubourg, en 2005, dans l'exposition « Big Bang », une nouvelle conception de l'accrochage apparaît, déjà en vogue à la Fiac et dans les galeries : on voit désormais mélangés sur les mêmes murs du « moderne » et du « contemporain ». On efface ainsi les frontières entre art et non-art afin que l'un puisse garantir l'autre. Cela sert les stratégies commerciales et permet aussi aux conservateurs et commissaires de justifier leurs choix, de se garantir face aux jugements de l'histoire.

L'AC est un *no man's land* à l'échelle du monde, c'est un art sans terroir ni culture, propice aux affaires et aux rencontres, à l'écart des particularismes et des identités... Le côté paradoxal, absurde et hors normes du fatal discours accompagnateur, met tout le monde d'accord et permet à toutes les grandes pointures du commerce et de la finance de communiquer dans une modernité partagée, et de prouver par l'achat d'une œuvre nulle et inepte sa solvabilité. C'est une sorte de *potlatch* permettant d'entrer dans la cour des grands, car seul le gaspillage prouve la richesse.

Tout a changé mais rien ne bouge au département des arts plastiques du ministère de la Culture : toute personne critiquant l'AC et les choix officiels est systématiquement taxée, selon une échelle croissante de gravité, de peintre du dimanche, de ringard, d'anachronique, de nostalgique, d'aigri, de populiste et, de proche en proche, d'extrême droite et de nazi. C'est aujourd'hui le seul argument avancé pour défendre l'art officiel de l'État.

En 2007, l'AC français est un corps hybride à la fois méchamment révolutionnaire, gentiment citoyen et follement glamour, qui se nourrit de subventions et de la promotion des sacs à main Vuitton et autres marques.

2

La toile de fond américaine

> « *La diversité culturelle, du moins celle que les Américains valorisent, plus ethnique qu'esthétique, est le moyen par lequel l'Amérique va pouvoir renforcer son hégémonie sur la culture du monde.* »
>
> Frédéric MARTEL

Le jeu des influences en art change à partir de 1945. Les modèles culturels et artistiques ne prennent plus leur source sous les yeux des Français. Il leur a fallu beaucoup de temps pour comprendre qu'ils n'avaient plus la clef des événements qui les affectaient.

L'art du monde ou la vision de Rockefeller

Au cours des années 1930, John D. Rockefeller a conçu le seul ensemble architectural formant une perspective au cœur de New York : cinq gratte-ciel, une allée et une place ornées de bas-reliefs, statues, fresques et autres œuvres d'art. Avant la crise de 1929, il y projetait la construction d'un opéra. Les plans étaient prêts lorsqu'eut lieu le krach de Wall Street. Le projet du milliardaire prit alors un tout autre cours. On changeait d'époque.

Face aux événements, il voulut apporter une solution à la crise en insufflant un nouvel esprit pionnier. De cette ambition naîtra le programme architectural le plus ambitieux de l'Amérique au XXe siècle. Il construira le Rockefeller Center, complexe consacré aux nouveaux médias qui lui semblaient la clef des temps nouveaux. L'ensemble fut achevé en 1939 et fournit du travail à 4 000 New-Yorkais dans ce temps de grande dépression.

Il s'élève sur la 5ᵉ Avenue, face à la cathédrale néogothique Saint-Patrick, qui semble lilliputienne en regard de cette forêt de gratte-ciel.

Grâce à un programme iconographique très fourni, le promeneur est invité à décrypter une vision prophétique et un message. Ces bâtiments constituent une géographie du monde dont le thème est « les nouvelles frontières et la marche de la civilisation ». Les matériaux sont précieux, l'art est partout présent.

Sur la 5ᵉ Avenue, le premier bâtiment, le « Pavillon international », enserre une place ornée d'une sculpture du Français René Chambellan et de l'Américain Lee Lawrie érigée en 1936, représentant Atlas, compagnon de Prométhée, que les dieux ont puni en le chargeant du poids du monde. C'est une image de la vieille Europe punie pour ses luttes fratricides. Atlas maudi des dieux pourra-t-il résister ? La réponse nous est donnée en entrant dans le hall magnifique… En haut d'un escalier triomphal, le buste de Charles Lindberg est mis en gloire. Cet homme a créé la ligne aérienne entre l'Ancien et le Nouveau Monde, il a permis de passer le feu sacré de l'Europe à l'Amérique. Une des portes est ornée d'un relief sur verre du sculpteur italien Attilio Piccirilli qui représente l'Amérique sous les traits d'un jeune homme possédant le dynamisme et le génie.

Un bas-relief de Lee Lawrie en pierre polychrome représente deux conceptions de l'activité internationale : celle de l'Europe colonialiste appartenant au passé et celle de l'Amérique démocratique apportant désormais la liberté aux peuples de la terre.

Deux pavillons suivent : le pavillon de l'Empire britannique et le pavillon français qui se font face, séparés par une allée nommée le « Channel ».

La sculpture surmontant la porte du pavillon, de l'Anglais Paul Jennewein, est une allégorie de l'Empire britannique : il montre le système colonial exploitant les richesses des quatre continents. Symétriquement, un magnifique bas-relief de Janniot décore la porte du pavillon de France, elle représente la France passant le flambeau de la civilisation à l'Amérique. Ces deux pavillons assez bas semblent couchés aux pieds de l'immeuble central qui les domine formidablement, The Rockefeller Tower. Une allée y conduit, ornée d'un long bassin figurant la mer. En son début est dressée une pierre brute, un roc, image de Rockefeller lui-même, la pierre de fondation du nouvel ordre. Ce « jardin » mène à la place des Nations que surplombe la tour ; elle est ornée d'une statue de Paul Manschip qui figure Prométhée volant le feu sacré aux dieux, où l'on peut voir encore l'Amérique prendre le flambeau de la civilisation à l'Europe épuisée et vieillie. Elle domine un bassin entouré des drapeaux de tous les pays du monde.

Pour pénétrer dans la tour Rockefeller, il faut franchir une porte surmontée d'un bas-relief polychrome et en verre de Lee Lawrie mettant en scène une figure de la Sagesse, de Dieu avec un compas dont les deux pointes désignent les ondes lumineuses et sonores symbolisant la radio et la télévision. Une citation d'Isaïe (XXXIII, 6) proclame : « *Wisdom and knwowledge shall be the stability of our time.* » D'autres bas-reliefs et mosaïques surmontent les portes aux quatre coins de la tour représentant « le don et la réception des mass-médias ». La mosaïque de la porte ouest montre les effets civilisateurs des mass-médias qui vont régénérer le monde en communiquant savoirs, biens et arts. Le sort dramatique de ceux qui s'en isolent est mis en abyme…

Dans le hall de la tour, des fresques monumentales développent de façon épique le thème de « *America in Progress, Man in Action* ». Commandées dans un premier temps à Diego Rivera, ce dernier fit scandale en représentant des travailleurs communistes tendant poings et drapeaux rouges. L'œuvre fut censurée et José Maria Sert exécuta la commande en représentant les travailleurs américains tels des Titans et des héros de la prospérité.

Pour compléter cet ensemble dédié en grande partie aux nouveaux modes de communication alliés à la finance et au commerce, Rockefeller crée l'immeuble de « Radio City Music Hall », lieu gigantesque de spectacle et de divertissement.

Le centre est achevé en 1939. Rockefeller ajoute alors un dernier élément à proximité du centre, sur la 53e Rue, la nouvelle installation du Moma, le Museum of Modern Art créé en 1929 par cinq amateurs. Le legs fait alors par Lillie Blin de 235 œuvres demande un lieu d'exposition important. John D. Rockefeller est un des *trustees* de cet organisme privé qui comprend aussi plusieurs milliers de membres considérés comme des actionnaires et qui payent une cotisation. Dès cette époque, le musée intègre dans ses collections le design, l'architecture, le cinéma, la photographie. Les médias modernes accèdent ainsi au rang des beaux-arts. La lettre de mission décrit les objectifs : transcender les frontières, procéder à une réévaluation permanente des collections et à leur présentation, s'ouvrir aux changements et aux idées nouvelles, avoir un personnel professionnel, attirer tous les publics de l'intellectuel à l'enfant. Ces finalités vont profondément changer la notion même de musée.

Grille orthogonale et disparition de l'art monumental

À la veille de la Seconde Guerre mondiale, le complexe médiatique est en place : il a remplacé l'opéra initialement prévu, et son influence sur la création artistique après la guerre sera immense.

La vision de Rockefeller peut s'accomplir enfin. Il voit New York comme la capitale du monde – le siège de l'ONU doit d'évidence être là. Il offrira le terrain pour sa construction et inspirera l'esthétique de son architecture. C'est à ce moment-là que l'on voit disparaître tout message, tout décor figuratif dans l'architecture des nouveaux gratte-ciel. Les bâtisseurs obéissent dès le début des années 1950 à l'esthétique du cube, au tracé orthogonal pur, selon les idées de Le Corbusier et surtout du Bauhaus, dont certains membres réfugiés aux États-Unis ont marqué une génération d'architectes et d'artistes américains. Les figuratifs ne seront plus invités à créer du décor monumental, l'Amérique n'aura plus besoin des savoir-faire européens, de l'expérience millénaire. À partir de 1960, ce type d'architecture envahit la planète, son idéologie prend racine aussi en Europe de façon plus systématique encore, abolissant les disciplines artistiques liées à l'architecture telles que la sculpture, la fresque, la mosaïque.

En 1963, les deux frères Rockefeller mettent en chantier le World Trade Center, qui sera le concert économique de tous les pays face au concert politique des Nations unies. Il doit accueillir les entreprises financières et commerciales du monde entier sous un même toit.

Les frères Rockefeller, comme l'avait fait leur père avec la statue d'Atlas confiée à deux sculpteurs, l'un américain l'autre français, choisissent également deux architectes, l'un américain, Emery Roth, et l'autre japonais, Minoru Yamasaki. Le monde a changé de frontières !

Aucun programme iconographique n'est prévu. La seule œuvre d'art donnant un sens au lieu était un globe en rotation de Fritz Koenig, aujourd'hui en piètre état, situé sur la place. Atlas, l'homme maudit des dieux qui le portait jadis, n'est plus concerné.

En 1964, on change encore d'époque à New York. Les deux fils de John D. Rockefeller, David et Nelson, continuent à parfaire la vision de leur père en créant un nouveau Moma, plus grand et plus beau, toujours dans la 53e Rue près du Rockefeller Center. L'architecte P. Johnson prévoit une architecture propre à exposer un art qui a profondément changé de nature. Il ne s'agit plus seulement de montrer des œuvres ; les lieux accueillent aussi une université d'art moderne, un centre de recherche, une bibliothèque, un auditorium, une école d'art, des cours du soir. C'est un lieu conçu pour l'international, pour une vision du monde sans frontières. Pour qu'il n'y ait aucune ambiguïté à ce sujet, il fut décidé cette année-là que le Withney Museum, qui faisait alors partie du Moma et était consacré à l'art moderne américain, serait déplacé dans un autre lieu. Le second principe affirmé fut la mission de révéler des artistes émergents, de concert avec les galeries et les collectionneurs. Le musée doit devenir une machine à consacrer. Le monde entier doit venir y briguer la reconnaissance. Jusque-là, l'idée que l'avant-garde avait quitté Paris pour New York n'était que propagande, elle va pouvoir devenir réalité.

La dernière métamorphose du Moma

Le modèle va encore évoluer au tournant du millénaire. Grâce à une formidable campagne de *fundraising*[1], le Moma s'agrandit et rouvre en 2004. Le concept du musée évolue à nouveau. La formule qui consiste à avoir une architecture spectaculaire pour attirer les foules lancées par le Guggenheim est appliquée ici : Yoshio Taniguchi construit une grande agora où la partie réservée aux collections reste inchangée, mais une belle part est faite aux lieux conviviaux et commerciaux avec ses cafés et magasins.

Tout est conçu pour que 7 000 personnes par jour puissent le traverser aisément et rapidement. L'espace est organisé comme dans les grands magasins. Ce que l'on recherche le plus communément est relégué au dernier étage. Il faut traverser tout le musée pour le trouver. Si vous effectuez sagement tout le parcours labyrinthique en commençant par l'« art émergent », en continuant par l'AC consacré, l'abstraction américaine, le design avec sa voiture décapotable, son aspirateur et son écumoire, vous serez récompensé par de la peinture moderne, et, au bout du bout, par les impressionnistes. La dernière salle, la cerise sur le gâteau, révèle un des grands nymphéas de Monet. Lorsque l'on atteint l'étage de la peinture, la chenille processionnaire des visiteurs se ralentit, quelque chose excite l'œil. Heureusement pour la rentabilité des lieux, la peinture est à dose homéopathique.

Le Moma remplit sa mission d'ouverture au grand public, ce qui est essentiel pour satisfaire à une idéologie démocratique et humanitariste, et chasse ainsi les soupçons d'élitisme et d'intellectualité qui pèsent en Amérique sur ce musée en particulier et sur l'AC en général.

---

1. Le Moma, comme la plupart des musées américains, ne vit pas de subventions mais de son exploitation commerciale et des dons de particuliers recueillis lors de campagnes de récolte de fonds, dites *fundraising*.

Le Moma allie les intérêts du public populaire et des *happy fews*. Cafétéria pour les uns, restaurant à étoile avec chef français pour les autres. Le monde des affaires du quartier est accueilli dans un décor sélect et néanmoins branché. Un espace est réservé au traitement des membres du *board*[1] : un restaurant encore plus particulier avec vue sur Central Park permet à ceux-ci d'inviter leurs amis et d'organiser des soirées privées. Un espace d'exposition est réservé aux collections d'entreprise, qui fait d'elles des partenaires. Le monde des affaires est fortement imbriqué dans le monde de l'art. Venez lancer vos marques ! Le Moma est une machine faite pour les événements *people*.

New York se veut le point de départ des tendances de la mode pour le monde entier. À quelques mètres de là, sur la 5e Avenue, au printemps 2007, de somptueuses bâches publicitaires recouvrent Bulgary's pendant sa réfection, citant Andy Warhol en grand : « Pour moi entrer chez Bulgary's, c'est comme si je visitais la meilleure exposition d'art contemporain. » Sotheby's est installé dans une des tours Rockefeller un peu plus loin, complétant le dispositif.

Chaque musée américain a inventé sa formule pour s'adapter au marché et aux circonstances : le Contemporary de Baltimore fonctionne comme une start-up, le Massachusetts Museum of Contemporary Arts, comme un groupement d'intérêt économique, le Guggenheim invente les musées franchisés, le Whitney Museum la location et échange de collections.

À New York, tout le monde est contemporain

Lorsque l'on visite le dernier Moma, on comprend que l'on a encore changé d'époque. Tout est définitivement devenu art ! La peinture sert encore d'appât pour attirer le grand public vers l'AC et les nouveaux produits design.

Le musée Guggenheim, qui ose toujours davantage, a carrément fait de la provocation pour faire passer le message. En 2000, il a réussi à scandaliser les intellectuels new-yorkais en exposant les robes du grand couturier italien Armani et en organisant ensuite une tournée dans les grands musées du monde qui s'acheva sept ans plus tard à Milan… Dans l'intervalle, le mixage de l'art et de la mode est entré dans les mœurs.

---

1. Le *board*, conseil d'administration, est constitué par les *trustees*, c'est-à-dire les administrateurs, généralement les grands collectionneurs et donateurs qui soutiennent le musée. Le musée s'administre comme une entreprise.

En l'an 2000 également, l'historien d'art Robert Rosenblum a conçu une exposition dont les intellectuels new-yorkais frémissent encore d'horreur, « 1900 – Art at crossroads ». Il y montre Cézanne et ses contemporains, c'est-à-dire des pompiers renommés comme Bouguereau. La formule est lancée : peuvent être « contemporains » les artistes les plus différents. Il ne faut exclure aucune esthétique si l'on veut accueillir le monde entier à New York.

Robert Rosenblum frappa encore l'année suivante avec une autre exposition qui laissa pantois les intellectuels et ravit le peuple : il mit en gloire Norman Rockwell. Que cet artiste américain très populaire, aux images heureuses, aux bons sentiments et aux idées patriotiques, soit exposé au Guggenheim, apparut comme le comble de la provocation. La presse qualifia l'exposition d'« acte dadaïste » ! L'exposition eut un grand succès. Robert Rosenblum se vit traiter, dans quelques titres de la presse new-yorkaise, de révisionniste et d'historien pervers.

C'est ce que l'on appelle à New York des expositions *blockbuster*, qui font exploser les blockhaus, c'est-à-dire les idées reçues. Dans le jargon des professionnels de l'art, cela signifie des expositions à grand effet médiatique obtenu par le scandale. Elles servent à attirer les foules mais aussi à lancer de nouvelles idées.

Par habitude ancienne, le milieu de l'art en France ne perçoit de l'Amérique que l'image destinée à l'Europe, celle de New York, de la modernité, de l'avant-garde très intellectuelle, très « art contemporain ». Mais le mur de Berlin est tombé et les élites américaines ont de plus grandes ambitions. Leur préoccupation n'est plus de faire de l'image vis-à-vis de l'Europe mais de paraître aux yeux du monde entier. L'image qu'elles veulent donner d'elles-mêmes s'en trouve profondément modifiée. Elles ne se présentent plus comme celles qui ont pris le flambeau de la civilisation des mains de l'Europe vieillie. New York est désormais le creuset de toutes les nations et de toutes les cultures, le lieu de leur synthèse. Ce n'est plus seulement la capitale de la finance et du commerce international, mais le centre de la création du monde. Pour cela, il faut être en accord avec la diversité et ne rien exclure. Tous doivent pouvoir devenir créateurs contemporains à New York, quels que soient leurs goûts esthétiques ou leurs origines.

C'est ainsi que New York est la capitale de la mode, du design, de l'art… C'est ainsi qu'il existe une infinité de galeries qui font un commerce fructueux en vendant tous les genres et styles possibles et imaginables d'art et d'AC. Les artistes, pour être reconnus dans leurs lointains pays d'origine, doivent faire le détour par la capitale du monde.

Le mythe et la réalité

La France perçoit encore l'Amérique à travers la propagande qu'en faisait la CIA dans les années 1960. Une vision plus générale et moins mythique de la vie artistique en Amérique nous a échappé, pourtant cette réalité a influé sur la nôtre, à notre insu, avec un décalage et bien des malentendus.

Pendant les premières années qui suivent la Seconde Guerre, l'image de l'Amérique est contradictoire dans l'esprit des intellectuels et artistes français. Ces derniers admirent sa réussite économique et militaire mais ne la perçoivent pas comme un pays de culture ou d'art. La CIA a dû développer des trésors d'ingénuité pour changer cette image, et mille ruses pour que l'on n'y perçoive pas de la propagande. L'Amérique exporte alors massivement son art pour donner le change. Ainsi se succèdent, grâce à la générosité des fondations, concerts, *jazz bands*, conférences, échanges universitaires, expositions et surtout cinéma. Peu à peu, ces méthodes finissent par convaincre et l'on rêve de ce pays où liberté, culture et modernité ne font qu'un.

Pendant ce temps-là, l'Amérique vit une tout autre réalité. Entre 1947 et 1954, le tropisme maccarthyste est à son comble. Les Américains vivent dans la peur des communistes infiltrés dans les milieux intellectuels et artistiques. Le climat est plus à la chasse aux sorcières qu'à la liberté.

Les œuvres montrées en Europe comme modèles de modernité posent en réalité problème en Amérique. Le sénateur Joseph McCarthy réussit à en faire une affaire politique nationale, au point que l'on verra le Congrès mener une bataille contre l'art moderne et tout spécialement contre le courant américain de l'« expressionnisme abstrait ». On lui reproche de ne pas incarner l'esprit de l'Amérique, on le soupçonne même d'être communiste alors qu'au même moment il sert d'arme culturelle contre les communistes en Europe en pleine guerre froide. Le Département d'État avait programmé en 1946 le financement d'une exposition itinérante pour présenter ce courant abstrait de la modernité américaine en art. Ce projet provoqua une querelle artistique mémorable au Congrès. Truman, prudent, se désolidarisa du projet, et un mois plus tard le nouveau secrétaire d'État George Marshall annula le programme. Les 79 tableaux achetés pour les besoins de la cause et exposés au Metropolitan Museum of Art de New York seront revendus aux enchères en 1947, à perte.

Ce sont donc avec d'autres méthodes moins officielles que les fondations privées, en collaboration avec la CIA, continueront le travail de promotion de l'image de la modernité américaine en art.

Le Moma, animé par les frères Rockefeller, est l'une des chevilles ouvrières les plus actives de cette action. En 1952, il finance l'exposition « Modern Art in US » qui est présentée dans huit villes européennes. En 1958, c'est le tour de « The New American Painting » qui voyage dans huit pays du vieux continent. Le Moma prévoit l'avenir ; il rachète en 1954 pour dix ans le pavillon américain de Venise et prend la responsabilité du choix et du financement des artistes qui y seront exposés. Les États-Unis sont le seul pays qui fait exception à la règle, en arborant un pavillon d'origine privée et non pas gouvernemental.

Pour être crédible dans le milieu intellectuel européen, la CIA a dû manœuvrer avec beaucoup de finesse et promouvoir de préférence les intellectuels d'outre-Atlantique en rupture de ban avec la culture dominante américaine… Ils ont particulièrement mis en avant et assuré une célébrité en Europe aux anciens communistes : Arthur Koestler, Truman Capote, Salinger, Saul Bellow, Jackson Pollock, etc. Un discours anticommuniste dans la bouche de ceux qui l'ont pratiqué semblait plus convaincant. La méthode pour dissimuler la propagande fut efficace : la CIA finançait discrètement les fondations, et celles-ci, par « philanthropie », finançaient des institutions indépendantes qui multipliaient expositions, échanges culturels, éditions, publications, etc.

Tout cela, avec le temps, a durablement faussé l'image que les milieux intellectuels français se faisaient de l'art et de la culture en Amérique. Pendant les années 1950, les Américains nous impressionnaient en nous montrant leur avant-garde abstraite pendant que les peintres figuratifs français allaient chercher gloire et fortune à New York. Le chassé-croisé est comique… Dans le même temps, dans les ateliers et les cafés parisiens, le débat entre abstraits et figuratifs fait rage, bien plus qu'à New York.

Alors que nous pouvions voir en France de prestigieux concerts, de grandes expositions venant d'Amérique, qui pouvait imaginer qu'au même moment ce pays connaissait une grande crise dans sa production de spectacles ? Le succès immense des mass-médias mettait en danger la *high culture*[1]. Théâtres, salles de concert, opéras, musées n'étaient plus rentables. Radio, télévision et cinéma fournissaient désormais tout le divertissement. Par ailleurs, qui aurait pensé que la plus grande partie de ce pays si puissant n'avait ni musées, ni théâtres, ni orchestres, ni vie culturelle ?

---

1. *High culture* : l'opéra, la musique classique, les musées, le ballet, le théâtre. En un mot, la culture des élites cultivées.

Alors que la propagande suggérait, contre toute évidence, qu'il ne se passait plus rien à Paris, il ne se passait pas encore grand-chose en Amérique.

Le NEA et la légitimation de l'art dans l'Amérique puritaine

La conscience de ce vide culturel est très aiguë dans les classes dirigeantes américaines. Les fondations font des efforts considérables dans le domaine de l'art et de la culture pour combler le retard et compenser les mauvais effets du mercantilisme pur en matière de culture.

Mais la tâche est si grande que le secteur privé ne suffit pas, il faut donner une légitimité à la culture, il faut que l'Américain moyen, qui se méfie des arts pour cause de puritanisme, comprenne la nécessité du développement culturel. Pour cela, il faut que l'État fédéral, tous les États de l'Amérique et les municipalités s'impliquent avec les fondations, les universités et le secteur mercantile dans cet effort à travers tout le pays.

Nelson Rockefeller, élu gouverneur de l'État de New York en 1958, va donner l'exemple en créant la première agence publique en Amérique, le New York State Art Council, en 1960. Cette innovation va entraîner l'État fédéral et tous les autres États à en faire autant, et à surmonter la profonde réticence des Américains à utiliser l'argent du contribuable pour financer les arts, acte perçu comme une atteinte à la liberté.

Après des débats mémorables et des résistances passionnées, le Congrès crée le National Endowment for the Arts, dit NEA, le 29 septembre 1965 et le dote d'un budget[1]. Voulue par Kennedy, réalisée par Johnson, renforcée par Nixon, développée par Jimmy Carter, entrée en déclin sous George Bush père et presque annulée par Bill Clinton pour être réanimée par George W. Bush fils, cette agence culturelle fédérale, avec des moyens limités, a joué un très grand rôle. Le NEA, en donnant une impulsion, a permis de créer un réseau d'institutions culturelles qui n'existait pas à travers tout le pays. Et ce, avec des méthodes américaines : on ne subventionne pas, on donne une première aide pour la création, et le réseau (État, municipalité, fondations, universités, mécénat, *fundraising*) doit prendre le relais. De même, par souci de démocratie, des commissions de professionnels, réunissant artistes et experts, aident à élaborer une

---

1. Le National Endowment for the Arts est une agence culturelle qui dépend du gouvernement mais dont les fonds sont votés par le Congrès. On ne peut pas vraiment le comparer au ministère de la Culture français. Le budget est peu important et son existence assez précaire.

politique à tous les niveaux de décision et pour toutes les disciplines artistiques. Ce n'est pas une administration gérée par des fonctionnaires à vie, et il en résulte que cette politique évolue constamment et s'adapte à une réalité changeante.

C'est ainsi que le peuple américain s'est converti dans ses profondeurs à la nécessité de s'ouvrir aux arts, non sans soulever crises et tempêtes dans tout le pays sur la question des choix artistiques de l'État fédéral. L'idée d'un art officiel ne passe pas en Amérique.

Les années 1960.
La politique intérieure influe aussi sur l'art

Kennedy, en lançant l'idée d'une Agence nationale, pense avant tout à sa politique extérieure et au prestige culturel de l'Amérique en Europe. Sa préoccupation est aussi de protéger les arts de la culture de masse. Il désire amener le grand public à apprécier les arts par l'éducation.

Mais c'est Johnson, son successeur, qui créera le NEA souhaité par Kennedy. Dès sa création, cette institution jouera un rôle bien différent de ce pour quoi elle a été conçue.

Le Congrès a vite réorienté ses buts premiers vers des idéaux plus démocratiques et populaires. Il fut admis que l'on ne donnerait la priorité ni à la *high culture*, ni au côté « avant-garde » de l'art qui indisposait la majorité des Américains. Il fallait sortir du cercle prestigieux de New York, Philadelphie, Boston et Washington. Il fallait aller à la rencontre des Américains privés de culture dans un immense pays en organisant des tournées. On mit expositions de peinture, théâtre, orchestres, artistes, écrivains sur des rails, on les promena en train de gare en gare, d'école en école. Il fallait intervenir dans les prisons, les hôpitaux, les écoles, les ghettos, chez les handicapés. Il fallait s'intéresser aux arts folkloriques, aux expressions populaires.

Toutes ces querelles sur l'art furent très visibles car elles ont donné lieu à des oppositions au Congrès et des discussions dans la presse.

Les années 1970 et 1980.
Les enjeux sociaux de l'art

Dans ses premières années, l'Agence tenta de faire la part du feu entre grand art et art populaire, et y parvint. Mais l'époque sombre des émeutes sanglantes dans les ghettos et des violentes revendications des minorités changea profondément la vision des choix culturels.

Ainsi, dès le début des années 1970, suivant l'exemple de la Fondation Ford dans ce domaine, le NEA a développé des projets hors de la définition traditionnelle de l'art. Il favorisa les pratiques culturelles des communautés, prenant soin d'éviter de leur imposer des conceptions dites blanches et européennes de l'art. C'est ainsi que les graffitis, puis le hip-hop et le rap[1] gagnèrent le statut d'œuvres d'art. Le NEA les a légitimés en veillant à les encourager, valoriser, financer et, si elles atteignaient un niveau « professionnel », à les consacrer en les exposant dans des lieux prestigieux.

En 1969, Thomas Hoving, directeur du Met, a organisé en précurseur une mémorable exposition *blockbuster* qui agita New York, « Harlem On My Mind ». Il y présenta une fresque de la création du célèbre ghetto situé à quelques encablures du musée : de la musique d'église aux manifestes politiques en passant par les *jazz bands*, danses, chansons et tags. La population d'Harlem a traversé Central Park afin d'entrer, pour la première fois, dans le musée. La polémique politique s'ensuivit. Dix tableaux, dont un Rembrandt, furent tagués de la lettre « H », comme Harlem !

Jimmy Carter alla très loin en proclamant en 1978 sa « politique urbaine » : il encourage les ghettos à définir et à gérer eux-mêmes leurs choix et besoins culturels. C'est l'aboutissement de dix ans d'évolution sur fond d'émeutes.

En 1980, le Congrès vote une loi qui impose au NEA une priorité : la « diversité culturelle ». Le Congrès préfère financer la culture noire plutôt que l'« art contemporain » jugé élitiste. Très vite, il fallut y inclure les Latinos, les Indiens, les féministes et les gays.

Les années 1990.
L'art et la guerre civile culturelle

Lors de cette décennie, la polémique et le débat vont surgir de la conjonction inattendue des revendications culturelles des ghettos et des combats des minorités gays et lesbiennes. Ces derniers, en s'identifiant aux communautés et en utilisant la politique de la diversité culturelle, vont imposer paradoxalement l'« art contemporain » le plus avancé,

---

1. Le hip-hop et le rap ont fait leur apparition dans le South Bronx, à New York, vers 1977.

considéré défavorablement comme « élitiste » par le Congrès. Le NEA va se trouver piégé par son propre discours et prise dans le cycle infernal de la subvention des subversions.

La crise a éclaté en mai 1989. Un certain nombre d'associations religieuses et de pasteurs, dont Donald Wildmon, se sont mobilisés pour protester contre une œuvre d'« art contemporain » d'Andres Serrano. Le Congrès est interpellé. Le sénateur Alfonso d'Amato brandit la reproduction de l'œuvre en pleine séance : *Piss Christ*, un crucifix baignant dans un bocal d'urine. La NEA a financé l'œuvre, c'est donc une affaire d'État : 39 sénateurs et 108 membres de la Chambre des représentants signent une lettre adressée au directeur du NEA pour protester. Cet événement a provoqué des rebondissements en série et ouvert une crise nationale de dix ans que les Américains ont nommée « *cultural war* », la comparant même à une guerre de religion.

Une exposition était prévue en juin 1989 au Corcoran Gallery de Washington d'un autre artiste sulfureux, Mapplethorpe, lui aussi subventionné par le NEA. Elle est prudemment annulée par le musée lui-même pour éviter les troubles. Cet acte a été immédiatement qualifié de « censure ». Les protestations ont plu et provoqué un mouvement de solidarité. Cet artiste était célèbre et reconnu par des institutions aussi prestigieuses que le Whitney Museum et la National Gallery de Washington. Mapplethorpe venant de mourir du sida en mars, l'affaire prit une tournure dramatique. Une foule d'artistes, de gays et de « militants contre le sida » organisèrent devant le musée réunions, commémorations, hommages à l'artiste victime. Le boycott du musée Corcoran fut organisé : les artistes qui devaient y exposer y renoncèrent, un donateur du musée suspendit ses dons. Pendant ce temps, les œuvres de Mapplethorpe furent exposées dans un lieu alternatif et reçurent la visite de 50 000 personnes.

Pendant ce temps, Andres Serrano attaque en justice Donald Wildmon, de l'American Familiy Association, pour avoir illégalement reproduit son œuvre par des photocopies sans payer des droits d'auteur, afin de les distribuer à ses membres et au Congrès. Il se dit chrétien et déclare : « J'ai régulièrement interrogé la religion dans mon travail. Ma relation complexe à ma propre formation catholique influence aussi ce travail et m'aide à redéfinir ma relation personnelle avec Dieu. Et même si je ne suis plus catholique aujourd'hui, je me considère comme un chrétien et je pratique ma foi à travers mon travail[1]. »

---

1. Communiqué de presse d'Andres Serrano le 24 avril 1989.

Cette guerre commencée à Washington, parce que l'État a financé des œuvres attaquant la morale, va se répandre dans toute l'Amérique. Chaque scandale a contribué à faire monter la cote de cette nouvelle avant-garde de l'AC.

George Bush commence alors son mandat et choisit un nouveau directeur du NEA, John Frohnmayer, avocat de Portland dans l'Oregon et diplômé en théologie. Il a pour mission de faire cesser les subventions d'État à tout art dépassant les limites du respect des religions et de la bienséance. À peine arrivé à son poste, celui-ci est scandalisé par le catalogue d'une exposition subventionnée par le NEA à hauteur de 10 000 dollars, « Witnesses : Against Our Vanishing », conçue par Nan Goldin et prévue à New York en août 1989. Au vu du catalogue qui attaque nommément, avec une extrême vulgarité, le maire, l'archevêque de New York et le sénateur Jesse Helms, Frohnmayer supprime la subvention. Immédiatement, artistes, gays et militants hurlent à la censure, le *New York Times* mentionne l'événement en une. La tempête médiatique affole le directeur néophyte John Frohnmayer, qui annonce sa visite à l'exposition « Artist Space » de Soho afin de se faire son propre jugement. Il est accueilli par une foule bruyante animée par les militants d'Act-Up qui porte le deuil des artistes morts du sida. Il se fait expliquer l'exposition par les artistes. Bouleversé par les œuvres montrant les ravages terrifiants du sida, de la drogue et de l'alcool, et dont le style oscille entre la déploration sulpicienne, le porno et le genre blasphématoire, il est pris, lui chrétien pratiquant, d'une profonde compassion. Il fait immédiatement repentance devant tant de misère et revient sur sa décision d'annuler la subvention. Il promet solennellement de défendre dorénavant la liberté d'expression. Il déclare, pour expliquer *Piss Christ* :

> « Même si les évangélistes crient au blasphème, l'intention d'Andres Serrano a pu être en plongeant le crucifix dans l'urine de prendre position contre la commercialisation du Christ. Étant lui-même un catholique qui s'est éloigné de l'Église, il se bat avec ses doutes et sa foi, et s'interroge sur le rôle de la religion dans sa vie. »

En échange, David Wojnarowicz, artiste qui avait traité l'archevêque de New York de « *fat cannibal* » et de « *creep* »[1], accepta de retirer du catalogue la première insulte mais fit conserver la seconde. L'exposition ainsi légitimée fit le tour de l'Amérique provoquant indignation et scandale.

---

1. « Gros cannibale » et « pauvre type ».

Frohnmayer doit désormais se contorsionner pour satisfaire en même temps ses nouveaux protégés et le Congrès. Celui-ci demande au NEA d'établir un serment devant être signé par les artistes avant toute subvention, les engageant à s'abstenir de scènes obscènes et pédophiles ou contre la religion. Ce que Frohnmayer fit, inaugurant ainsi le principe d'autocensure. Cela eut pour effet de déclencher une nouvelle polémique. Le monde de l'art – célébrités, artistes, directeurs des grandes institutions, intellectuels – protesta de mille façons. Leonard Bernstein, par exemple, refuse le 15 novembre 1989 la médaille nationale des Arts que le président Bush veut lui attribuer.

C'est l'époque où l'« art contemporain » financé par le NEA consiste à transgresser tout ce en quoi l'Amérique croit. Par exemple, Dread Scott, dans une galerie à New York, piétine le drapeau américain. Toujours à New York, à la Kitchen, Annie Sprinkle se masturbe sur scène et propose au public d'inspecter son vagin avec une lampe de poche, tandis qu'une autre galerie propose Jésus-Christ en *drag-queen*, etc.

Les interdictions d'expositions devant avoir lieu pleuvent : 200, estime-t-on, dans toute l'Amérique entre 1990 et 1994. Les associations familiales et religieuses font pression. Elles ne protestent pas seulement contre les artistes mais vont jusqu'à demander le retrait des livres des bibliothèques publiques sur l'homosexualité, l'athéisme, l'avortement, etc. Le débat fait rage dans tout le pays et à tous les nivaux. Le NEA n'est pas la seule institution mise en cause mais aussi tout ce qui joue un rôle culturel en Amérique : universités, municipalités, bibliothèques publiques, fondations, agences culturelles des États ou des municipalités…

Devant une telle mobilisation populaire, les artistes organisent une journée de protestation nationale, « Arts Day USA », en juin 1990. Le Metropolitan Museum de New York, en signe de solidarité, drape certaines de ses peintures en noir, 110 directeurs de musées protestent sur les marches de l'Art Institute of Chicago derrière une banderole « *Save the Arts* ».

Dans la presse, chaque camp achète de l'espace pour développer ses arguments et occuper le terrain.

Une affaire traversa la décennie. Quatre artistes *queer*[1], militants gays engagés politiquement et baptisés par la presse les « NEA 4 », font un procès au NEA car ils ont été subventionnés puis privés de subvention pour cause d'obscénité. La communauté artistique prend bruyamment

---

1. Les *queers* sont les personnes dont les choix sexuels et de valeurs ne correspondent pas à la majorité (gays et lesbiennes).

leur parti. L'American Civil Liberties et ses quatre millions de membres pétitionnèrent et manifestèrent, dénonçant la liberté d'expression bafouée. Pour donner plus d'ampleur au débat, les avocats des quatre artistes attaquent en justice le NEA pour censure et pour avoir édicté une clause « anti-obscénité » jugée anticonstitutionnelle. Cette affaire judiciaire va connaître de multiples péripéties entre 1990 et 1998.

Au Congrès, en juin 1990, doit être discutée la prolongation de la mission du NEA pour cinq ans. Le président Bush demande à un comité de sages de faire un rapport d'expertise sur le NEA avant le vote. Celui-ci fait un bilan plutôt positif car le NEA ne fait pas que subventionner l'AC ; l'œuvre pour le développement culturel des minorités satisfait beaucoup par ailleurs les Américains attachés aux valeurs démocratiques. En septembre 1990, le Congrès vote, après des discussions houleuses et très médiatisées, la reconduction de l'Agence pour trois ans. Il supprime la censure en matière d'obscénité et en laisse l'arbitrage aux tribunaux. L'amendement du sénateur Jesse Helms visant à interdire au NEA de subventionner des œuvres obscènes fut ainsi limité à la seule attaque de la religion. La Chambre imposa de son côté un dernier amendement : une part accrue du budget du NEA, de 20 % à 30 %, doit aller directement aux États. Décentralisation et report des conflits sur les tribunaux furent les solutions pragmatiques apportées au problème.

Les « NEA 4 » recouvrirent donc leurs bourses en signe de pacification.

En Amérique les artistes peuvent se passer financièrement du NEA, les sommes allouées étant minimes par rapport aux autres sources de financement dont ils disposent. L'enjeu n'est pas financier mais symbolique. Paradoxalement, le NEA donnait à la fois une dimension nationale et légitime aux œuvres subventionnées par lui et l'occasion d'une transgression spectaculaire. Tous les artistes de cette génération ont ainsi fait leur cote et leur célébrité grâce à cette formidable occasion médiatique. Comme on le verra, le déclin du NEA qui s'amorce à partir des années 1990 et sa quasi-disparition ont de fait calmé le jeu.

À l'approche des élections de 1992, le président Bush prit la précaution de se débarrasser de Frohnmayer pour ne pas risquer les attaques des démocrates et quelque nouvelle crise. Ce dernier présenta donc sa démission et ne fut pas remplacé pendant deux ans. Ainsi, peu à peu, l'Agence se délita, victime de la décentralisation, des coupes budgétaires et de l'absence de direction. L'élection de Bill Clinton acheva son déclin : ses convictions culturelles n'allant pas dans le sens d'une intervention de l'État dans la culture, il va militer pour la « diversité culturelle », aimant plutôt le pop, le folk et les arts populaires.

Aux élections de 1996, les majorités au Sénat et à la Chambre sont profondément modifiées ; elles donnent une plus grande marge aux Républicains qui s'empressent d'amputer le budget du NEA de 54 %. Il n'est plus question de donner des bourses personnelles aux artistes, les programmes dédiés à l'AC sont supprimés.

En 1997, la nomination de William Ferris à la tête du NEA, spécialiste d'Elvis Presley et du folklore noir du Mississipi, affirme la nécessité d'une culture pluraliste et multiraciale.

On a changé d'époque… Les *culture wars* ont lassé. La confusion faite au début entre les finalités de la cause culturelle des minorités, très populaire en Amérique, et les buts poursuivis par la minorité *queer*, s'est dissipée. Peu à peu l'opinion publique a perçu, derrière la revendication communautaire des homosexuels, une stratégie de l'AC. Or celui-ci est considéré comme « élitiste » et même anti-américain.

L'épilogue du procès des « NEA 4 » commencé en 1990 a eu lieu en 1998. Il a marqué la fin de la guerre culturelle. Ce procès avait vu la victoire des artistes en première instance contre le NEA. Il fut suivi d'une longue procédure qui s'acheva devant la Cour suprême. Les quatre artistes furent déboutés. L'arrêt a affirmé que « les principes généraux de la décence, le respect des croyances et valeurs du public américain peuvent être des critères pris en compte pour l'attribution de bourses gouvernementales ».

Les Américains ont perçu ce débat intérieur comme une guerre de religion, aussi grave que la crise maccarthyste au moment de la guerre froide. La violence du débat a permis au moins de vider l'abcès et d'évoluer. Le pragmatisme américain a fait le reste. Quand une solution n'est pas acceptée ou ne marche pas, que l'on soit démocrate ou républicain, on change de formule.

La dernière évolution

George W. Bush arrive au pouvoir en janvier 2001. Le nouveau directeur du NEA, Dana Gioia, est nommé. Il déclare : « Notre façon d'organiser la culture aux États-Unis n'est pas d'aider les artistes mais le peuple américain. » Il énonce aussi cette idée : « Si vous mettez en place un système culturel où le marché ne joue pas de rôle dans les arts, cela engendre une sorte de stagnation institutionnelle, comme vous le voyez aujourd'hui dans les pays européens ; si vous confiez entièrement les arts au marché, vous constatez qu'ils sont en grand danger. » Cette déclaration ne trahit pas une attitude idéologique mais un sens nuancé de la réalité.

Avec talent, il relance l'Agence et convainc les membres du Congrès, qu'ils soient républicains ou démocrates, que la crise est passée et qu'il est temps de redonner quelques moyens au NEA. Ces derniers lui accordent à nouveau des subventions qu'il utilise avec sagesse et précaution. La leçon a été retenue. L'AC ne fait plus partie des préoccupations de l'Agence, trop élitiste pour l'Amérique de l'an 2000 qui prône la diversité culturelle avant tout.

Les universités, les fondations, les communautés, le mécénat, le marché, reviennent au centre de la vie culturelle. Que chacun s'active, tout est possible mais avec de l'argent privé.

2000. La transgression utile du nouvel AC

C'est ainsi désormais que l'Amérique envisage l'avenir. Elle est le centre du monde : toutes les cultures y sont accueillies et reconnues également. Tous ceux qui veulent créer peuvent venir se former[1], réaliser leurs idées, trouver un marché pour leurs créations. C'est des États-Unis que doivent partir les tendances, la mode pour le monde entier.

Après cinquante ans de métamorphoses, il n'est plus possible en Amérique d'opposer *high culture* et cultures populaires ; elles sont également légitimes. La définition du mot « art » a changé. Tout peut être ou devenir de l'art, à condition qu'il y ait une créativité et surtout un marché.

Le résultat est que les différents marchés de l'art sont à New York, et pas seulement celui de l'AC. Les peintres de tous les styles et de tous les genres se vendent aussi. À New York on intègre aussi dans l'art la création des stylistes, des designers. Désormais la mode se lance dans l'ambiance *arty* de la capitale. L'« art numérique » s'apprend et se pratique sur la côte ouest dans des « écoles-laboratoires ». Toute une activité désormais classée « art » à l'intercession des sciences, de la technique, de l'informatique et des médias attire des étudiants du monde entier.

Cette extension du mot « art » a deux avantages pour l'Amérique : il est rentable et s'adresse au plus grand nombre, il colle à l'idéologie démocratique. Il accomplit le projet visionnaire de John D. Rockefeller dans les années 1930. Aujourd'hui, l'idée directrice de la « diversité culturelle » aux États-Unis permet d'envisager une production infiniment variée de produits culturels fondés sur la créativité à exporter dans le

---

1. Ainsi, 33 000 jeunes artistes venant du monde entier et particulièrement d'Asie viennent se former en Amérique (la plupart dans les « arts numériques »).

monde entier. La promotion de la création sous toutes ses formes est la clef de la reconversion économique de l'Amérique, qui doit abandonner ses industries lourdes ou de biens de consommation peu rentables. La formule est : on crée en Amérique, on fabrique ailleurs.

Les mines d'or d'aujourd'hui sont les ghettos américains où vivent les communautés de toutes les nations du monde. On y trouve les nouvelles idées pour créer des produits de consommation adaptés aux différentes cultures de la planète… C'est là que l'on va à la pêche des créateurs et des tendances. Ainsi, la musique hispanique est créée par les Latinos, produite à Miami et exportée dans tout le monde hispanique.

Les tenants de l'« art contemporain » provocateur, « homo-porno » des *nineties* avaient surfé sur la grande vague des revendications culturelles communautaires pour acquérir une visibilité ; dans les années 2000, pour exister et subsister, ils doivent mettre leur science de la transgression au service des marques. Une nouvelle vague déferle, il faut surfer encore.

L'écho en France des réalités américaines

L'histoire de ce demi-siècle culturel en Amérique ne semble connue en France que par ceux qui y ont habité ou s'y déplacent souvent… Étrangement, les grands médias français n'ont pas parlé des guerres culturelles, même *Le Monde*[1]. Ce silence laisse perplexe…

En effet, simultanément, entre 1989 et 1998, les intellectuels et les artistes français vivent une crise intellectuelle intense et s'interrogent sur l'AC. Ce débat souterrain traverse la décennie et connaît une courte phase publique entre 1996 et 1997.

Tout au long de ces années, en Amérique comme en France, on se posait de façon différente le même problème des limites de l'AC. Jusqu'où l'État peut-il subventionner la subversion ? Que signifie une subversion récupérée par l'État ?

Il est certain que le débat en France est essentiellement philosophique et se déroule exclusivement dans le milieu de l'art alors qu'en Amérique la « guerre culturelle » a opposé le peuple américain aux artistes d'« art

---

1. *Le Monde* rend compte d'un épisode très tardif sans d'ailleurs évoquer ce qui a précédé et en le présentant comme un fait divers : le scandale à New York autour de l'exposition Saatchi, « Sensation », en 1999. Le maire de New York a en effet suspendu sa subvention en raison de la présence d'œuvres blasphématoires, en particulier la Vierge entourée de bouses d'éléphant et de photos pornos de Chris Ofili.

contemporain » pour des raisons morales. Mais pourquoi les comités de rédaction ont-ils évité que l'on sache ce qui se passait en Amérique ?

En France, critiquer l'AC ou le démystifier, c'est remettre en cause le milieu de l'art lui-même : sociologues, théoriciens, artistes officiels, inspecteurs de la création, journalistes, collectionneurs, patrons et financiers de la presse. Ils sont membres de toutes les commissions du ministère. Il est admis de discuter mais uniquement entre soi. Voilà pourquoi le débat public, déclenché puis devenu incontrôlable, fut enterré d'un commun accord.

Si la presse ne nous a pas informés, les livres furent également peu nombreux sur le sujet. En 1994, au moment même où le débat devenait intense, est paru le livre de Rainer Rochlitz, philosophe chercheur au CNRS, *Subversion et subvention – art contemporain et argumentation esthétique*[1]. Tout le monde veut comprendre et le livre connaît un vif succès dans le milieu. Cet essai est symptomatique de ce qui se passe en France sur le plan intellectuel : il est entièrement philosophique. À aucun moment n'est abordé ou cité à titre d'exemple ce qui se passe en France et en Amérique.

Dans le débat interne, un seul type d'analyse critique est autorisé, celui des théoriciens ou des sociologues. Mais sont honnis ceux, comme Jean Clair ou Jean-Philippe Domecq et d'autres encore, qui veulent apporter un éclairage historique.

En 1998, le livre de Jean-Louis Harouel, *Culture et contre-cultures*[2], aborde le sujet par un autre angle. Il décrit l'ambiance intellectuelle des campus des universités américaines dans les années 1980. Le livre surprend, intéresse et connaît un succès éditorial tant le désir de comprendre est fort.

Plus récemment, le livre de Frédéric Martel paru en 2006, *De la culture en Amérique*[3], lève le voile plus largement sur la période 1950-2000. Il a enquêté sur place, interviewé les acteurs, vécu au centre de cette période comme attaché culturel aux États-Unis. Son livre est très documenté, complet, précis, et constitue une clef indispensable et unique en France pour comprendre l'Amérique, mais aussi nous-mêmes. C'est une des rares sources de documentation accessible en français. On peut

---

1. Rainer ROCHLITZ, *Subversion et subvention – art contemporain et argumentation esthétique*, Gallimard, Paris, 1994.
2. Jean-Louis HAROUEL, *Culture et contre-cultures*, PUF, coll. « Quadrige », Paris 1998.
3. Frédéric MARTEL, *De la culture en Amérique*, Gallimard, Paris, 2006.

cependant trouver çà et là dans les revues trimestrielles de rares articles sur ce sujet[1].

La plupart des artistes n'ont donc pas vu ce qui se passait outre-Atlantique et l'ignorent encore. Ils n'ont pas pu s'apercevoir que les idées qui nous paraissaient si originales d'Yves Michaud, de Nicolas Bourriaud et de la plupart de nos théoriciens, avaient cours à New York vingt ans plus tôt, pour ne pas dire trente. Ils n'ont pas pu reconnaître dans bien des initiatives et des discours de la politique culturelle en France un formidable mimétisme avec l'Amérique, alors que le contexte n'est pas le même. De plus, là où l'Amérique se débarrasse immédiatement des formules dépassées ou inadaptées, la France les conserve pour préserver les avantages acquis ou le poste d'un fonctionnaire.

Il y a eu un débat culturel public en Amérique, il n'y en a pas eu en France. Ceux sur qui reposait la légitimité de l'AC ont évité de l'ébruiter pour ne pas se mettre en danger. Si elle avait eu lieu en France, cette querelle eût été bien différente… On n'aurait pas vu comme aux États-Unis le peuple américain avec ses associations, ses Églises, son Congrès, guerroyer contre les artistes. En revanche, si les médias avaient lâché la bride, si l'art n'avait pas été aussi tenu par l'État, on aurait vu se développer une querelle, comme il y en eut régulièrement dans l'histoire, entre « les anciens et les modernes », c'est-à-dire une bataille d'idées plutôt qu'une guerre de religion. Les questions religieuses et morales n'interviennent pas, comme dans les pays de culture puritaine, dans les disputes concernant l'art.

L'absence de polarités visibles et de débat en France a eu pour conséquence extrêmement grave de provoquer une stagnation déplorable de la création, une disparition du public, des amateurs, du marché, et le départ ou la paupérisation des artistes comme jamais dans l'histoire.

La fortune critique de *Piss Christ* en France

Si les guerres culturelles n'ont pas été rapportées, *Piss Christ* a cependant connu une fortune critique tardive en France. L'affaire est évoquée dans un livre, *L'Église et l'Art d'avant-garde – De la provocation au dialogue*[2],

---

1. Article paru en 1998 seulement : P. GUERLAIN, « Les guerres culturelles américaines », *Revue française d'études américaines*.
2. Mgr ROUET, Mgr LOUIS, père Robert POUSSEUR, Gilbert BROWNSTONE, *L'Église et l'Art d'avant-garde – De la provocation au dialogue*, Albin Michel, Paris, 2002.

écrit par Mgr Rouet, Mgr Gilbert Louis, Gilbert Brownstone et le père Robert Pousseur.

Lors du conseil des évêques de 1997 à Lourdes, les évêques de France s'étaient fixé pour objectif d'évangéliser le monde mystérieux des artistes, après s'être intéressés, en d'autres temps, aux ouvriers, au tiers-monde, aux migrants, aux jeunes, aux vieux… Pour ce faire, il fallait s'informer. Ils firent donc appel à un expert en AC pour être initiés.

Ce fut Gilbert Brownstone, ancien galeriste, ancien directeur de musée en France et à Jérusalem, administrateur de la Calder Studio Foundation et conseiller de plusieurs musées américains. Il organisa dans ce but un charter en direction de New York pour quelques évêques et membres de l'association Art, culture et foi. Il fit avec eux la tournée des ateliers des grands de l'AC, dont celui d'Andres Serrano, l'auteur du fameux *Piss Christ* qui avait déclenché la « guerre culturelle » dix ans plus tôt.

Ce livre est le résultat de cette découverte. Les auteurs y racontent leurs émotions et leur conversion à l'AC. « L'œuvre d'Andres Serrano est porteuse de lumière », déclare le père Pousseur. Ils ont le désir de nous faire partager par ce livre leur méditation sur les œuvres de ces artistes « véritables porte-parole de l'humanité[1] ». Ils ont connu une expérience existentielle semblable à celle du directeur du NEA, John Frohnmayer, théologien lui aussi, lorsqu'il a visité l'exposition « Witnesses » en 1989.

Les évêques auteurs de ce livre initient les Français à la « spiritualité » post-moderne à travers les œuvres de Jean-Luc Verna, Teresa Margolles, Kiki Smith, Lisa Yuskavage, Marina Abramovic, Araki Nobuyoshi, Maurizio Cattelan, Gilbert et George, Damian Hirst, Nan Goldin, Pierre et Gilles, Hermann Nitsch…

Le livre a surpris, choqué même, mais n'a pas déclenché pour autant une *cultural war*, ni même un débat en France. On imagine mal à la une du *Monde* : « Les évêques français au secours de *Piss Christ* »… L'Amérique n'aurait sans doute pas compris une fois encore l'exception culturelle française !

---

1. *Ibid.*, p. 27, 28.

3

Les mystères de la valeur

> « *Par société de marché, il faut entendre : une société dans laquelle tout peut être, par principe, acheté, une société dans laquelle tout est marchandise, et les "produits" culturels l'étant autant que les autres.* »
>
> Frédéric MARTEL

L'AC est une utopie qui dure parce qu'il est à la fois utile et adossé à un pouvoir, une organisation qui l'utilise, le légitime et le fonde.

À mesure que l'on découvre, grâce à des études historiques récentes[1], l'histoire de l'art de ce demi-siècle, on comprend de quelle façon New York a pris le pouvoir culturel et comment il est exercé à l'échelle du monde.

On commence à distinguer clairement l'AC de l'art moderne à partir du milieu des années 1970. Cette nouvelle entité trouve à ce moment-là sa maturité théorique et l'organisation de son marché à New York. Peu à peu viendront le rejoindre tous les autres marchés de l'art, ancien ou moderne. À partir de la fin des années 1990, l'hégémonie de l'Amérique sur les marchés de l'art est complète.

Parallèlement, l'Europe perd ses prérogatives. En 1994, les réglementations de Bruxelles sur le marché de l'art handicapent les places européennes, y compris pour le commerce des antiquités. Londres résistera jusqu'en 1999 grâce à un régime de faveur en ne payant que 2,5 % au lieu de 5 % de taxes à l'importation et en étant exempté de nombreuses obligations réglementaires. En 1999, les marchands anglais, gênés par l'harmonisation fiscale européenne, ont préféré installer outre-Atlantique leurs établissements principaux, tout en gardant une succursale en Grande-

---

1. Serge GUILBAUT, *Comment New York vola l'idée de l'art moderne*, Jacqueline Chambon, Nîmes, 1989. Voir aussi Frances STONOR-SAUNDERS, *Qui mène la danse ? La CIA et la guerre froide culturelle*, Denoël, Paris, 2003.

Bretagne. Désormais, le marché de l'art oscille entre New York et Londres, selon les caprices du cours du dollar et de l'euro.

Le projet de supprimer les droits de succession en Amérique pour attirer les grandes fortunes du monde a bien des chances d'être adopté par le Congrès. On imagine les conséquences pour l'avenir du marché de l'art !

La prise de pouvoir des maisons de vente

En 1997, Christie's et Sotheby's s'intéressent à l'« art contemporain ». Le directeur de Christie's France, Hughes Joffre, explique pourquoi :

> « Une œuvre récente, même de grande qualité, ne peut rivaliser avec une œuvre plus ancienne d'un grand maître moderne. Alors, les créations d'après 1970 étaient un peu reléguées à la fin des catalogues ou dans les ventes d'après-midi. Même les journalistes se focalisaient sur les résultats d'un De Kooning au détriment d'un Sandro Chia. À présent, nous allons pouvoir leur rendre toute leur importance[1]. »

Les grandes maisons de vente aux enchères prennent un certain nombre de dispositions visant à contrôler ce marché où elles peuvent faire d'énormes profits à condition d'avoir le monopole sur la marchandise. Quoi de plus facile quand les artistes sont vivants et que l'on en est leur découvreur et unique promoteur ? Elles vont devenir la source et les maîtres de la valeur. Lancer un artiste sera l'équivalent d'une émission paramonétaire. Elles avaient pour spécialité de s'occuper du second marché, elles investissent dès lors le premier marché jadis réservé aux galeries.

En 1997, Christie's a édité et distribué un luxueux document en papier glacé rouge, noir et or, rédigé en français et en anglais, intitulé *For the Millennium*. Il y est exposé la nouvelle stratégie des maisons de vente à l'approche de l'an 2000. Une question est posée : « Comment prendre le contrôle du marché de l'art ? » Une réponse est fournie, tout aussi claire : « Par la gestion internationale et directe des artistes actifs. » C'est cette exigence qui va déterminer la reconfiguration des nouveaux départements : art ancien, art moderne et art contemporain.

Pour rassurer une future nouvelle clientèle orientée vers le « contemporain », Christie's glisse, au milieu de belles illustrations séduisantes, ce scoop : « Le XXe siècle fera d'ici peu partie du passé. » Ce qui discrètement veut dire : vous pouvez investir sans inquiétude, on fera ce qu'il faut pour

---

[1]. *Le Monde*, jeudi 2 octobre 1997. Harry BELLEY, « OPA de Sotheby's et Christie's sur l'art contemporain », p. 26.

maintenir la valeur, notamment en lui donnant, dans un avenir assez proche, une consécration historique. Sotheby's adoptera la même ligne en même temps.

Cette politique à long terme des deux maisons de vente s'appuie sur des mesures complémentaires moins avouées : engager des historiens pour écrire l'histoire de l'art du xxe siècle, acheter des galeries, des fonds d'atelier, des stocks des grands marchands américains[1], intervenir de diverses façons dans les foires, prendre le contrôle des revues d'art, etc. Tout cela, aucune galerie ne peut le faire. La garantie fournie aux amateurs est donc sérieuse.

Le duopole anglo-saxon domine aujourd'hui le marché mondial. Il est le maître de la valeur à l'international. L'AC devient l'affaire des très gros collectionneurs triés sur le volet. Les artistes ne sont plus que des fournisseurs de marchandise. La garantie pour l'acheteur n'est pas la valeur de l'artiste et de l'œuvre mais la puissance du marchand et la solidité de son réseau de collectionneurs. L'artiste n'est plus maître de son destin, nous avons quitté le domaine de l'art pour aborder aux rivages de la création monétaire.

Pas de collectionneur, pas de cote

Le système de l'art est international, mais avons-nous affaire pour autant à un art au-dessus des identités nationales ? Les choses paraissent embrouillées… En 2005, le responsable du département « art contemporain » de Sotheby's, société aux capitaux américains, est autrichien, et son homologue chez Christie's, société britannique détenue par des capitaux français, est une Américaine.

Les apparences sont sauves mais le marché n'en est pas moins dominé dans les faits par les Américains, les Anglais et les Allemands. Saatchi défend sans complexe, y compris à New York, les artistes anglais et crée une « école de Londres ». En même temps, les Latins et tout spécialement les Français sont marginalisés. Même François Pinault n'ose pas acheter la production de ses compatriotes.

Le *Kunst Kompass*, célèbre indicateur qui permet d'apprécier l'audience des artistes, publie chaque automne son rapport dans la revue allemande *Kapital*. Cent artistes sont classés en fonction de leurs exposi-

---

1. Sotheby's acquiert le stock de certains marchands américains (comme le fonds de la galerie Pierre Matisse), achète des galeries (dont celle de Jeffrey Deitch à New York, qui détient les vedettes de la création la plus branchée). Christie's en 1997 parraine le catalogue de la Foire de Bâle.

tions et de leurs ventes. On constate, à sa lecture annuelle depuis sa création en 1970, que les artistes américains, anglais et allemands dominent le marché sans conteste.

La raison de cet état de fait est en partie économique. La France n'est pas un pays connaissant de grands mouvements financiers, les liquidités sont rares, l'État ponctionne beaucoup, les signes extérieurs de richesse posent problème. Jusqu'à mars 2004, les sociétés d'assurances françaises devaient déclarer au fisc le nom de tout client assurant une œuvre d'art importante. Il en résulte un petit nombre de collectionneurs. Or le nombre de collectionneurs garantit la valeur – par ailleurs problématique – des œuvres. Dans le système de l'AC, les institutions consacrent, mais pas sans le marché. En France, le jeu spéculatif et social de l'AC n'entre ni dans les moyens ni dans les préoccupations de la plupart des gens fortunés. L'insécurité à laquelle est soumise leur fortune, la pression fiscale ou parafiscale, un certain arbitraire judiciaire, une autre conception de la valeur sociale, un reste de culture humaniste, les détournent généralement de ce genre de collection.

Les artistes français ne comprennent pas très bien ces mécanismes culturels et financiers, et accusent les pouvoirs publics d'être la cause du manque de succès de leurs œuvres à l'étranger. On a pu constater cette réaction lors de la publication en 2002 d'un rapport commandé, en juin 2001, au sociologue Alain Quémin par le ministère des Affaires étrangères[1]. Il constate que les artistes français sont extrêmement mal cotés sur le marché de l'AC. La réaction des médias autorisés ne fut pas de s'interroger sur les causes diverses de cette exclusion de l'art français, expliquées d'ailleurs par le sociologue, mais d'accuser l'État français et le ministère de la Culture de ne pas en faire assez.

Pourtant Alain Quémin signale un fait troublant… En examinant les données du *Kunst Kompass*, il constate que l'indicateur allemand ne considère pas le pays d'origine mais le pays de résidence. On peut donc dire que si les États-Unis occupent dans ce palmarès la place de leader, c'est parce que sont considérés comme artistes américains tous les artistes qui « vivent et travaillent en Amérique », selon la formule consacrée. Les artistes savent bien ce que veut dire la formule. En effet, les galeries importantes depuis plusieurs décennies n'exposent un artiste que si celui-ci produit l'œuvre sur place… Il doit donc y résider ne serait-ce que le temps nécessaire à la création. Ainsi se mérite la mention prestigieuse qui orne tout catalogue sérieux.

---

1. Alain QUÉMIN, *L'Art contemporain international : entre les institutions et le marché*, Jacqueline Chambon, Nîmes, 2002.

Ce n'est pas, bien évidemment, une pression qui vient de l'État, ni d'une organisation formelle quelconque, c'est une convention existant dans le « milieu de l'art », qui fonctionne en réseau avec les institutions et les collectionneurs pour la sécurité de l'ensemble. Sont évoqués, pour justifier cette exigence de résider pour exposer, les épineux problèmes douaniers – mais le grand mobile partagé par tous est, d'une part, le désir de faire de New York la place de référence où naissent tous les nouveaux mouvements, d'autre part d'assurer les cotes de chaque œuvre en contrôlant et connaissant tous les maillons du réseau qui la soutiennent. Enfin l'importance d'un marché tient à l'abondance et au renouvellement rapide de la marchandise proposée. New York ne veut pas se retrouver, comme au milieu des années 1950, en panne d'avant-garde.

Art international ou art impérial ?

Les théoriciens de l'art en France perçoivent l'AC comme un art pur de toute identité, de toute nationalité, de toute volonté de pouvoir. C'est pour eux un authentique art international ! *A contrario*, Yves Michaud accuse la France d'avoir pratiqué un art « colonialiste », sans prêter à l'Amérique des visées impériales pour autant.

Les Américains ont constaté rapidement que l'art ne pouvait pas éluder les cultures. Pragmatiques, ils changèrent donc d'optique et les acceptèrent toutes. C'était le seul moyen de vivre en paix. L'Amérique avait choisi en 1965, avec l'entrée en vigueur de l'Immigration Reform Act, d'abolir les quotas d'immigrés selon une hiérarchie des races. Désormais les émigrés de tout pays furent les bienvenus à condition de ne pas dépasser le nombre de 20 000 par pays et par an. Il fallait tirer les conséquences de ce parti pris. Les théoriciens de l'art abandonnèrent leurs rêves minimalistes et adoptèrent la religion du multiculturalisme. L'AC devint le chaudron des cultures.

Comme le commente Frédéric Martel dans son livre *De la culture en Amérique* : « Aujourd'hui les expositions du Brooklyn Museum qui connaissent un grand succès public ne sont pas celles de Matisse ou de Van Gogh comme au Met ou au Moma, mais l'exposition "Hip Hop Nation" ou la rétrospective du peintre mi-portoricain mi-haïtien Jean-Michel Basquiat. Et cela marche ! Entre 40 % et 50 % du public est composé de Noirs[1]. »

---

1. *Op. cit.*, p. 485.

Quand le mur de Berlin tomba en 1989, l'Amérique était préparée à régner sur le monde. Elle avait déjà accompli sa révolution culturelle et pouvait prétendre assumer toutes les cultures sans en imposer aucune... Comme Rome l'avait fait avant elle, l'Amérique exerce désormais le pouvoir impérial en laissant en échange chaque peuple apparemment libre de pratiquer ses coutumes.

L'exception culturelle française

Pourquoi l'art français se trouve-t-il marginalisé ? C'est une question que l'on se pose souvent en France... Qu'il s'agisse de l'abandon du projet de l'île Seguin par François Pinault ou des résultats de l'enquête d'Alain Quémin, les commentaires dans la presse en général et du *Monde*[1] en particulier sont unanimes pour accuser : « C'est la faute de l'État français. » Personne ne se pose de questions sur les vraies raisons de l'hégémonie anglo-saxonne et des choix de François Pinault.

Les médias français ne s'étonnent pas d'assister à une conférence de presse du ministre Donnedieu de Vabres à l'occasion de l'ouverture de la Fiac en octobre 2006[2] où il annonce l'achat de 35 œuvres par l'État et un « train de mesures pour l'art contemporain ». Cela stupéfie la presse anglo-saxonne et ne rassure pas les grands collectionneurs qui évitent d'acheter français. « Ce sont des artistes assistés », disent-ils avec mépris lorsqu'on les interroge sur les raisons de ce parti pris.

En France, on trouve normal que l'État prenne en charge les frais de la consécration d'artistes français à New York, aide les galeries à être présentes sur les foires de Bâle, Londres ou Miami... Mais sait-on que *plus de la moitié* des achats d'AC par les Frac et Fnac se font hors de France et contribuent à consacrer des artistes principalement anglo-saxons à l'international, sans contrepartie aucune ? On s'interroge sur cette stratégie et surtout sur ses mobiles...

Un deuxième fait est troublant. Au début de l'instauration des achats des Frac et Fnac, il existait une transparence. Les prix et les conditions de l'achat, en galerie ou à l'artiste, étaient publics. Après 1990, une obscurité se fait sur ces informations. Au point que même les chercheurs à qui les ministères de la Culture et des Affaires étrangères ont confié des études sur ces sujets ne les obtenaient pas.

---

1. François Pinault est actionnaire du journal *Le Monde*.
2. Communiqué de presse, département de l'Information et de la Communication, ministère de la Culture, 15 octobre 2006.

Un procès qui dura plusieurs années opposa l'artiste Fred Forest au centre Georges-Pompidou[1]. L'artiste demanda, comme le prévoit la loi de 1978 sur la transparence de la comptabilité publique, la communication des contrats d'acquisition d'œuvres d'art. Sa demande fut sans réponse même après avoir saisi la Commission d'accès aux documents administratifs, la Cada. L'artiste alla devant le tribunal administratif de Paris pour se plaindre de ce refus. Il perdit son procès en appel devant le Conseil d'État le 17 février 1997.

Personne n'a conscience en France de se comporter d'une part comme un peuple colonisé culturellement et d'autre part d'être soumis à un art d'État.

Le mystère de la valeur de l'AC

De très nombreux sociologues, comme en France Raymonde Moulin, Pierre Bourdieu, Nathalie Heinich, et économistes, comme Nathalie Moureau, Dominique Sagot-Duvauroux, ont essayé de cerner la nature de l'AC, cette marchandise d'un type nouveau : ni matière première ni savoir-faire, ni art ni bien précieux et rare. Ils arrivent par des moyens différents à la même conclusion : l'étalon du beau ayant disparu, c'est le marchand qui dicte la valeur. La formation de la valeur est le résultat du jeu de quelques individus à l'intersection des institutions, des collectionneurs et des marchands, faisant ensemble le travail de reconnaissance, d'acceptation et de qualification de l'objet.

La nouveauté est le dernier critère très flou, très subjectif, qui surnage encore mais se porte très mal lui aussi. Ces tout derniers temps, il se résume à un mot que l'on entend susurré dans la bouche des marchands et des experts pour caractériser une œuvre : « Il y a beaucoup d'énergie... »

Autant dire que l'on se trouve devant une marchandise d'un type nouveau, pure de toute valeur, une utopie dans toute sa splendeur, une richesse, un gisement non pas découvert par un marchand, mais créé par lui. Le rêve des marchands ! C'est une « valeur » fondée sur quelque chose d'immatériel.

Le marchand et ses clients vont fabriquer cette valeur, en réseau. Certes le client ne peut distinguer la valeur matérielle de ce qu'il achète à un prix très élevé, il est obligé de faire confiance à l'organisation qui la garantit, et lui donne stabilité et durée. En spéculant, il gagne l'avantage d'appartenir à un groupe social enviable, il satisfait son goût du jeu et,

---

1. Voir, Fred FOREST, *Fonctionnements et dysfonctionnements de l'art contemporain : un procès pour l'exemple*, L'Harmattan, Paris, 2000.

en contrepartie, adhère aux stratégies communes visant à provoquer la hausse de ces valeurs. Les gens fortunés fréquentaient jadis les casinos, ils hantent aujourd'hui les galeries, ce qui est bien plus sûr.

La spéculation dans le domaine de l'art contemporain fonctionne sur le principe du réseau, et donc sur celui de l'entente entre initiés. « Le commerce de l'art est le dernier grand marché non régulé », déclarait en 2005 Peter R. Stern, procureur à Manhattan, à la revue *Artnewspaper*. Si jamais on appliquait les règles de la Bourse au marché de l'AC, il ne survivrait pas.

Les épisodes où le marché s'emballe comme à la fin des années 1980 sont dus à l'entrée sur le marché de naïfs fascinés par ce jeu magnifique sans en comprendre les règles. Ils spéculent aveuglément à leur tour jusqu'à ce que la « bulle » éclate et que tout rentre dans l'ordre. Puis tout reprend. La sûreté du marché se fonde sur les liens personnels existant entre les membres du réseau créateur de la valeur.

Qui peut entrer dans le cercle des spéculateurs ? Toute fortune qui accède à une visibilité internationale est la bienvenue. Ainsi entrent dans la ronde de l'AC les ressortissants des pays qui connaissent une économie dynamique, un système libéral, un enrichissement des individus dégageant des liquidités. Il faut également que se développent dans ces pays des institutions nationales et internationales capables de légitimer leur art contemporain. C'est ainsi que l'on voit se multiplier des centres d'art contemporain aux architectures spectaculaires sur toutes les places financières du monde : Luxembourg, Abu Dhabi, Shanghai, etc.

Il faut également, et c'est indispensable, que dans chaque pays des collectionneurs privés fassent la promotion de l'AC de leurs artistes. C'est ce qui manque en France.

Il faut enfin que le réseau soit complet et solide pour que les valeurs sans valeur puissent être assurées de perdurer.

L'AC : le placement le plus sûr

En faisant la synthèse de différentes études économiques sur la rentabilité du marché de l'art, Nathalie Moureau et Dominique Sagot-Duvauroux[1] arrivent aux conclusions suivantes : d'une façon générale et statistiquement parlant, les placements en œuvres d'art sont plus risqués

---

1. Nathalie Moureau et Dominique Sagot-Duvauroux, *Le Marché de l'art contemporain*, La Découverte, coll. « Repères », Paris, 2006, p. 87, 88.

et moins rentables que les placements financiers classiques. Mais, en ce qui concerne la rentabilité comparée des marchés de l'art, des différences sensibles apparaissent selon les courants artistiques.

> « L'indice des valeurs boursières présente à la fois le rendement le plus élevé (5,17 %) et l'écart type le plus faible (5,84), c'est-à-dire un plus faible risque de s'écarter sensiblement du rendement moyen. Les maîtres "contemporains" ont le rendement moyen le plus élevé des courants artistiques (4,21) avec cependant des écarts importants par rapport à cette moyenne. Les impressionnistes français, qui sont cependant les stars du marché de l'art, constituent le placement le plus risqué (écart type : 13,66) pour un rendement moyen relativement faible. [...] De même, l'indice du marché de l'art publié par *Artprice* donne un profil de l'art contemporain voisin de celui de l'ensemble des ventes, montrant qu'il n'est pas plus risqué que les autres. Il est vrai que les artistes contemporains qui s'échangent en vente aux enchères sont déjà des artistes reconnus. »

Le marché spécifique de l'AC n'est donc pas moins sûr, à moyen terme, que les autres marchés de l'art menacés par les variations du goût. Si l'AC a une valeur matérielle très problématique, celle-ci est compensée par l'intégration et la solidarité hors du commun de son réseau. Il existe aujourd'hui des méga-collectionneurs qui sont tout à la fois directeurs de sociétés de ventes, puissants actionnaires dans la presse générale et spécialisée, directeurs de musées et centres d'art, etc. De même, il arrive communément que les commissaires d'exposition, historiens d'art, conservateurs de musées et critiques d'art soient aussi conseillers d'une galerie ou d'un marchand. Ainsi, Saatchi et la maison de vente Phillips collaborent étroitement, François Pinault a Christie's dans son groupe. Bernard Arnault se fait conseiller par Christophe Giraud, adjoint chargé de la culture des Affaires culturelles de la mairie de Paris ; en 2004, le délégué aux arts plastiques du ministère de la Culture, Martin Berthenod, est devenu le commissaire général de la Fiac, etc.

La consécration dans l'opinion est souvent faite par les acteurs du jeu financier. Si bien « qu'il est difficile de distinguer l'information artistique de l'information médiatique », remarquent Nathalie Moureau et Dominique Sagot-Duvauroux. Grâce à ce système bien intégré, les valeurs acquièrent une remarquable stabilité.

Quelques ventes illustrent ce propos. À Londres, le 4 juillet 2007, chez Sotheby's a été adjugé un tableau de Diego Velázquez 12,42 millions d'euros ; mais le 21 juin, s'est vendu au même endroit une vitrine remplie de pilules pharmaceutiques de Damian Hirst 13,3 millions d'euros.

Chez Christie's, le lendemain, 5 juillet, un portrait de Lorenzo de Médicis par Raphaël a obtenu 27,3 millions d'euros ; mais à New York, en mai 2007, s'est vendu un tableau de Rothko au prix de 53,7 millions d'euros, c'est-à-dire le double !

On peut dire à partir de 2007, ce qui est une révolution, *que les artistes vivants sont désormais plus chers que les artistes du passé*. On a affaire à une nouvelle génération de collectionneurs qui n'appartiennent pas à une élite traditionnelle recherchant la culture, l'exception, le raffinement. Leur fortune est récente, souvent bâtie dans le domaine très immatériel des finances. Sans passé et avec un avenir incertain, ils s'intéressent au présent. C'est ainsi que la maison de vente Phillips a fondé sa politique de développement sur le renoncement au marché des impressionnistes et des modernes pour se spécialiser dans le contemporain et le design. Elle a été la première à introduire des artistes chinois dans les ventes d'AC et aujourd'hui elle est très présente sur les marchés dits « émergents » : indiens, russes, coréens et chinois.

On perçoit aisément ces systèmes de création de la valeur en observant le processus d'installation de l'AC sur une nouvelle place financière comme Shanghai fin 2006. Il faut d'abord un gisement ; or on estime à 320 000 le nombre de millionnaires en Chine, ce sont des collectionneurs potentiels. Il faut ensuite des institutions locales. Deux musées privés d'art moderne et contemporain existent déjà, créés par des hommes d'affaires chinois, dont le roi du jade Samuel Kung. Deux autres musées sont l'œuvre de la municipalité. Enfin, les institutions étrangères doivent également prendre place et sont déjà sur les rangs. Le Centre Pompidou propose son savoir-faire et désire implanter une antenne de Beaubourg à Shanghai. Par ailleurs le Moma, allié au Guggenheim, projette aussi une installation en Chine. Enfin il faut que les galeries du monde entier puissent venir le temps d'une foire ; ce sera chose faite en septembre 2007. Lorenzo Rudolf, créateur de la prestigieuse Foire de Bâle, dite la meilleure du monde, crée une foire annexe à Shanghai ; elle s'ajoutera à une biennale qui existe déjà depuis cinq ans et attire les foules. Enfin des galeries privées, comme celle de David Quadrio avec sa galerie Bizart, sont déjà sur place et font des affaires. Le grand jeu peut commencer.

Pourquoi l'AC plutôt que l'art ?

L'AC est adapté au marché mondial parce qu'il peut surgir de nulle part, se fabriquer rapidement, être immédiatement disponible en grand format et en quantité pour répondre à la demande.

Un marché à l'échelle mondiale ne fonctionne pas comme un marché à l'échelle d'un pays. Il lui faut une grande quantité de marchandises pour avoir une cote à l'échelle de la planète. Si Picasso demeure encore une des valeurs les plus sûres de l'art moderne, c'est aussi parce qu'il est le premier artiste au monde à avoir produit 40 000 œuvres… D'ailleurs les premiers artistes à beaucoup produire, et rapidement, furent les impressionnistes, ce qui leur permit à la fois d'avoir dès le début un marché international et de connaître une spéculation sur leurs œuvres.

L'AC s'est adapté à la demande et a relevé le défi de fournir massivement les centres d'art aux architectures colossales, foires et biennales de plus en plus nombreuses.

Dans les années 1960, Andy Warhol a trouvé la formule en inventant les *factories*, véritables entreprises fabriquant de la marchandise. Un artiste coté sur le marché international est forcément aujourd'hui un chef d'entreprise qui produit grâce à de la main-d'œuvre une marchandise adaptée à la demande en taille et en quantité. La formule a l'avantage d'être praticable partout.

Ainsi, les Chinois l'ont adoptée du jour au lendemain et se sont mis à lancer des œuvres sur le marché de l'AC sans jamais en avoir fait au préalable. Wang Du, aujourd'hui célèbre, a parfaitement su créer l'objet idéal pour connaître un succès immédiat. Il profite de l'avantage d'une main-d'œuvre à bon marché pour faire des œuvres énormes, demandant beaucoup de travail, chose non rentable partout ailleurs. Cela lui permet d'être le seul du genre sur le marché. Par ailleurs, il choisit des icônes efficaces à l'échelle planétaire, en l'occurrence des images tirées de l'actualité des journaux qui ont fait le tour du monde et dont tout le monde conserve la mémoire. En les réalisant en trois dimensions, à très grande échelle, il fait choc immédiatement et répond exactement à la demande. Car ce n'est pas si facile de trouver des œuvres adaptées à d'immenses espaces vides, tels les monuments de Gehry[1]. Ce type d'architecture se veut une œuvre sculpturale en soi où les espaces se suffisent à eux-mêmes. L'artiste se trouve être en concurrence inégale avec l'architecte.

On comprendra qu'un art fondé sur la qualité, la rareté, fait à la main, impliquant un savoir, prolongeant une métamorphose séculaire, n'a pas sa place dans les lieux élaborés pour l'AC. Il n'a pas non plus, en apparence, d'utilité dans les échanges planétaires… Il ne peut se « déclarer », il ne peut surgir du jour au lendemain au milieu des steppes, des déserts

---

1. Architecte de plusieurs centres d'art dont le musée Guggenheim à Bilbao. Bernard Arnault l'a choisi pour son Centre d'art, à Paris.

et des banquises, où jaillit pourtant le pétrole, où gisent les matières premières et prospèrent les nouveaux millionnaires. De plus, il porte l'étiquette infamante d'« art colonial ».

Lorsque tout a commencé pendant les années 1960, on a cru que l'art conceptuel n'était qu'une avant-garde de plus, une mode qui passerait comme toutes les modes. On s'attendait à un retour de la peinture à court terme, phénomène de polarité qui s'est d'ailleurs produit pendant les années 1980 mais a rapidement pris fin avec l'effondrement du marché en 1990. L'AC a retrouvé par la suite son hégémonie en s'adaptant. Il s'est assuré une seconde vie en assumant l'idéologie du multiculturalisme et ses utilités.

L'appréciation d'un art au sens originel du terme est devenue une expérience d'exception, réservée à des personnes ayant une vie intérieure, une disponibilité de temps et d'âme. Désormais on ne peut comprendre cette démarche que si l'on est encore capable de faire une distinction entre valeur boursière et valeur tout court.

4

La pensée implicite de l'AC : la philosophie analytique

> « *La théorie philosophique et l'interprétation, autrement dit le langage, sont constitutives de l'œuvre. Elles seules permettent d'identifier l'objet et de déclarer avec l'aval du monde de l'art : c'est une œuvre d'art.* »
>
> Arthur Danto

Aujourd'hui, l'AC apparaît comme une pensée confuse et protéiforme. Tout est possible, tout peut être fait ou dit. C'est une apparence qui rend l'AC difficile à appréhender et donc à mettre en doute ; il aliène en étant impensable.

L'AC a eu jadis une cohérence, il a été légitimé dans les années 1960 par le courant de la philosophie analytique américaine. Ce qui ne sera bien connu en France qu'après 1990.

Une stratégie de combat

Les élites américaines après la guerre sont confrontées à la nécessité de combattre l'idéologie communiste, particulièrement répandue dans les milieux intellectuels et artistiques en Europe mais aussi aux États-Unis. Les intellectuels sont pour eux une classe beaucoup plus dangereuse que le prolétariat car ils confondent révolution et modernité. Les Américains sont obligés de s'investir dans un combat culturel où ils n'ont pas l'avantage : la culture est le privilège de l'Europe, communiste ou pas.

La proposition, formulée par douze sénateurs américains en avril 1950, d'« instaurer un plan Marshall sur le plan des idées » montre l'importance de la prise de conscience. Les populations des pays occupés par les armées américaines reconnaissent la supériorité militaire et économique de celles-ci mais les considèrent avec condescendance pour ce qui est de la culture. Les Soviétiques, dans ce domaine, ont infiniment plus de prestige ; tout le monde admire leurs orchestres, leurs ballets, leurs opéras.

Les Américains furent pris entre des nécessités contraires : faire preuve à la fois de leur modernité et montrer leur excellence dans les disciplines traditionnelles. Ils firent un immense effort pour faire tourner leurs meilleurs orchestres, ballets et opéras. Mais pour parvenir à leurs fins, il leur fallut aussi tenter de dévaluer la philosophie esthétique européenne, sa métaphysique du beau, sa tentation du sublime, sa fascination du génie, ses savoir-faire, sa culture et son érudition. Il leur fallut simultanément destituer l'Europe de sa prestigieuse modernité en art et imposer une autre idée de la modernité. Barrer la route au progressisme communiste était à ce prix.

Un certain nombre de stratégies furent mises au point, bien décrites par la journaliste anglaise Frances Stonor Saunders[1] qui a recueilli les témoignages des acteurs de cette époque et étudié les archives, éclairant les recherches antérieures de Serge Guilbaut.

L'art abstrait, on le sait, fut un de ces moyens pour l'Amérique de promouvoir une création de son cru, moderne et sans idéologie. Serge Guilbaut rapporte dans son livre, *Comment New York vola l'idée d'art moderne*[2], les propos d'Henri Geldzhalu, historien du pop art : « Nous avons soigneusement préparé et reconstruit l'Europe à notre image depuis 1945, de sorte que deux tendances de l'iconographie américaine – Kline, Pollock et De Kooning d'un côté, les artistes du pop de l'autre – deviennent compréhensibles à l'étranger. »

La veine de l'« expressionnisme abstrait » s'épuisa vite du fait de la mort de ses peintres autour de 1955. Il fallut fournir dans la foulée d'autres avant-gardes et produire des événements culturels, se fabriquer rapidement une histoire de l'art et une légitimité. C'était loin d'être évident. On vit au cours de l'année 1955 à Paris des agents (de la CIA), ayant des postes culturels à Paris, faire le tour des ateliers des artistes américains venus s'installer après la guerre. Ils les invitèrent à rentrer à New York où les galeries étaient en attente d'avant-gardes. Tout un réseau était prêt à les consacrer : collectionneurs, fondations, musées. Leur avenir était assuré.

---

1. Frances STONOR-SAUNDERS, *op. cit.*
2. Serge GUILBAUT, *op. cit.*, p. 250.

Aux États-Unis, l'idée la plus marquante et avant-gardiste des années 1940 à 1960 fut le minimalisme de Clement Greenberg[1], théoricien de l'expressionnisme abstrait américain, dans un esprit encore esthétisant. Il voyait dans ce dépouillement une modernité suprême, une universalité fondée sur une identité faible, alliée à une rigueur forte. C'était selon lui le cadeau de l'Amérique à la civilisation. Cette quintessence de la forme devait pouvoir rallier le monde à l'empire que la victoire avait donné à l'Amérique. Greenberg est le dernier théoricien à défendre la peinture.

Ceux que l'on appelle les « néodadaïstes », mélange de dadaïsme, de conceptualisme et de surréalisme, sont néanmoins pendant cette décennie les avant-gardistes les plus radicaux ; ils sont peu nombreux mais jouent un rôle important. Marcel Duchamp, qui vit alors à New York, en est la référence. André Breton jouit d'une aura qu'il a perdue à Paris. Ce mélange d'idées, qui ne s'accordent pas toujours, est le bouillon qui prépare l'avènement de l'AC. En 1952, à Woodstock, le compositeur John Cage avait convié le public à la première de sa création 4'33. Le silence était interrompu au début de chaque mouvement par le claquement du couvercle du piano de David Tudor. Silence relatif puisque les toussotements et autres bruits animaient le vide musical. Interrogé sur le sens de son œuvre et ses principes esthétiques, John Cage répondit alors : « Aucun sujet, aucune image, aucun goût, aucune beauté, aucun message, aucun talent, aucune technique, aucune idée, aucune intention, aucun art, aucun sentiment. »

À la fin des années 1950, Morris Weitz prenait la suite en inaugurant les théories qui allaient légitimer le futur « art contemporain », avec *Le Rôle de la théorie en esthétique*, publié en 1956[2]. Ce philosophe contesta le fait qu'il puisse y avoir une définition de l'art. Il préconisa une « définition ouverte de l'art » pouvant accueillir les propositions les plus diverses.

L'art contemporain est en gestation…

La théorie qui fonde New York capitale des arts

Le discours doctrinal de l'AC en Amérique s'élabore après 1960. Le premier écrit est un article d'Arthur Danto dans le *Journal of Philosophy*.

---
1. Clement GREENBERG, *Modernist Painting*, Arts Yearbook IV, 1961.
2. Morris WEITZ, « The Role of Theory in Aesthetics », *The Journal of Aesthetics and Art Criticism*, XV, 1956, p. 27-33.

L'événement qui a provoqué cet écrit a lieu en 1964. Le philosophe se rend sur la 74ᵉ Rue Est, à la Stabble Galery. Il est convié à une exposition des œuvres d'Andy Warhol. Il aperçoit un entassement de boîtes Brillo. Il éprouve une violente déception devant cette « œuvre » rébarbative. Il repart mal à l'aise, un peu furieux, et plonge dans un abîme de réflexions... Comment voit-on les choses lorsque l'on appartient à l'école analytique ? Il considéra le fait : ces boîtes Brillo sont une œuvre d'art puisqu'elles sont exposées dans une galerie. Il ne s'agit donc pas de se poser la question : est-ce de l'art ? Il s'agit de répondre à la question : pourquoi est-ce de l'art ? Et cela, c'est son métier.

Il sera bien obligé de constater que ce qui transfigure un objet banal en art est un concours de circonstances : l'auteur de cette métamorphose sémantique est un artiste reconnu, il a élaboré consciemment l'« œuvre », elle est présentée dans une galerie, reçue par un public. Les faits sont là, cette œuvre existe parce qu'à New York, depuis quelque temps, l'ambiance s'y prête. Les expressionnistes et les abstraits ont cédé la place au pop art et aux néodadaïstes, adeptes de Marcel Duchamp et de Pierre Restany. Un milieu est prêt à reconnaître les boîtes Brillo d'Andy Warhol comme œuvre d'art. Les choses sont comme elles sont.

Il n'y a chez Danto ni provocation, ni désir de scandale, ni projet révolutionnaire. Il n'est pas un fan de la nouvelle formule de l'art, il est tout simplement un philosophe de l'école dite analytique. Fi donc des conceptions idéalistes, mystiques, sublimes et essentielles de l'art ! Tout cela ne suffit pas à définir, selon lui, ce qu'est une œuvre d'art. Il s'applique donc à trouver une définition plus précise que celle de Morris Weitz à laquelle il adhère, mais qu'il trouve insuffisante : « Ce qui fait la différence entre une boîte Brillo et une œuvre d'art qui consiste en une boîte de Brillo, est une certaine théorie de l'art. C'est la théorie qui la fait entrer dans le monde de l'art et l'empêche de se réduire à n'être que l'objet réel qu'elle est[1]. » Il applique dans son observation un autre principe de la philosophie analytique : ce sont en définitive les relations langagières et sémantiques qui fondent l'existence des choses. C'est ainsi que, selon Danto, s'effectue la transfiguration du banal en art. Passionné par sa rumination philosophique, il n'a pas eu conscience, sur le moment, d'être le fournisseur de la théorie de l'art, pragmatique et nominaliste, propre à légitimer une école de New York.

---

1. Arthur DANTO, « Art World », *Journal of Philosophy*, 1964. *La Transfiguration du banal. Une philosophie de l'art*, Seuil, Paris, 1989 [Harvard University Press, 1981].

La ligne de faille

Sa définition révolutionne l'art. D'abord parce qu'elle est plus précise que celle de Morris Weitz et donc plus utile, ensuite parce qu'elle est moins étroite que de celle de Duchamp. Elle n'exclut aucune forme d'art. Ce qui n'est pas le cas de Duchamp ni des nouveaux réalistes qui condamnent la peinture. Danto est ouvert à tout, il trace un cadre très large où tout, absolument tout, peut être de l'art. Tout, à condition d'avoir une théorie, un public, un marché.

À partir de ce jour-là, New York peut tout consacrer, sans exclusive, et c'est exactement ce qui va se produire.

C'est en 1981 que sera publié son livre qui reprend l'article de 1964, *La Transfiguration du banal*. Entre-temps, sa théorie est devenue la référence. Il faudra attendre 1989 pour qu'elle soit traduite et publiée en France, ce qui explique en partie le décalage qui existe entre New York et Paris.

Cette évolution est la suite d'une affirmation moderne du libéralisme anglo-saxon issu de Hobbes et des Lumières, fondé sur une acceptation des différences, un individualisme radical et un pessimisme sur la nature humaine. Aucune autorité supérieure ne doit édicter une vision du monde à qui que ce soit. L'État doit rester neutre. Les libertés sont seulement limitées par la liberté des autres.

La théorie d'Arthur Danto va connaître commentaires et développements. George Dickie réagit en 1969 à l'article d'Arthur Danto dans une autre revue philosophique, l'*American Philosophical Quartely*, par un autre article, « Defining art ». Il y élabore une formule qui complète la théorie de Danto : « Est de l'art tout artefact auquel une ou plusieurs personnes agissant au nom d'une certaine institution sociale ont conféré le statut de candidat à l'appréciation. » « Artefact » voulant dire ici toute fabrication, mentale ou matérielle, objet détourné ou non, faite à la main ou pas. « Institutions » signifie tous les acteurs du monde de l'art.

Arthur Danto et George Dickie ont établi un cadre théorique assez large pour que toutes les sectes de l'art puissent se trouver chez elles à New York. Le monde entier est bienvenu.

Les vagues conceptualistes en totale rupture avec toute notion d'esthétique vont déferler. Au début des années 1960, Kossuth et George Dickie défendaient le pop art ; dix ans après, ils ont assimilé la rupture conceptuelle : nouveaux réalistes, Fluxus, *happenings* d'Allan Kaprow. Kossuth fait même une critique politique de l'art et prend la défense d'un conceptualisme radical « non commercialisable » : « L'art se réduit à l'idée d'art, l'art est la définition de l'art. »

Ce discours va faire croire aux artistes européens que New York est acquis aux idées révolutionnaires. Ainsi la contestation même est recyclée par le nouveau système de l'art. Les artistes européens d'avant-garde peuvent aller se faire consacrer à New York en toute bonne conscience. Voilà pourquoi, ne comprenant pas la nature de la philosophie analytique, ils imaginent que l'Amérique est devenue le fer de lance de la révolution.

Personne ne peut imaginer, pas même Duchamp qui disparaît en octobre 1968, que la nouvelle formule annonce le prochain triomphe du mercantilisme et l'apothéose du marchand à qui il suffira de nommer la valeur pour qu'elle soit ! La philosophie analytique les égare parce qu'elle affirme que l'œuvre d'art est l'objet exposé, rien de plus. Cette négation de toute métaphysique du beau leur fait penser au matérialisme marxiste, ce qui les rassure, mais ce qu'elle n'est pas. Par ailleurs, ils se sentent en parfaite communion avec le fait que la philosophie analytique se pose en salvatrice des errements, des théories idéalistes, mystiques, romantiques de l'art européen qui ont enfanté le nazisme et autres manifestations du mal. Enfin ils adhèrent à son discours, si semblable au credo anarchiste, condamnant l'encombrante esthétique européenne dont il faut faire table rase ainsi que tout jugement, critère ou évaluation. Entre philosophie analytique et anarchisme, c'est comme entre le Canada Dry et l'alcool, cela y ressemble mais ce n'en est pas ! Le leurre a maintenant cinquante ans et continue à fonctionner.

New York – ce qui vient après la modernité

Le schisme se situe là. À partir des années 1970, nous sommes dans une situation tout à fait nouvelle. Le système cinquantenaire des avant-gardes se succédant par vagues est arrivé à son terme. L'idée de progrès n'est plus. La modernité est abolie. On entre dans un monde inconnu, ni traditionnel ni moderne. Une utopie disparaît, une autre apparaît. Quel est ce nouveau rêve ? Ici le temps s'arrête, l'espace se réduit, les hiérarchies s'écrasent, les valeurs s'égalisent. Le virtuel remplace le réel, il suffit de nommer pour être, créer et valoir. Tout est désormais possible sans référence à l'art du passé et sans futur.

L'AC est cette utopie faite chair. La théorie analytique qui en est le cadre philosophique n'exclut pas, ne juge pas ; c'est sa force. L'art est une marchandise – il en faut pour tous les goûts, et les porte-monnaie.

À partir de ce moment-là, progressivement tous les marchés de l'art s'établiront à New York. Ils sont multiples en effet : le marché de l'« art contemporain » règne sur le monde à partir de 1975, celui de l'art ancien à partir de 1997. Les autres marchés de l'art faisant référence dans le monde entier sont là aussi : marchés de la peinture bonne ou mauvaise, figurative ou abstraite, conceptuelle ou naïve. C'est bon si ça se vend, si cela génère des liquidités.

L'Amérique garantit la valeur de l'art sur ses divers marchés par la vertu de sa démocratie, de son économie libérale, de sa société multi-communautaire. New York est la capitale du monde. Tout peut y être reconnu et coté, sans exclusion.

L'évolution de la théorie analytique va se poursuivre avec Nelson Goodman, qui assimile le pluralisme culturel et esthétique à la démocratie libérale où chacun est sa propre référence et juge selon ses propres critères. En Amérique, on choisit librement sa religion, on pratique le libre examen des Écritures, ce qui est à la fois une tradition juive et protestante, on a aussi le libre choix de son art. Une conception de l'art disparaît : l'idée d'un grand art, d'une grande esthétique, de son rôle de ciment social, de facteur de communion universelle… Une autre apparaît : celle d'un art capable de répondre à l'organisation et à la gestion du système culturel dans une « démocratie libérale et plurielle ». Ainsi la postmodernité s'impose, que nous le voulions ou non, elle est un fait incontournable, une fatalité. Il faut se soumettre à la fluidité, à la diversité, à la subjectivité, au relativisme. Les nouvelles technologies – informatique et Internet – amplifient ces phénomènes en réduisant les distances et le temps, en faisant entrer le monde dans chaque maison. Désormais le lointain est proche, le virtuel est la réalité. L'esprit critique est devenu inutile, les frontières entre le virtuel et le réel s'effacent. L'AC colle à cette réalité. Par ses immenses cotes, sa présence dans tous les lieux de pouvoir, il rend réels, prestigieux, intangibles, ce relativisme absolutiste et cette subjectivité souveraine qui donnent à chaque citoyen l'illusion d'être libre de penser, de faire et d'aimer ce qu'il veut, et d'être l'égal de tous.

Le grand malentendu

En France, l'AC est une idéologie qui est bien loin d'avoir le même contenu, même si les œuvres sont en tout point semblables. On a transféré sur l'« art contemporain », sans même en être très conscients, toutes les qualités de l'art défunt. On le pare de sublime, de conceptions romantiques et métaphysiques fondées sur une finalité supérieure et salvatrice. Mais contrairement à ce qui se passe outre-Atlantique, on diabolise l'« Art », symbolisé par la peinture, qui devient l'image du mal.

Cet AC vu de France est une entité hybride. Elle est entourée d'une aura de gauche révolutionnaire, elle est garantie par l'État quelle que soit la majorité au pouvoir, elle se définit essentiellement contre la peinture.

L'État, en prenant parti pour l'AC contre l'art, a fait que la France qui aurait pu être la référence mondiale pour la peinture, la sculpture, la gravure, n'existe plus sur aucun marché de l'art. Pire encore, il s'est produit en France quelque chose d'unique qui n'a pas d'équivalent dans les autres pays, tant en Europe qu'aux États-Unis : la destruction systématique et organisée par l'État lui-même de tout enseignement académique, l'éradication de tout savoir. Cet enseignement a disparu des programmes il y a plus d'un tiers de siècle.

Le théoricien français Marc Jimenez remarque que les intellectuels et artistes ont mis un temps fou à connaître la philosophie analytique justificatrice de l'AC. Mais lorsque son invasion fut avérée, ils y ont opposé peu de résistance. Cette thèse est même enseignée aujourd'hui comme parole d'Évangile dans les universités et fait référence absolue.

Les théoriciens les plus en vue répètent sur tous les tons les conceptions de la philosophie analytique et déclarent qu'il faut en prendre acte et faire le deuil de l'« exception française », de son élitisme et de son excellence... Ce sera le combat, dans les années 1990, de Jean-Marie Schaeffer et de Gérard Genette. Après l'an 2000, Daniel Sibony, Nicolas Bourriaud et Yves Michaud reprennent le flambeau. Tous stigmatisent à l'envi ceux qui, *a contrario*, attachent de la valeur à l'identité ou rappellent que l'art existe encore. On sait combien un Jean Clair, un Marc Fumaroli, une Christine Sourgins, un Jean-Philippe Domecq, une Marie Sallantin, un Kostas Mavrakis, un Pierre Souchaud, un Christian Delacampagne, une Amélie Pékin, un François Dérivery entre autres, font les frais de ces diktats idéologiques.

La théorie française de l'AC : un art moral et citoyen

Nos théoriciens français de l'AC prétendent cependant faire évoluer cette théorie analytique et apporter leur contribution en la réformant.

Marc Jimenez, par exemple, condamne le cynisme de la théorie analytique mais ne critique pas la pratique de l'« AC ». Il dénonce ses contradicteurs : « La haine de l'art contemporain, l'indignation qu'il suscite, le ressentiment et l'exaspération qui s'expriment parfois bruyamment à son encontre paraissent à cet égard étonnamment hors de propos, voire indécents[1]. » Il souhaite néanmoins atténuer la nature arbitraire de l'AC, le moraliser, trouver les normes et les critères qui pourraient le sauver : « Il revient à l'esthétique et à la philosophie de pallier cette faillite[2] », car « l'AC est l'art véritable qui a mis plus d'un siècle à s'affranchir des normes, des critères et des conventions classiques, idéalistes et romantiques. Ces déliaisons et ses ruptures successives le font apparaître désormais pour ce qu'il est vraiment. L'AC est un objet d'expérience en relation avec toutes les autres activités de l'existence[3] ».

Comment pense-t-il y parvenir ? En trouvant des critères de jugement capables de « mettre un terme au monopole élitiste du monde de l'art, en finir avec la réquisition à laquelle procèdent les institutions officielles et, hors des sentiers battus de la culture, ouvrir le vaste champ de l'expérience artistique à tous ceux qui souhaitent ou oseraient la tenter[4] ». C'est la noble tâche du philosophe qui, en « érigeant en conscience et en cohérence ce qui est perçu de façon floue et indistincte », va rendre au peuple l'art qui lui appartient.

L'AC, un art élu par le peuple

Le rêve de Marc Jimenez serait de soumettre toutes ces œuvres au débat démocratique, « qui permettrait de confronter les appréciations formulées par chacun sur les diverses expériences esthétiques vécues ». C'est aussi le souhait de Rainer Rochlitz[5] et de Michel Onfray[6] qui pensent que l'AC « appelle un contrat de communication, un échange, un agir communicationnel, une transmission ».

Yves Michaud, lui aussi, recourt à la solution démocratique. Il conclut son livre *La Crise de l'art contemporain* par ces mots :

> « La tâche de ceux qui aiment l'art pour lui-même et non comme religion est de dénoncer la comédie du Grand Art[7]. »

---

1. Marc JIMENEZ, *La Querelle de l'art contemporain*, Gallimard, coll. « Folio », Paris, 2005, p. 296.
2. *Ibid.*, p. 250.
3. *Ibid.*, p. 211.
4. *Ibid.*, p. 211.
5. Rainer ROCHLITZ, *L'Art au banc d'essai. Esthétique et critique*, Gallimard, Paris, 1998.
6. Michel ONFRAY, *Archéologie du présent. Manifeste pour une esthétique cynique*, Grasset, Paris, 2003, p. 105.
7. Yves MICHAUD, *La Crise de l'art contemporain*, PUF, Paris, 1997.

Ce contrat minimaliste est aussi la grande justification de l'AC pour Daniel Sibony :

> « La tâche de ceux qui aiment la démocratie pour elle-même et non comme dernier avatar de la totalité est de penser et de mettre en pratique les considérations d'entente minimaliste et imparfaite entre hommes égaux et libres[1]. »

Yves Michaud accuse d'ailleurs ceux qui sont contre l'AC d'être anti-démocrates :

> « Si l'on considère les protagonistes de la polémique, Jean Baudrillard, Jean-Philippe Domecq, Marc Fumaroli et Jean Clair, ils ont tort de croire à l'utopie de l'art. Qu'ils voient les choses en face et soient donc démocrates et renoncent au Grand Art[2] ! »

Les théoriciens français ont ainsi démocratisé et moralisé la théorie analytique américaine. Les New-Yorkais n'en reviennent pas ! Les Français ont décidément oublié que, sans les marchands et leur réseau, cet art n'existerait pas.

Il est vrai qu'en France, c'est différent. C'est l'État qui collectionne l'AC et le protège... Mais là aussi la solution dérange nos théoriciens. Alors, que faire ? Pourquoi ne pas soumettre l'achat des œuvres à un vote à la Chambre des députés et à un débat national ? Ou alors à un référendum populaire ?

Marc Jimenez conclut son livre en exprimant un doute :

> « Il n'est pas certain, contrairement aux affirmations des théoriciens du pluralisme, qu'à l'ancien rôle naguère assigné au Grand Art, celui de lien ou de ciment social, succède le jeu consensuel et participatif d'une culture plurielle devenue comme par magie le privilège de tous[3]... »

Mais l'espoir fait vivre ! Un jour peut-être verra-t-on « l'instauration d'un débat intersubjectif rendu indispensable par l'effondrement des critères immuables et universels ».

L'AC sauvé par les philosophes

Cela sera possible selon Marc Jimenez quand la philosophie de l'art et l'esthétique, « après la déstabilisation provoquée par l'art contempo-

---

1. Daniel SIBONY, *Création. Essai sur l'Art contemporain*, Seuil, Paris, 2005.
2. Yves MICHAUD, *La Crise de l'art contemporain, op. cit.*
3. Marc JIMENEZ, *op. cit.*, p. 307.

rain, recouvreront suffisamment de cohérence et de puissance théorique et critique pour faire front contre les discours prônant l'adaptation et la soumission au temps présent ». Mais aussi quand la philosophie de l'art « parviendra à montrer que la culture postmoderne industrialisée, curieusement dite "de masse", loin de s'adresser à tous, parle en réalité à des publics morcelés, parfois ghettoïsés sous l'alibi d'une grande réconciliation, à l'intérieur de la démocratie consensuelle[1] ».

Heureusement, les philosophes sont là ! Leur immense effort théorique fait d'eux les gardiens de l'AC. Ils réparent ses insuffisances par leur discours. Ils sont lucides, ils en voient toutes les carences, en font l'inventaire, travaillent à sa réforme. Il manque néanmoins un déploiement à leur cerveau pour penser : les mains.

Cependant les derniers événements parisiens de l'AC très com', très *people*, très *marketing*, n'ont soulevé aucune critique dans les médias de la part des théoriciens de l'AC qui ont pourtant page ouverte... Quand le phénomène a commencé à New York, il y a dix ans, avec l'exposition au Guggenheim des robes du grand couturier Giorgio Armani contre un « don » de 15 millions de dollars à la Fondation, le milieu intellectuel américain avait quand même protesté.

L'accusation globale de l'école analytique contre l'art

Des deux côtés de l'Atlantique, il est un point du dogme de l'AC qui fait l'unanimité : le « grand art » est une utopie aliénante et mauvaise. *A contrario*, l'AC traduit fidèlement le réel et est en cela un « instrument de libération ».

La différence réside dans l'application du principe. En Amérique, c'est une opinion qui a cours dans un milieu défini et ne concerne que lui. En France, c'est un dogme garanti par l'État, reconnu par les évêques, exposé dans les églises, enseigné à l'École nationale des beaux-arts.

Mais tous sont unanimes sur les raisons qui condamnent l'art.

Marc Jimenez l'exprime en ces termes : « L'informe que l'on reproche parfois à l'art contemporain est là pour dire le monde tel qu'il est. » Il cite, pour illustrer son propos, le lapin transgénique de Eduardo Kac, les plastinats de von Hagens, la *machine à fabriquer des excréments* de Wim Delvoye, les fœtus humains dévorés par Zhu Yu, il ajoute :

---

1. *Op. cit.*, toutes citations p. 308, 309.

« Ce jeu est bien peu de chose comparé à ce que le monde dans son organisation actuelle est capable d'engendrer. Quoi que fassent les artistes contemporains, leurs œuvres les plus incongrues, les plus provocantes et en apparence les plus barbares, ne sont guère en mesure de concurrencer en atrocité et en épisodes sanglants le réel tel que nous le renvoie quotidiennement son écho médiatique et électronique : victimes déchiquetées par les attentats, otages suppliciés, prisonniers torturés, violés, égorgés. »

C'est ce qui justifie, selon Marc Jimenez, que

« les artistes du XXIe siècle se refusent à livrer une représentation édulcorée et complaisante du réel, placée sous le signe de la beauté et du sublime, considérés jadis comme des valeurs transcendantes, intemporelles et immuables. Nombreux sont les nostalgiques de l'art classique, du Grand Art, à ne pas admettre que la fin de l'harmonie signifie la fin de l'innocence[1] ».

Cette innocence, selon les théoriciens, a pris fin avec Auschwitz. Le positif et le beau perdent toute réalité face à cet événement accusateur. Il fonde l'essentielle négativité de l'« art contemporain » et interdit la peinture.

Adorno, qui est le premier à avoir évoqué l'interdit, évoque une impuissance :

« Il est impossible de bien écrire sur Auschwitz. Si l'on veut rester fidèle aux émotions, il faut renoncer aux nuances et du fait du renoncement même on cède à son tour à la régression générale. [...] Lorsqu'on parle de choses extrêmes, de la mort atroce, on éprouve une sorte de honte à l'égard de la forme, comme si celle-ci faisait outrage à la souffrance en la réduisant impitoyablement à l'état de simple matériau[2]. »

Adorno est revenu sur son idée que l'art n'était plus possible après de tels événements, mais sa pensée a été reprise comme un leitmotiv par les divers théoriciens de l'AC.

Une divergence absolue s'établit désormais entre le « grand art » et l'AC. Le premier ose représenter le mal : le corps crucifié du supplicié, la douleur de la mère, l'acharnement de ses tortionnaires. La beauté de l'œuvre rend supportable l'insupportable et permet à chacun d'affronter

---

1. *Ibid.*, p. 297-298.
2. T. W. ADORNO, *Théorie esthétique*, tr. M. Jimenez, Klincksieck, Paris, 1995, p. 365.

la peur qu'inspirent la souffrance et la mort. Le second présente l'horreur sans transposition, dans sa brutalité, et prétend ainsi la dénoncer.

Le dogme de l'AC dit qu'à partir d'Auschwitz, la pratique de la peinture est une insulte à la mémoire des victimes. Il n'y a pas de comparaison possible entre le mal qui se manifeste sur le Golgotha et celui qui déferle sur Auschwitz. Le premier était représentable parce qu'il s'ouvrait sur l'espoir d'une rédemption. L'autre est un mal absolu, sans remède, irrémissible, donc irreprésentable. C'est là que l'on touche du doigt la cause métaphysique du schisme qui rejette la peinture.

Ni dionysiaque, ni apollinien

Adorno n'est pas le premier homme à poser cette question : peut-on témoigner de la beauté dans un monde voué au mal ? Cette contradiction traverse l'histoire de l'art de part en part. L'art dionysiaque montrait la transgression dans un débordement vital et festif. L'art apollinien exprimait avant tout la beauté et l'harmonie du monde mais n'éludait pas l'expression de la mélancolie face à la mort. C'est ce que l'on ressent en regardant sarcophages et stèles. Sur les fresques de Pompéi, on voit assemblés beauté et effroi. L'art chrétien introduit l'expression des extrêmes assumés. Partout on retrouve cet effort de conjoindre les opposés. Dans l'art roman et gothique, jamais un mystère joyeux n'est figuré sans qu'un signe de la Passion ne soit aussi représenté, jamais un mystère douloureux ne se dévoile sans la présence d'un signe glorieux. L'horreur et la beauté sont également assumées formellement. Quelle que soit l'immensité du malheur exprimé, la composition, le rythme, la somptuosité des couleurs font que l'on peut regarder la douleur et la mort en face, les apprivoiser et vaincre la peur qu'elles inspirent.

Avec l'AC, pour la première fois dans l'histoire, les théoriciens de l'art refusent la conjonction des contraires, la recherche d'une harmonie et d'une beauté réparatrice du mal sans cesse à l'œuvre dans le monde. Le mal est considéré comme absolu, vainqueur de tout, et le « grand art », une utopie.

L'époque a aussi oublié qu'il faut une ruse pour voir le mal sans mourir. Persée avait brandi son bouclier pour affronter le regard pétrifiant de la Gorgone. Ce miroir-bouclier était jadis compris comme une métaphore de la peinture.

L'apostasie générale de l'Occident est la cause de cette croyance nouvelle d'ordre métaphysique : le mal est plus fort que le bien. La mort plus forte que la vie. La haine plus forte que l'amour.

5

L'ultime gnose

> « C'est Satan qui désormais mène la danse alors qu'elle
> n'est jamais qu'une époque du culte de la culture, le seuil
> d'une nouvelle barbarie. »
>
> « Le refus de la jouissance visuelle reste un chapitre à
> écrire de la sensibilité moderne. »
>
> Jean CLAIR

Ce serait une erreur de voir l'AC uniquement sous ses dehors mercantiles et *people*, ou de le qualifier d'activité dérisoire. C'est beaucoup plus que cela : c'est une gnose, une substitution mystique, un corps symétrique et *inverse du corps glorieux*.

L'AC a un pouvoir de fascination puisé dans des pulsions profondes, dans un sacré immanent et magique, dans le vertige des abîmes du néant et de la mort. L'AC va y chercher sa source d'énergie naguère puisée dans la puissance de l'harmonie. C'est une mystique de l'« absence réelle »…

La « spiritualité » de l'AC

Qui peut renoncer à la puissance du sacré ? L'AC se veut le signe visible du Dieu absent. L'AC se veut un art anonyme, désincarné, a-culturel, non créé par une personne singulière, expression abstraite du corps social. En étant le plus petit dénominateur commun de toutes les religions, cultures et croyances, il peut prétendre à être un substitut de la religion à l'échelle de la planète. Il propose une communion minimaliste. L'AC a entrepris, pour le bien de l'humanité, de créer un sacré purifié de Dieu, ayant ainsi l'avantage d'éviter toute guerre de religion. Il unit les hommes dans la célébration de la mort irrémédiable qui nous rend tous égaux et martyrs d'un Dieu inconnaissable pour certains, improbable pour d'autres.

C'est une nouvelle forme de marcionisme, cette ancienne hérésie chrétienne qui prétendait que le Christ n'était pas juif, c'est-à-dire qu'il était sans identité.

L'AC se veut pur de toute forme, de tout sens, sans polarités. Il ressemble aux hérésies dérivées du platonisme. Il méprise la matière. Il n'attache d'importance qu'au concept et remplace l'esthétique par la morale. Il veut désincarner l'art parce que la chair est mauvaise. Il craint la séduction et entend éradiquer toute idée de beauté qu'il perçoit comme une perversion.

L'AC est un rêve de pureté absolue fondé sur une haine du corps et de la matière. Les thèmes et pratiques omniprésents de l'AC sont la maltraitance, la trivialité, la dégradation. Ce discours puritain est paradoxalement accompagné de pratiques immorales et transgressives : la chair est si méprisable qu'elle peut être souillée sans conséquences. Le corps glorieux n'existe pas.

Le mimétisme christique de l'AC

On retrouve sa prétention néo-spirituelle dans le fait que l'AC est entouré de rituels.

L'« auteur contemporain » ne représente pas le monde comme le fait l'artiste. Il présente un objet détourné, comme le prêtre élève les « saintes espèces », pour le consacrer « œuvre d'art » devant les fidèles. La transsubstantiation de n'importe quoi en œuvre d'art a lieu et demande la foi. L'auteur d'AC a la triple prétention d'être prêtre, transgresseur et victime sacrificielle comme le Christ. Plus qu'à l'objet détourné faisant office d'hostie, c'est à lui-même que nous devons communier.

En 1969, à la galerie Templon, Michel Journiac organise une performance significative à cet égard, « Messe pour un corps ». Après une messe dite en latin, il fait communier l'assistance à son propre sang, préparé sous forme de boudin. Il déclare représenter un « archétype de la création », montrer « un homme se nourrissant de lui-même et des hommes se nourrissant de l'artiste ».

C'est un fait, ce geste sacrificiel se répète dans l'AC sous mille formes depuis quarante ans : Gina Pane scarifie son corps à l'image des martyrs, les actionnistes de Vienne célèbrent des rituels sanglants, un artiste japonais se jette par la fenêtre pour s'écraser sur sa toile, offrant ainsi son corps à l'art. Les exemples sont innombrables… Le corps de l'artiste d'AC est identifié au corps social, il fait l'objet d'un culte dans les galeries et musées du monde.

Catherine Grenier, conservatrice à Beaubourg, note, à l'époque où elle était conseillère technique au cabinet du ministre de la Culture :

« La réactivation, par les artistes de filiation avant-gardiste, d'un lien y compris sur un mode blasphématoire avec cette sphère méprisée, rejetée car estimée obsolète et réactionnaire, de la référence religieuse, est un symptôme significatif. Le terrain religieux apparaît aujourd'hui à la fois comme un des derniers lieux de transgression et comme un véritable espace de ressourcement[1]. »

Car l'AC opère selon elle à « un retour à la conception chrétienne de l'homme, les artistes rencontrent l'actualité d'une réflexion interne au christianisme qui réactive la conscience des fondements de l'incarnation. L'art participe à un profond mouvement de réévaluation des caractères spécifiques de la culture occidentale, au travers notamment de la mise à jour et de la ré-interprétation de son héritage chrétien refoulé[2] ».

Elle cite une longue liste d'artistes intéressés par la dimension religieuse, dont Christian Boltanski, Maurizio Cattelan, Douglas Gordon, Peter Land, etc. Elle évoque Raymond Pettibon, Kai Althoff et Mark Wallinger qui s'identifient au Christ et dont les œuvres ne sont pas dérisoires à ses yeux. Elles sont « une ré-interprétation active des grands thèmes chrétiens », « elles réinventent la référence religieuse ». Ce phénomène de captation lui paraît la conséquence de ce que « la religion chrétienne apparaît aujourd'hui vidée de son impact social, voire de son sens ».

Un certain nombre de concepts comme sacrifice, rédemption, sacrement, exorcisme, certaines figures comme celle du Christ, sont donc « revisités ». Les théoriciens de l'AC présentent le phénomène comme un ressourcement, un retour au sens originel.

Le Christ

Pour les artistes d'AC, le Christ est l'essence même de l'homme déchu et vaincu. Pour Catherine Grenier, tous les artistes qui montrent l'homme de façon pitoyable représentent la « figure rédemptrice » du Christ. Elle élude tout ce qui évoque le corps glorieux, transfiguré et ressuscité, de celui qui guérissait les malades et ressuscitait les morts.

---

1. Catherine GRENIER, *L'Art contemporain est-il chrétien ?*, Jacqueline Chambon, Nîmes, 2003.
2. *Ibid.*, toutes citations *loc. cit.*, p. 6.

La rédemption

Catherine Grenier décrit comment s'opère la rédemption de l'artiste d'AC :

> « Le rédempteur dans la tradition chrétienne est l'agent de la révélation. De même chez les artistes, le contre-héros agit comme un révélateur, sans que la nature de cette révélation soit identifiée. Au doute que suscite le monde, au doute qui assiège l'art, il oppose l'irréfutabilité d'une présence au monde exemplaire et incontestable[1]. »

> « Ainsi les œuvres contemporaines ridiculisent, voire stigmatisent la fragilité humaine tout en la chargeant d'un potentiel rédempteur. »

Elle décrit aussi une forme de rédemption qui ressemble à l'hérésie carpocratienne[2] pratiquée à Alexandrie au IIIe siècle :

> « [...] une rédemption par l'expérience du mal, opérant le plus souvent dans le domaine érotique. La nonne enceinte et le père travesti du film d'Almodovar, *Tout sur ma mère*, sont deux figures rédemptrices situées dans une sexualité transgressive de dimension religieuse[3] ».

Catherine Grenier définit ainsi cette rédemption en creux de l'AC :

> « C'est à une adhésion empathique à l'humanité déchue que nous sommes invités plutôt qu'à sa renaissance. [...] S'il y a un futur dans l'humain, c'est dans l'idiotie et la souffrance elles-mêmes par la voie de la rédemption[4]. »

L'exorcisme

D'après Catherine Grenier, l'artiste d'AC joue désormais le rôle autrefois assumé par les prêtres :

> « Pénétrer dans une des chambres mortuaires de Boltanski, fouler aux pieds les vêtements des victimes, assister à la décomposition d'un animal que nous présente Damian Hirst, se trouver assailli de visions de tortures dans une installation de Kendell Geers, assister au sacrifice d'un cheval suspendu de Maurizio Cattelan, se confronter à un cancer d'un jeune enfant mis en scène par Maria Marshall,

---

1. *Ibid.*, p. 22, p. 23.
2. Secte gnostique alexandrine. Voir la lettre de Clément d'Alexandrie à propos de « l'Évangile secret de Marc », dans l'*Anthologie des apocryphes*, Bibliothèque de la Pléiade.
3. Catherine GRENIER, *op. cit.*, p. 6.
4. *Ibid.*, p. 46.

sont autant de chocs ménagés pour le spectateur qui désignent et exorcisent nos craintes et nos culpabilités, tout en activant un souffle de vie dans l'homme contemporain[1]. »

Les artistes rédempteurs soignent ainsi le mal par le mal, mais est-ce pour autant le principe de l'exorcisme ou des sacrements ?

La transgression

La conservatrice de Beaubourg pose la question : « L'art contemporain est-il chrétien ? » et répond par l'affirmative. Mais le mimétisme ne fonde pas pour autant l'identité. Il y a là un glissement sémantique, un détournement duchampien tout à fait conforme aux procédures de l'AC. On constatera aussi le changement de contenu des mots « spiritualité », « sacré », « rédemption », « exorcisme », etc.

La finalité de l'AC est la subversion, celle du christianisme la conversion. La conversion est une subversion du mal et de la mort. Les mots bifides sont troublants, comme les sirènes, double sens et corps unique ; l'un implique la transcendance, l'autre la nie tout en désignant un sacré terrible, immanent et numineux qui pourrait lui ressembler.

L'AC crée un « surréel » à la place du surnaturel

Né avec les grands médias audiovisuels, l'AC tire toute sa puissance de fascination de son adaptation à leurs exigences. Il répond à la nécessité du spectacle, de l'événement, du choc qui crée une surréalité visible par le plus grand nombre, dans un même instant partagé par tous. La technologie médiatique permet comme jamais dans l'histoire cette création de réalité en la mettant en scène sur le petit écran. Il y a donc une osmose entre culture et communication, entre réalité et spectacle médiatique. Cette scène perpétuellement dressée au cœur de chaque maison cache instantanément tout ce qui ne s'y voit pas. Y compris les mondes surnaturels, intérieurs et imaginaires.

L'AC contribue à la création de la face terrible et par conséquent sacrée de cette réalité offerte en spectacle. Il se donne pour mission de provoquer une catharsis par la contemplation du néant, le tremblement d'effroi, le frémissement sacré devant l'horreur de la mort, afin de réconcilier l'humanité dans la peur partagée comme un sacrement. L'AC a toutes les caractéristiques de l'antique idolâtrie, seule l'idole a changé…

---

1. *Ibid.*, p. 88.

La dernière gnose

L'AC a bien des ressemblances avec les gnoses antiques et récurrentes tout au long de l'histoire, en particulier de la vieille gnose du monde mauvais.

L'AC développe une théologie du mal gouvernant le monde. Le Dieu bon a été condamné par sa faiblesse. L'artiste contemporain, au nom de tous les hommes, accuse ce Dieu mauvais qui a pris sa place et permis la mort, il en est la victime sacrificielle. Seule sa médiation, sa souffrance d'homme révolté, peut limiter la puissance du mal.

La question lancinante que pose l'AC depuis cinquante ans est identique à celle que se posaient les gnostiques dans le bouillon sectaire d'Alexandrie au IIIe siècle de notre ère : si un Dieu bon a créé le monde, d'où vient le mal ? Et s'il n'a pas créé le mal, comment peut-on le considérer comme l'unique Créateur de toute chose ?

La gnose a de multiples sectes, elles ont en commun le rejet de la matière comme impure. L'AC est très divers lui aussi, mais ce même credo le fonde : le mépris de la part d'artisanat et de savoir-faire de l'art, de la métamorphose positive de la matière, le refus de l'harmonie, le rejet de la célébration de la beauté du monde.

La fascination des clercs

L'AC représente visuellement le drame des milieux intellectuels. Il met en scène leur déception liée à l'échec patent des utopies.

L'« exception française » se fonde sur l'existence de trois clergés : les fonctionnaires culturels avec ses corps de conseillers et d'inspecteurs de la création, les universitaires-théoriciens d'art, et quelques membres du clergé de l'Église catholique.

En France, le développement de l'AC a été concomitant à l'effondrement de la foi et de la pratique religieuse. L'AC s'est glissé dans un espace abandonné où la liturgie avait été réduite à sa plus simple expression. Le clergé était saisi d'un désir de « purification » des formes visibles du sacré, ce qui a laissé le champ libre aux rituels alternatifs de l'AC.

Conservatrice à Beaubourg ayant succédé à Gilbert Brownstone dans le rôle d'expert en AC auprès des autorités ecclésiastiques, Catherine Grenier remarque que « tout ce que l'Église a sacrifié dans sa liturgie réapparaît autrement dans l'AC ». En 2005, elle se vit confier un des sermons qui se font traditionnellement pendant le carême sous les voûtes de Notre-Dame de Paris. Elle y eut à cœur d'exposer les analogies existant entre le dogme chrétien et celui de l'AC. C'est ainsi que l'expert venu pour informer est devenu la référence.

Cela a pu avoir lieu parce que quelques membres du clergé ont reconnu dans le dogme post-chrétien de l'AC leurs propres interrogations, doutes et phantasmes. Cela s'est greffé sur une tendance longue qui remonte aux années 1950, sur une conception apophantique et iconoclaste du christianisme : Dieu est inconnaissable, l'eucharistie et la présence réelle sont problématiques[1]. Ce qui affecte immédiatement toute expression artistique du mystère et provoque le rejet des images et de la liturgie magnifique. Le misérabilisme est de rigueur et se marie bien avec le minimalisme. Ce « goût » peut expliquer l'adhésion de membres influents du clergé de l'Église de France aux propos du clergé de Beaubourg.

Occupés à se réjouir de ces ressemblances, ils ne perçoivent pas l'essence sectaire de ce néo-christianisme « contemporain », purifié de la grâce, de la transfiguration, de l'amour plus fort que la mort, de la résurrection, du corps glorieux et de la vie éternelle.

D'autres responsables ecclésiastiques n'adhèrent pas à l'AC mais ne s'y opposent pas non plus. Ils ont, face à l'AC, une démarche distanciée et raisonnable. Ils croient que l'« art contemporain » est le seul art d'aujourd'hui et en concluent qu'il faut donc en passer par là. Ils font confiance au pouvoir d'« inculturation » de l'Église qui, depuis l'enseignement de saint Paul, ne prétend pas changer les cultures mais les convertir de l'intérieur. Le pape Grégoire le Grand, au VIe siècle, appliqua ce principe à l'art et recommanda de laisser aux artistes la liberté de décider de la forme, réservant à l'Église, commanditaire d'art sacré, la définition du contenu.

C'est grâce à ce partage des tâches que l'art n'a pas cessé en Occident de se métamorphoser, que les cultures ont exprimé leur spécificité et les artistes leur singularité. À l'intérieur d'une même époque, sur des sujets semblables, avec des techniques communes et les mêmes commanditaires, les artistes ont créé des œuvres uniques, immédiatement identifiables comme de leur main. Qui peut confondre Véronèse et Titien ?

Grégoire le Grand a libéré l'art et l'artiste en limitant son propre pouvoir. Cela va dans le sens de l'idée chrétienne de la liberté essentielle de la personne, créée à l'image de Dieu, créatrice comme Lui. Vouloir

---

1. Alain BESANÇON, *L'Image interdite – Une histoire intellectuelle de l'iconoclasme*, Éditions de la Cité, Fayard, Paris, 1994.

contrôler la forme et le fond de l'œuvre d'art est la grande tentation totalitaire de tous les temps et de tous les clercs... C'est une tentation majeure de l'Église, récurrente dans l'histoire, qui va contre l'essence même du christianisme... Pourtant, non sans mal, l'Église a respecté cette auto-limitation. C'est la raison pour laquelle elle a pour principe de n'imposer ni genre, ni style, ni manière, et ne prend pas parti pour un courant ou pour un autre. Par ailleurs l'artiste est libre du contenu de ses œuvres en dehors de la commande, dans la sphère du profane, de l'art qui n'a pas de fonction liturgique.

Mais l'AC n'est pas un art comme les autres, et cette limitation du pouvoir à laquelle s'est astreinte l'Église catholique pour laisser la liberté de la forme à l'artiste n'existe pas dans le système de l'AC. S'il est vrai qu'un artiste d'AC est libre de faire absolument n'importe quoi (sauf cependant de la peinture), il n'en demeure pas moins que *seules les institutions* ont le pouvoir de décider ce qui est de l'AC et ce qui n'en est pas et, par ricochet, ce sont elles qui accordent à l'artiste son statut. Ni l'art sacré orthodoxe, qui contraint l'artiste à la fois au fond et à la forme, ni aucun art traditionnel n'ont jamais été aussi loin dans le contrôle de l'artiste *a posteriori*.

Par ailleurs, l'AC n'étant pas une esthétique mais une métaphysique et une morale, elle entre en concurrence pour ne pas dire en conflit avec l'Église sur la question du contenu de l'art et donc du dogme.

C'est ainsi qu'à son insu, par un effet d'illusion, l'Église de France prend en adoptant l'AC comme seul art d'aujourd'hui une position inverse de celle qu'elle a toujours eue.

La confusion des clergés

Pourquoi évoquer dans un livre consacré à l'« art caché » le fait que l'Église ait adopté le point de vue de l'art officiel ? L'Église catholique joue en France un rôle important dans le domaine de l'art, elle est à la fois source de commandes d'œuvres monumentales et facteur de légitimité dans un pays traditionnellement de monarchie de droit divin, pendant treize siècles.

Cette attitude ébauchée au cours des années 1980, affirmée lors de la construction de la cathédrale d'Évry en 1987, rendue systématique dans les années 1990, a eu des conséquences graves dans la vie culturelle en contribuant à supprimer les polarités de la vie artistique. Cela s'est ajouté à la marginalisation des Salons, de l'Académie, la faiblesse des galeries, la fuite des collectionneurs pour des raisons fiscales et l'absence de fondations. En France, il n'y a pas de filières de reconnaissance en dehors de l'État.

Ce sont aujourd'hui les fonctionnaires du ministère de la Culture qui gèrent ces dossiers de la commande d'art sacré. Progressivement, ils s'approprient toute la création d'art sacré en France. La Drac est à l'affût des moindres travaux dans les modestes chapelles romanes des campagnes les plus reculées pour proposer des vitraux « contemporains[1] », à la place des vitraux du XIXe siècle, que municipalités, départements et régions doivent financer. Les populations impuissantes et désespérées assistent au détournement de leur patrimoine et de l'argent public au profit de la secte de l'« art officiel ».

Jusque-là, l'invasion était limitée aux murs qui appartiennent à l'État pour les bâtiments d'avant 1906, mais aujourd'hui, même le renouvellement du mobilier liturgique et des vases sacrés, à la charge et sous la responsabilité de l'Église, est pris en main par les Drac qui imposent des concours, en outrepassant le droit, pour choisir designers et artistes contemporains. C'est encore un espace de liberté qui disparaît sans résistance.

Depuis trente ans, Goudji[2] a porté au plus haut niveau la création française d'art liturgique avec des objets uniques, exceptionnels et inspirés. Est-ce encore possible ? Le système officiel français n'admet pas la diversité et l'exception. Tout doit suivre des processus bureaucratiques.

Les autorités ecclésiastiques ne s'interrogent pas beaucoup sur les contenus étranges de ces « œuvres sacrées » qu'ils ne semblent pas décrypter. Devenues innombrables, elles remplissent leur nouvelle finalité théologique en « dérangeant » le grand patrimoine religieux « pour le bien des fidèles ».

Contresens, parasitages et rébus

Depuis vingt ans la collaboration artistique de l'Église et de l'État a connu de multiples épisodes dérisoires ou comiques. L'AC s'est donné pour mission, pour le bien de l'âme des fidèles bourgeoisement installés dans leurs certitudes, de les perturber enfin. Parmi des centaines de réalisations cocasses, *arty* ou *hard*, éphémères ou définitives, élaborées dans ce but, citons : la machine à baptiser de Faust Cardinali en l'église Saint-Sulpice,

---

1. Voir Christine Sourgins, « L'envers du vitrail contemporain », *Kephas*, juillet-septembre 2006, p. 143-154.
2. Goudji est le créateur d'objets uniques d'une extraordinaire perfection et originalité. Il est reconnu dans le monde entier. Il a fait, entre autres, le mobilier et les vases sacrés des cathédrales de Chartres, Metz, Cambrai, Luçon, de l'abbaye de Tournus, etc.

le triptyque en forme de *french capote* de Keith Haring de Saint-Eustache, la croix réduite à sa partie verticale de Notre-Dame d'Espérance, le défilé du couturier Christian Lacroix à la chapelle de Versailles, etc.

Nous décrirons ici, en prenant un exemple parmi tant d'autres[1], comment fonctionne cette « collaboration ».

Nuits blanches et labyrinthes conceptuels

La Nuit blanche du samedi 7 octobre 2006 a été une nuit consacrée, comme tous les ans depuis 2002, à l'« art contemporain ». Ainsi, la place de la Concorde a été illuminée en bleu Klein ; les murs de la Maison de la chasse ressemblent à un bassin où bouillonnent des carpes grâce à Tania Mouraud ; sur la façade du Crédit municipal, situé en face, Jean-Michel Othoniel a accroché un immense collier de verre à un clou. Dans le quartier de la Goutte d'or, des éléments de mobilier sont installés à la verticale sur les murs, c'est « *My home is your home* » d'Erwin Wurm. Non loin, en l'église Saint-Bernard, une tête de mort de Subodh Gupta, gigantesque assemblage de casseroles, répond au titre de « *Very Hungry God*[2] », etc.

Un million et demi de promeneurs ont arpenté la capitale pour goûter à cet art « contextuel » où le lieu fait partie de l'œuvre. Le grand jeu est de subvertir le lieu en le détournant. On brise les significations établies pour re-signifier le lieu autrement, pour le critiquer ou pour montrer ce que l'on ne veut pas voir. Tout cela sur un mode prétendument ludique et humoristique, mais surtout critique, violent et blasphématoire – selon les œuvres.

Prenons un exemple et décrivons le dispositif d'une de ces petites bombes conceptuelles où tous les ingrédients sont réunis, prêts à interagir : le contexte, l'objet, la sémantique, et les « regardeurs ».

En l'église Saint-Eustache, une œuvre a été réalisée sur mesure pour être posée sur le cercle qui décore le pavement au centre du chœur. C'est une couronne de fer barbelé en fonte d'aluminium de 3,40 mètres de diamètre, créée par Philippe Perrin, connu pour ses agrandissements spectaculaires d'armes : couteaux à cran d'arrêt, poings américains, lames de rasoir, etc. L'œuvre a pour titre *Heaven*[3], elle est accompagnée d'un texte, et les « médiateurs » sont là pour l'expliquer. Durant la

---

1. On compte par milliers aujourd'hui les cas de l'utilisation du patrimoine religieux comme contexte pour des œuvres d'AC éphémères ou permanentes.
2. « Dieu affamé, avide ». Quatre autres églises parisiennes ont été investies ce soir-là par des œuvres conceptuelles. Ce sont des lieux de prédilection pour l'AC.
3. « Paradis ».

Nuit blanche, cent quarante d'entre eux, appointés par la mairie, sont « à pied d'œuvre » dans tout Paris pour remplir cette mission. Enfin 11 000 « regardeurs » ont défilé devant l'œuvre ce soir-là.

Yves Trocheris, vicaire de Saint-Eustache, est l'auteur d'un texte qui nous fait entrer dans le concept de cette œuvre où, dit-il, « le nom et la dimension sont subvertis ».

La dimension

Philippe Perrin, dans divers catalogues qui présentent son œuvre, explique la fonction du changement d'échelle :

> « En agrandissant considérablement un objet ou son image, le message premier se dissipe au profit d'un autre message à la forme identique et au *contenu* différent. »

Ici la couronne d'épines perd donc sa signification pour en acquérir une autre qu'il faut faire l'effort de découvrir.

Le nom

Le vicaire souligne dans son texte de présentation que « si l'on devait reprendre la signification religieuse qui lui est traditionnellement attribuée, cette couronne aurait dû s'appeler : "Passion de Jésus-Christ" ou "Christ-Roi". Cependant, le nom de cette couronne est plutôt celui d'une chanson rock ».

L'allusion prudemment s'arrête là. Compreme qui pourra ! Dieu merci, la chanson évoquée, « *Stairway to Heaven*[1] » de Jimmy Page, est célèbre. C'est un de ses rythmes si réussis, qu'il est dans toutes les têtes depuis 1971.

Il faut ajouter qu'il est entouré d'une légende qui n'a pas nui à son commerce. Le texte de la chanson dit de mille manières : « Les mots ont deux sens. » Un sens quand on l'écoute à l'endroit, un autre quand on l'écoute à l'envers. Un message subliminal renverse le sens et fait que le *Stairway to Heaven* devient *Highway to Hell*[2].

Le lieu

Mais il est une troisième subversion que le vicaire, qui n'est pourtant pas ignorant en matière d'AC, a éludée, ou dont il n'a pas compris la portée.

---

1. « Escalier vers le Paradis ».
2. « Autoroute vers l'Enfer ».

C'est le détournement du lieu et de ses desservants. Le contexte fait partie de l'œuvre : la messe qui y est dite, les prêtres qui officient, le texte écrit par le vicaire, les fidèles et les badauds qui regardent. Ôtez la couronne de barbelés de ce lieu, enlevez-lui son titre *Heaven*, le concept essentiel à l'œuvre disparaît, l'œuvre n'existe plus et redevient objet sans identité.

Le brave vicaire, dans son texte, est confronté à une rude tâche. Il doit s'adresser à deux publics à la fois : ses paroissiens mélomanes qui viennent à Saint-Eustache, de loin parfois, pour assister aux plus belles liturgies de Paris, et le jeune public des Nuits blanches. Il mentionne la référence rock pour les uns et tente charitablement de rassurer les autres en leur parlant un langage qu'ils connaissent. Il vante l'œuvre : « Cet objet est beau. » Estimant que ce n'est pas suffisant pour rassurer le paroissien, il ajoute qu'il est bien fait :

> « Il est minutieusement conçu et a la matière parfaitement travaillée. Philippe Perrin, je tiens à le souligner, est particulièrement soucieux de la qualité de l'objet qu'il crée. »

Ainsi l'auteur est-il présenté comme un bon artiste au sens traditionnel du terme et comme un artisan consciencieux… Ces arguments feraient sourire un adepte de l'AC pour qui le critère de la beauté n'est pas « pertinent », pour employer leur jargon. La beauté est tout au plus un concept, comme le *kitsch*, le *trash* ou le joli… Le « bel ouvrage » n'a pas davantage de valeur pour l'« art contemporain ». C'est aussi un concept, comme le « bien fait », le « mal fait » ou le « pas fait ». Ce ne sera jamais une finalité comme c'est le cas pour l'artisan.

Enfin, le vicaire lance son dernier argument : « Par ailleurs ce même objet respecte absolument la mesure de l'espace dans lequel il est inséré. » Il aimerait que nous appréciions l'honneur que l'on nous fait. Pensez donc, une œuvre faite sur mesure pour Saint-Eustache ! Certes, si l'objet épouse le contexte, c'est qu'il a été créé pour cela afin de le détourner, c'est le concept de l'œuvre, donc l'œuvre elle-même. Voilà un exemple frappant du fameux complexe de Stockholm où la victime prise en otage tombe amoureuse de son ravisseur.

Curieusement, il est une chose essentielle que le texte évoque mais ne dévoile pas, c'est le concept… Le titre et le changement de dimension nous préviennent deux fois que l'objet signifie autre chose que la référence établie. Il faut savoir que le dogme de l'AC prétend que l'objet ne signifie que lui-même. Le vicaire le souligne dans son texte. « Ce qui compte, c'est l'objet lui-même. » Cela ne fonctionne pas comme un symbole, signe visible d'une réalité invisible et transcendante. Cet objet trouve sa référence en lui-même. C'est une sorte d'idole moderne.

Certes, l'AC est très attaché à l'idée de polysémie : selon le dogme, l'objet signifie ce que l'on veut, le regardeur apporte avec lui le sens de l'œuvre. Le vicaire le souligne : « Tenter ce regard est à la portée de tous. » C'est ainsi d'ailleurs que l'AC estime que le regardeur fait l'œuvre au même titre que l'artiste. Mais comme l'AC est une utopie, Il faut bien dire qu'il existe quelques contradictions avec la réalité :

- L'AC peut tout signifier *sauf* ce qu'il signifie. La signification originelle est totalement exclue, Philippe Perrin le dit lui-même.
- Et puis, il y a cet objet en situation qui nous ramène vers des choses connues de tous. Il y a donc des significations plus prégnantes que d'autres. Tout le monde associe les barbelés à Auschwitz. Tout le monde sait que quelque chose qui est par terre, comme cette couronne, est situé à l'opposé du ciel, qui est en haut. Donc l'inversion se fait : ceux qui proclament le ciel sont ceux qui créent l'enfer sur terre. L'inversion du titre de la chanson prend tout son sens.

Pour développer tous ses concepts et pour atteindre sa dimension métaphysique, l'AC a besoin de détourner à son profit les lieux sacrés, historiques et patrimoniaux. C'est le contexte qui le fait exister. Comment transgresser, blasphémer, choquer sans lui ? La nouvelle gnose n'est rien, ne peut rien sans la collaboration de la religion qu'elle prétend remplacer.

Partie II

LES RESSORTS DE L'« ART CONTEMPORAIN »

6

L'essence de la rupture entre modernité et postmodernité

> « *De la guerre démon majeur aux complexes démons mineurs, le domaine démoniaque présent plus ou moins dans tous les arts barbares est rentré en scène. Le domaine démoniaque, c'est celui de tout ce qui en l'homme aspire à le détruire.* »
>
> André Malraux,
> *Le Musée imaginaire*

Durant le dernier demi-siècle, les formes de l'« art contemporain » ont peu évolué, mais sa théorie n'a cessé de se métamorphoser. Après la rupture radicale, dans les années 1960, entre l'art moderne et l'AC, on assiste à un feu d'artifice de discours qui mettent les philosophes, critiques et théoriciens à l'honneur ; ils sont les vrais créateurs de l'AC. Artistes et œuvres sont un prétexte à cette intense production de théorie.

Trente ans plus tard, au cours des années 1990, l'AC connaît une grande crise de légitimité en France. Les théoriciens français, tels Yves Michaud, Nicolas Bourriaud, Daniel Sibony, Marc Jimenez ou Catherine Grenier, tentent de fournir des remèdes théoriques à ses aspects devenus trop évidemment cyniques mais aussi à un épuisement du discours.

En fait, il a été laborieux en France pour les intellectuels de passer du discours de la modernité et des avant-gardes, où ils étaient à leur aise, à celui de l'AC et de la postmodernité…

Que disent les théoriciens ?

Yves Michaud, philosophe, ex-directeur des Beaux-Arts, collectionneur passionné, essayiste, est une figure du milieu de l'art. Il a mené, dans divers ouvrages parus après la crise de 1997[1], une analyse extrêmement précise des changements profonds de l'idéologie de l'AC au tournant du millénaire.

Il constate des faits. On a changé d'époque. De nombreux artistes ne le savent pas. La postmodernité n'est pas la modernité ; elle tente de dépasser les contradictions et de surmonter les échecs flagrants de cette modernité soupçonnée désormais d'avoir provoqué les totalitarismes du XXe siècle. Plus encore, nous sommes déjà parvenus à son stade avancé :

« On est entré dans un post-post-modernisme qui n'est, à vrai dire, plus après rien[2]. »

En quoi est-ce si différent ? « Le postmodernisme est le temps du pluralisme et de la diversité[3] », le rêve de la société uniforme et sans classes appartenant aux utopies du XXe siècle. Désormais s'imposent les tribus, les communautés et leurs métissages planétaires, sans hiérarchisation.

La disparition de l'artiste

Le statut de l'artiste s'en trouve changé :

« Il cesse d'avoir un statut privilégié, il devient localisé, limité, sans prétention, [...] ni guide, ni éclaireur mais un médiateur au sein de la communauté. »

En conséquence :

« Cette relativisation du message artistique s'assortit de la perte de la dimension du sérieux de l'art. Celui-ci ne prétend plus délivrer un message métaphysique, religieux ou philosophique sur le sens de l'existence : il n'en donne plus que sur lui-même. Cette futilité le rapproche du monde de la communication et de celui de la mode. L'art est tendance plutôt que métaphysique. »

« Les œuvres ne visent plus à représenter ni à signifier, elles ne renvoient pas au-delà d'elles-mêmes : elles ne symbolisent plus[4]... »

---

1. Yves MICHAUD a notamment publié *La Crise de l'art contemporain* (PUF, 1997), *Critères esthétiques et jugement du goût* (Jacqueline Chambon, 1999) et *L'Art à l'état gazeux* (Stock, 2003).
2. Yves MICHAUD, *L'Art à l'état gazeux, op. cit.*, p. 97.
3. *Ibid.*, p. 98.
4. *Ibid.*, p. 100.

Il y a certes des tentatives, provenant du marché, pour faire élaborer par des spécialistes des hiérarchisations, arbitraires mais sources de profit. Cependant,

> « la multiplicité même de ces interventions et des efforts de singularisation répétées de chacun rendent ces définitions de plus en plus temporaires, précaires, illusoires. La mode devient ainsi le repère unique d'un déroulement temporel sans autre ressource de différenciation[1]. »

L'art, « banalisé dans le tout-venant de la culture commerciale », y trouve son utilité et sa finalité. Le fait est reconnu et admis. Yves Michaud constate que l'art avec un grand A est mort, et qu'il n'existe plus qu'un seul art, l'AC.

> « Les modernistes attardés et les classiques désabusés se retrouvent paradoxalement dans la même déploration de la crise de l'art contemporain. Il leur faudrait des grandes œuvres qu'ils cherchent en vain[2]. »

C'est la réalité, et l'intelligence doit s'y soumettre comme à une fatalité contre laquelle on ne peut rien. Les artistes qui s'adaptent font un « art profus, divers, bariolé, circulant et se renouvelant sans cesse », qui va dans le sens d'une « mondialisation pluraliste[3] », et favorise le métissage. Yves Michaud estime qu'on ne doit pas le regretter. Autre avantage à ses yeux :

> « Il n'y a plus de grand art et de grandes œuvres et nous sommes effectivement entrés dans une nouvelle économie qui est celle du triomphe de l'esthétique[4]. »

Ce triomphe, qui correspond à la vaporisation de l'art, « prend son sens artistique dans le cas des rencontres et des croisements entre cultures[5] ». D'après Yves Michaud, la disparition de l'esthétique en art provoque son apparition diffuse partout ailleurs, et « c'est bien ainsi » car aucune vision unique et hégémonique ne peut exister dans ce contexte. Pour éviter tout retour aux totalitarismes, il faut renoncer à l'art ancien. C'est un peu comme si l'on interdisait le feu pour éviter les risques d'incendie, sans se préoccuper de ce que l'on puisse mourir de froid !

---

1. *Ibid.*, p. 101.
2. *Ibid.*, p. 102.
3. *Ibid.*, *loc. cit.*
4. *Ibid.*, p. 103.
5. *Ibid.*, *loc. cit.*

Mais Yves Michaud y voit d'autres avantages encore : l'apparition de nouvelles « sensibilités » qui étaient inconnues jusque-là – celles des femmes, des homosexuels, des immigrés, des ethnies… Il est émerveillé :

> « Il n'y a plus d'œuvres mais la beauté est illimitée et notre bonheur en elle s'illimite telle une fumée[1]. »

Il prend certes pour repoussoir les totalitarismes du XXe siècle, mais son art contemporain version 2000 ressemble pourtant beaucoup aux belles utopies stigmatisées. Se seraient-elles réalisées, subrepticement et symboliquement, dans l'AC ? Car son « art contemporain postmoderne » accomplit dans ses œuvres et ses théories l'avènement de cette « démocratie radicale[2] » si chère à son cœur, société sans hiérarchisation ni exclusion, fondée sur

> « la souveraineté du citoyen consommateur, la tyrannie exploitable de ses désirs, la demande insatiable de mythologie pour endormir les différences des individus et des groupes, tellement redoutables pour la communauté politique mais tellement bienvenues aussi quand il s'agit d'inventer des marchés et de les alimenter en produits conçus et taillés sur mesure pour leur segmentation[3] ».

L'art est partout, il est tout, l'art est mort. Hegel l'avait prévu, la disparition de l'art devait suivre de peu celle de la religion. Yves Michaud avait beaucoup milité au cours des années 1990 pour la cause de l'« in-définition de l'art » et sa dissolution dans la vie. C'est chose faite ! Cette belle utopie devait, selon les marxistes de notre enfance, advenir, pour notre bonheur, après la dictature du prolétariat. Nous y sommes.

Devant un tel avènement, il plaint ceux qui n'ont rien vu :

> « Les critiques nostalgiques de l'art contemporain se trompent deux fois : l'art qu'ils regrettent tant est déjà partout, et deuxièmement l'art contemporain qu'ils honnissent tant n'existe déjà plus sans qu'ils s'en soient non plus rendu compte[4]. »

Tous les artistes, qu'ils soient peintres ou adeptes de l'AC, ne sont plus en effet (mais le savent-ils ?) dans la situation de l'artiste moderne, précurseur incompris, en avance sur son temps, non reconnu par les institutions mais sûr de l'être un jour. L'artiste postmoderne ne peut pas espérer cela. Le temps ne révélera rien ; la nouvelle utopie l'a aboli en

---

1. *Ibid.*, p. 205.
2. *Idem, La Crise de l'art contemporain, op. cit.*, p. 222.
3. *Idem, L'Art à l'état gazeux, op. cit.*, p. 56.
4. *Ibid.*, p. 57.

instaurant un *présent perpétuel*. L'artiste faisait jadis entrer l'instant dans l'éternité ou du moins dans la longue durée, désormais il périt avec lui. Il meurt sacrifié sur l'autel d'un présent absolu. C'est le prix à payer, estime Yves Michaud, pour que disparaisse la meurtrière utopie du progrès responsable des totalitarismes du XXe siècle.

La déception créatrice

Daniel Sibony, psychanalyste et philosophe, traite dans *Création – Essai sur l'art contemporain*[1] des mécanismes psychologiques qui font de l'AC, selon lui, l'expression achevée du pouvoir créateur. Il donne ainsi une légitimité thérapeutique à la nouvelle théorie de l'art.

À la question « Pourquoi l'homme crée-t-il ? », il répond que la source de la création est dans le décalage douloureux et sans remède qui existe entre ce que l'homme aimerait être et ce qu'il est. C'est la « déception narcissique ». C'est le retour sur soi qui se produit lorsque l'être a aboli en lui-même toute notion de transcendance. C'est un sentiment de terreur, d'impuissance, de difficulté à affronter l'autre qui ne favorise aucune relation de communion mais plutôt le désir de dévorer autrui. Toutes choses qui s'accompagnent d'une profonde culpabilité. Pour Daniel Sibony, cette expérience terrible est fondatrice de l'être et de l'art.

Daniel Sibony n'est pas le seul à percevoir la « déception » comme le fondement de l'AC. En Amérique, où la « postmodernité commence beaucoup plus tôt », Danto en fait, dès 1964, un des piliers de sa théorie de l'AC. Confronté lors d'une exposition aux boîtes Brillo, œuvre d'Andy Warhol, il entrevoit de façon fulgurante une nouvelle fonction de l'art : « L'œuvre produit une déception qui donne à penser. » Il ne s'agit plus de toucher la sensibilité mais de transférer l'art dans les sphères de l'intelligence par le ressort de la déception. L'art se doit d'être une occasion de souffrance, un point névralgique. Daniel Sibony le présente comme une maladie :

> « Les symptômes sont des créations et les créations sont des symptômes de l'artiste et de notre époque[2]. »

L'affirmation de cette réciprocité, énoncée comme un postulat, montre l'abolition radicale des frontières entre l'art et la pathologie.

---

1. Daniel SIBONY, *Création – Essai sur l'art contemporain*, op. cit.
2. *Ibid.* p. 32.

En psychanalyste qu'il est, l'auteur diagnostique le mal et indique également le remède : ce sera l'AC lui-même. On guérit du poison par le poison… Et c'est là, selon Daniel Sibony, que réside la grande supériorité de l'AC sur l'art proprement dit.

« Jamais comme dans l'art contemporain l'identification entre l'artiste et sa création est aussi dépassée puisqu'il est échec permanent et doit être recommencé. Le partage narcissique, l'échec et le recommencement sont la supériorité sur l'art traditionnel qui a le tort de produire un objet à jamais figé[1]. »

Car l'AC répond à un besoin de sortir de l'enfermement par un moyen, selon lui, des plus efficaces : le « partage narcissique ». Ce partage, le seul possible humainement, « est le regard du grand nombre sur la faille commune[2] ». Personne ne peut en effet communier dans la beauté, la vérité, l'excellence parce qu'elle exclut et renvoie chacun à ses déficiences, et la blessure narcissique s'aggrave pour devenir insupportable. En revanche, toute l'humanité peut se reconnaître, sans jalousie, dans la misère commune. Elle peut partager le plus petit dénominateur commun : sa souffrance et sa nullité. Pour Daniel Sibony, « l'art actuel est une tentative réussie de partage narcissique[3] ». *A contrario*, le « grand art » est la manifestation d'un anti-humanisme, la source de tous les maux. La beauté, « ce créneau déjà pris par la pub[4] », n'est pas intéressante pour l'art. Celui-ci doit s'intéresser à ce qui choque et qui repousse et, « puisque dans le jeu de la vie on n'est pas vraiment gagnant, autant jouer les perdants absolus. Narcissiquement on y gagne[5] ! »

« Quelle claque aux cultures ! Qui n'ont retenu que la beauté faite de semblants. Ici au contraire, le cloaque, les lieux de souffrance, le labeur des organes, le corps réel et déformé, abject et enlaidi, tient tête aux semblants et l'emporte sur l'idéal[6]. »

Ce qui était qualifié, dans la pensée moderne, de régression infantile, de fuite devant la réalité pour ne pas sacrifier ou choisir, est présenté par Daniel Sibony dans son livre enthousiaste comme l'arrivée à maturité d'une humanité, enfin lucide et sans illusions.

---

1. *Ibid.* p. 221.
2. *Ibid.* p. 40.
3. *Ibid.* p. 169.
4. Yves MICHAUD, *L'Art à l'état gazeux, op. cit.*
5. Daniel SIBONY, *op. cit.*
6. *Ibid.*, p. 71.

Le carcan puritain postmoderne

La modernité était née dans le libertinage et s'était épuisée dans les pratiques libertaires ; la postmodernité prétend restaurer une nouvelle morale. Du temps de la modernité, les artistes avaient le privilège d'échapper à la morale dite « bourgeoise ». Le statut de « génie » faisait que tout écart leur était pardonné. Dans une société rigoureuse, les artistes étaient excusés et acceptés comme des transgresseurs patentés. Avec l'AC postmoderne, la situation s'inverse : seul *l'artiste semble désormais soumis à la morale.*

Il est vrai que l'AC n'est plus une esthétique mais avant tout une morale. Sa fonction est de présenter le bien et désigner le mal. Le « bien » que l'artiste met en exergue, c'est la puissance meurtrière et destructive du narcissisme. Daniel Sibony explique que, pour exister, l'homme a besoin de déformer son prochain, il est prédateur car impuissant à prendre la réalité à bras-le-corps pour la transformer, parce qu'il ne se donne pas, parce qu'il utilise l'autre. Celui-ci résiste et c'est la confrontation et l'échec, suivi de la dépression et de l'impuissance. L'artiste va utiliser cette « déception narcissique » pour faire une « tentative d'œuvre », qui n'aboutira jamais parce qu'elle est impossible, mais qui est au demeurant source de bien.

Selon les conceptions du psychanalyste, les seules alternatives de l'homme devant la noire réalité sont la violence destructrice ou le « partage narcissique ». Toutes choses qui en définitive sont bonnes : la violence est positive, car la société, grâce à elle, ne risque pas de se scléroser ; le partage narcissique est une chance parce qu'il limite les dégâts de cette violence. Ces deux positions sont possibles grâce à la « tentative d'œuvre » que fait l'artiste :

> « De fait l'art est le seul domaine où le meurtre de ce qui précède soit praticable, réalisable matériellement dans l'œuvre[1]. »

Cette tentative limite la violence au plan symbolique, évite le pire et préserve le confort postbourgeois !

On comprendra que quelque chose de magique et de sacré vient ainsi sauver et réchauffer notre froide postmodernité : tel est l'AC. Le bien, c'est le mal-être. C'est aussi la pulsion de rupture.

---

1. *Ibid.*, p. 54.

« La crise c'est l'absence, c'est ce qui fait de vous un prédateur et un destructeur et permet à la société d'évoluer[1]. »

Au fond la société est sauvée, si l'on en croit Daniel Sibony, par l'artiste « contemporain » allié au psychanalyste. Tous deux pratiquent une sorte de « thérapie » permettant, par une remise en question permanente de tout, d'empêcher la société de se figer. Ils créent du lien social, ils ont un rôle de médiateurs dans un monde qui communique mal ; enfin ils remplissent la fonction suprême de « désacraliser en consacrant ». Il s'agit d'une sorte de prêtrise inversée : ils ne consacrent pas les saintes espèces en faisant apparaître le divin mais ils se consacrent eux-mêmes et, par leur autosacrifice, sauvent l'humanité. C'est en cela que consiste le bien suprême rendu possible par les artistes.

Il ne suffit cependant pas dans cette nouvelle morale de magnifier le bien, il faut aussi désigner le terrible mal. Si l'artiste moderne était dispensé de morale, ce n'est pas le cas de son homologue postmoderne. À vrai dire, les « tables de la loi » ainsi revisitées sont réservées à l'artiste et applicables à lui seul.

Les péchés capitaux de l'artiste

Ainsi, les péchés capitaux dont l'artiste doit absolument se purifier sont l'amour de la beauté, le désir de faire une œuvre, la recherche d'une identité, la conquête de l'excellence. Ces concupiscences gravissimes, dénoncées par les théoriciens comme étant une « pornographie spirituelle », concernent l'artiste et l'intellectuel. Elles sont hautement condamnables parce qu'elles mettent en danger la société.

La recherche d'identité paraissait jadis être la plus grande conquête de la personne individualisée et libre. C'est désormais une illusion ! C'est en réalité un refus de la « communion » et du « partage narcissique », c'est une façon de se désolidariser du reste de l'humanité souffrante, c'est un péché contre la charité.

Quant à l'amour et la poursuite de la beauté, c'est en réalité un désir secret de domination. C'est vouloir user de la fascination pour asservir les masses, c'est l'usage d'un « opium du peuple », c'est le péché d'Hitler et de Mussolini, et de tous les potentats depuis la nuit des temps. Ce péché s'apparente à la tyrannie et à l'abus de pouvoir. L'artiste qui s'y prête se voit attribuer l'étiquette infamante de « collabo ».

---

1. *Ibid.*, p. 175.

Pratiquer la recherche de l'excellence est donc une volonté coupable de sortir de la condition commune, une insulte à l'égalité, un péché d'orgueil. L'artiste a au contraire le devoir de trouver dans les « pulsions de rupture » les forces vitales nécessaires à sa création. La fierté de soi que procure le désir de dépassement est une vanité impardonnable, car *il n'y a pas d'œuvre meilleure que toutes les autres, pas de chef-d'œuvre.*

Désirer faire une œuvre achevée, c'est fabriquer de l'identité, de la valeur, de l'inégalité, c'est à terme aviver tous les conflits et guerres. C'est aussi figer la société, faire une image de la mort, c'est transgresser la loi, arrêter le commerce. Daniel Sibony le rappelle : « Il ne faut pas faire une œuvre mais une tentative d'œuvre. » L'artiste a le devoir de « déjouer » toute identité, tout achèvement, par tous les moyens, car le vrai processus créatif est d'exploiter le « mal-être », l'« entre-deux », le ressassement, la « destruction symbolique du monde ».

Quant au désir de faire une œuvre de ses mains, il s'apparente à un péché contre la pureté : si l'on est pur, on ne se salit pas les mains, on ne besogne pas la matière. Tout est superflu et vulgaire sauf le concept.

Dieu merci, nos théoriciens se satisfont des œuvres coproduites et subventionnées par le ministère pour incarner ces belles idées ainsi embaumées et conservées dans les musées. Ils ont oublié que cette morale a été mise en pratique à la lettre par les gardes rouges en Chine lors de la Révolution culturelle. Quoi qu'il en soit, tel est le carcan moral qui étreint les artistes postmodernes.

C'est la « règle » des artistes et intellectuels : ils doivent s'y soumettre car ils sont les victimes sacrificielles d'une humanité déifiée. Ils sont « sacrés », porteurs de l'image douloureuse et cachée de l'homme hédoniste et jouisseur.

Yves Michaud souligne avec raison que, plus l'esthétique – indispensable à la consommation – envahit tout, plus l'art ne peut que montrer l'abject et l'horrible. Les artistes ont le devoir de révéler cette réalité vraie, décevante, cachée par l'esthétisme mercantile et séducteur. L'artiste n'est utile que s'il est nul, que si son œuvre est porteuse d'« absence réelle », donnée en communion aux hommes pour qu'ils puissent enfin être égaux.

Ils ne dénoncent pas vraiment ce vide, ils le présentent comme un fait incontournable. C'est leur spiritualité, leur vertige. Ils sont seuls, maîtres du vide qu'ils peuvent remplir de leur ego sans avoir à affronter une dimension qui les transcende.

L'AC : un totalitarisme qui a réussi

Là où les bolcheviques ont échoué, l'AC est sur le point de réussir symboliquement, l'utopie se réalise enfin grâce à lui : devant le vide, tous les hommes sont égaux.

La libération promise par la postmodernité ne concerne pas l'artiste, victime sacrificielle, mais l'humanité tout entière. L'artiste se doit de soulager ainsi les démunis, les médiocres, les sans-talent, en ne leur infligeant pas le spectacle de la virtuosité, de la splendeur et de l'exception. C'est la société tout entière qui est libérée de l'artiste et de l'art. La révolution se fera par le vide, on parviendra à la démocratie totale, à l'égalité absolue par la méthode apophantique.

La mort de l'art permet à toute l'humanité de faire n'importe quoi, c'est sans importance. En revanche, elle interdit à l'artiste de faire de l'art.

Depuis les Lumières, la situation a évolué. Nathalie Heinich décrit dans un livre[1] l'évolution du statut de l'artiste. Tout au long du XIXe siècle, dit-elle, ce dernier prend progressivement la place de l'aristocrate ; il incarne l'idéal démocratique de l'homme libre, désintéressé, valant par son seul mérite et talent. Deux siècles plus tard, la situation se renverse : l'artiste est l'aristocrate qu'il faut guillotiner car il est une insulte à l'égalité et à la médiocrité du commun. Juste retour de bâton, les artistes ont beaucoup abusé de leurs privilèges, et en particulier de l'idéologie du « génie », pour couvrir leur nullité et pour échapper à la loi commune. Maintenant il ne sera toléré que s'il se proclame nul parmi les nuls.

L'empire de la raison n'ayant pas, de fait, apporté sécurité et bonheur, le retour au sacré semble une solution acceptable à nos théoriciens de l'AC pour arranger les choses : un sacré immanent, numineux, magique, dont l'artiste serait le chaman ou la victime sacrificielle égorgée sur l'autel de l'égalité. Ce nouvel art sacré se fonde sur l'éradication de l'excellence, du travail, du génie, du rêve, de l'imaginaire et de la singularité.

L'AC : la repentance de l'art ?

Cette solution postmoderne est censée rééquilibrer toutes les dérives totalitaires du siècle dernier. Grâce à nos théoriciens vigilants, l'AC connaît donc sa Réforme au tournant du millénaire, fait sa repentance et son *aggiornamento*. Fi des mots d'ordre d'exclusion, des anathèmes et

---

1. Nathalie HEINICH, *L'Élite artiste*, Gallimard, Paris, 2005.

des excommunications ! Tous les artistes ont droit au salut. Le nouveau dogme proclame : « Rien n'est exclu ! Tout est possible ! » Cela part d'un postulat : l'homme est le produit d'une société, d'une économie, il change avec elle, il n'y a pas d'invariants, ni d'universalité. Le bon fonctionnement économique et mercantile exige surtout et avant tout que rien ne se fige. Tout doit changer, tout doit rester fluide, sans contrainte.

La grande liberté, c'est de se soumettre au flux du changement, sans résistance. Ce que les théoriciens désignent comme la plus grande liberté que l'homme ait jamais connue ressemble pourtant beaucoup à un néo-primitivisme ou à une régression infantile.

Daniel Sibony est émerveillé par toutes les stratégies mentales propres à compenser échecs, infériorités et impuissances, qu'il considère comme autant de ressorts de l'art. Aliénations, angoisses et misères psychologiques sont la source de la création. Faire de l'art, c'est savoir exploiter sa propre indigence. C'est la seule source de richesses illimitée dont tout le monde puisse disposer. C'est la mine d'or du psychanalyste, accessible à tous, le seul gisement avec lequel on produit de la valeur à partir de rien.

Yves Michaud, pour sa part, s'enthousiasme devant le chaos, auquel les artistes ont le devoir de contribuer afin de garantir l'humanité contre tout absolutisme. Dans la soupe de la société postmoderne où les êtres nagent comme des électrons libres, les volontés, désirs et fantasmes des individus isolés, divergeant infiniment, se contredisent et s'annulent. Personne ne semble détenir le pouvoir, et c'est bon pour le narcissisme de tout un chacun. L'humiliation d'être dominé n'existe plus.

Yves Michaud serait-il naïf ? Le pouvoir a-t-il besoin d'être visible et « esthétisé » pour exister ? Le chaos ne peut-il pas être géré et exploité avec profit, sans tambour ni trompette ? Le chaos est-il si incontrôlable ? Puisque tout s'y annule et que ceux qui le composent sont isolés, n'est-il pas le lieu même des pouvoirs sans contre-pouvoir ? Sa plasticité, sa multiplicité sont source de consommation et de profit. Les aliénations sont invisibles et indolores. L'illusion de liberté suffit pour asservir les êtres.

A contrario, Yves Michaud estime qu'intériorité, sens du transcendant, contemplation, sens tragique de la vie, idée d'une hiérarchie des valeurs, d'une distinction entre le bien et le mal, le vrai et le faux, le beau et le laid, sont des modes de pensée révolus à jamais. Il s'en réjouit car pour lui la guerre, la pauvreté, la violence sont les conséquences de ces croyances révolues. Il présente cela comme une fatalité, et ceux qui sont en désaccord comme des êtres « hors-l'histoire », complices des malheurs du passé.

L'AC prospère sur la décomposition de l'artiste

Dans un chapitre de L'*Art à l'état gazeux* intitulé « Petite ethnographie de l'art contemporain », Yves Michaud emploie des termes assez méprisants pour qualifier les artistes postmodernes dont il crée pourtant la théorie. Il remarque « l'indifférence à peu près complète des artistes contemporains à l'égard de la littérature, du cinéma, de la poésie et en réalité une sorte de fermeture sur soi qui est cohérente avec un mode d'existence tribal pour initiés ». Il souligne l'autisme de ces artistes :

> « Pour être tout à fait honnête, les artistes contemporains ne se soucient pas du tout du public, y compris lorsque tout leur art porte sur le relationnel et le transactionnel. Passé le soir du vernissage, les installations relationnelles deviennent des guichets fermés ou des manèges abandonnés : le studio de télévision n'aura fonctionné qu'un soir d'inauguration officielle, le repas pour les pauvres n'est plus servi et l'artiste est déjà reparti pour d'autres (bonnes) œuvres. L'éloge apostolique de la culture populaire avant-gardiste est confiné à un petit nombre de discours officiels pieux et hypocrites qui s'efforcent de manière aussi rituelle que dépourvue de conviction de justifier l'emploi des fonds publics au demeurant bien modestes pour soutenir, c'est-à-dire pensionner, la création. Pour le reste, les élèves des établissements scolaires forment, par chance pour les centres d'art, un public captif qui donne bonne figure à des statistiques de fréquentation par ailleurs désastreuses. Il n'y a rien là par principe de scandaleux. »

En rappelant la mode actuelle des collectifs, communautés, squats d'artistes, Yves Michaud souligne que,

> « à la différence de ce qui se passait au XXe siècle moderne, il ne s'agit ni de mouvements ni de groupes constitués autour d'une recherche, d'un manifeste ou d'une ligne théorique, mais de collectifs informels, de rassemblements de vie et d'usages autorisant des pratiques différentes qui coexistent pacifiquement sans aucune unité théorique ou conceptuelle. Des nombreuses friches industrielles des pays riches favorisent ces regroupements qui peuvent tourner au ghetto ».

Misère intellectuelle, ghetto, vie tribale, autisme… Les théories justificatrices de cette nouvelle condition des artistes sont néanmoins créées par Yves Michaud lui-même. Il pense cependant que, malgré ces inconvénients, le bilan est plutôt positif. La société se porte mieux.

De fait, sous la plume de nos théoriciens, l'aliénation est devenue libération. Ce changement a ceci de particulier et de totalement nouveau : il n'est pas une métamorphose, une oscillation des polarités, mais une inversion. Ce qui était jadis considéré comme une aliénation, une régression, une répétition, apparaît désormais comme une libération, un progrès, une adhésion au présent. La révolution sémantique suit son cours imperturbable ; en inversant les sens elle rend la pensée impossible.

Après l'inversion du mot « art », il y a de cela un demi-siècle, c'est le contenu du mot « liberté » qui change à son tour. La dimension métaphysique de la liberté a disparu : être libre n'est plus faire un acte tragique qui nous engage, c'est faire tout ce que l'on veut sans contrainte, sans référence à des règles morales ou esthétiques dépassées. La liberté est dans ces multiples petits choix, ces caprices à notre portée, alors que l'on est pris dans un grand courant qui nous englobe et nous entraîne contre notre volonté. Seuls les « nostalgiques » et les « hommes de ressentiment » sont assez aveugles pour vouloir nager à contre-courant. Cette nouvelle définition du mot liberté est au cœur d'une pensée éminemment déterministe.

Selon les conceptions postmodernes, l'œuvre d'art n'existe que si elle est le reflet de l'« englobant[1] », elle n'existe qu'au présent et en relation entre l'espace qui existe entre celui qui regarde et l'œuvre, autant dire qu'elle échappe totalement à l'artiste qui n'est désormais ni libre, ni créateur, ni propriétaire, ni responsable. C'est la fameuse « réduction à l'état gazeux » que constate Yves Michaud.

L'artiste et l'œuvre n'ont qu'une existence soumise, relative et éphémère. Plus d'incarnation, plus de présence, plus d'être. À vrai dire, cette idéologie fait ni plus ni moins disparaître l'artiste et l'œuvre. Il ne peut survivre qu'en étant nul, et sa nullité l'annule. Peut-on imaginer aliénation plus subtile que cette négation de la personne unique et de son privilège de créer ? Cette aliénation présentée comme une libération est celle du for intérieur.

---

1. Concept répandu dans les milieux de l'AC. N'est de l'art que ce qui est le reflet du contexte économique et social environnant. Toute création jugée ne pas y correspondre serait classée comme non pertinente et du domaine du pastiche.

7

Aliénations réciproques

> Ubu : « Je vais me faire esclave, Mère Ubu ! Puisque nous sommes dans un pays où la liberté est égale à la fraternité laquelle n'est comparable qu'à l'égalité de la légalité, et que je ne suis pas capable de faire comme tout le monde et que cela m'est égal d'être égal à tout le monde puisque c'est encore moi qui finirai par tuer tout le monde. »
>
> Alfred JARRY,
> *Ubu roi*

L'AC nous aliène mais comment ?

Dominants, dominés et otages

Sans conteste, l'AC domine la scène de l'art. Il est l'art des institutions et, parmi tous les marchés de l'art, celui de l'AC atteint aujourd'hui non seulement les plus grandes cotes, mais aussi les plus sûres. Il règne seul et seul prétend rendre compte du réel et du temps présent. Sa noble mission, qui fonde sa légitimité, est de dénoncer le mal. Il « libère » l'humanité de l'oppression par la critique et la destruction de tout ordre. L'ordre critique de l'AC semble dominer sans partage.

Pourtant, les artistes, théoriciens et défenseurs de l'AC se plaignent d'un obscur complot contre eux. Ils se sentent menacés par de dangereux adversaires qui les remplissent d'angoisse et d'appréhension. Ils sont les victimes de l'exécration des partisans du « grand art ! »

Le martyre de l'AC

Mais qui sont ces persécuteurs de l'« art contemporain » ? Le vocabulaire consacré depuis vingt ans pour caractériser ces terribles détracteurs tourne autour d'une demi-douzaine de mots. Ils sont « sceptiques », partisans d'« art ancien », « frustrés », « nostalgiques » et pleins de « ressentiment ». S'ils sont artistes, ils ont droit aux qualificatifs de « pasticheurs anachroniques », de vulgaires « fabricants de chromos ». Le portrait des opposants n'est pas flatteur mais cela n'en fait pas pour autant des ennemis très effrayants !

Dans les moments de crise, c'est-à-dire quand les artistes pris en charge par le ministère de la Culture et leurs théoriciens sentent leurs privilèges menacés, tout devient plus fantasmatique. Ces pauvres « égarés de l'histoire » se transforment alors instantanément en suppôts du diable, en « militants d'extrême droite », en « dangereux fascistes ». Que l'accusation soit totalement invraisemblable, cela ne change rien. Du moment qu'elle émane d'« alliés objectifs », cela suffit !

Nous avons déjà évoqué la crise de 1997. Dix ans après, dans un éditorial du 29 mars 2007 de Paris-Art.com[1], le chroniqueur André Rouillé, à l'occasion de la mort de Jean Baudrillard, évoque avec émotion et indignation cette « phobie ordinaire de l'art contemporain » qui menace encore et toujours :

> « À l'approche du nouveau millénaire, à un moment où la "lepénisation des esprits" faisait sournoisement son œuvre, Jean Baudrillard et ses émules ont rendu possible à certains d'être ouvertement ennemis de l'art contemporain comme d'autres étaient racistes, sans complexes, sûrs du bien-fondé de leurs positions, dans une totale méconnaissance de l'objet de leur haine ou de leur mépris et avec cet avantage de ne pas risquer de sanctions pénales ! »

Car l'« art contemporain », en tant qu'entité culturelle, est la cible de la pensée d'exclusion aveugle de type raciste.

> « Il est vrai que l'art contemporain est une proie idéale pour les réactionnaires, les populistes de toutes obédiences politiques ou non. Il irrite les nostalgiques du passé et les paniqués du nouveau. »

> « Il ne s'agit pas d'un discours critique, mais d'une posture d'exclusion et de méconnaissance, assurément de panique devant un univers inconnu et non maîtrisable de formes, d'attitudes et de valeurs. »

Les « comploteurs » de l'ombre

À quoi ressemble donc ce camp adverse si terrible et menaçant ? C'est une population hétéroclite et d'autant plus mal connue qu'elle a peu l'occasion et les moyens de s'exprimer sur la place publique.

---

1. André Rouillé, Paris-Art.com, éditorial du 29 mars 2007.

Les adversaires désignés

Ils se comptent sur les doigts d'une main. Ce sont quelques personnalités singulières ayant accès aux grands médias. Ils sont utilisés comme des contradicteurs utiles, permettant une mise en abyme. Ils sont montrés comme de rares spécimens d'un monde révolu. On n'en invite jamais plus d'un à la fois sur les plateaux. Ils croisent le fer à un contre tous ! Ils sont armés d'une large culture, et particulièrement d'une connaissance de l'art, de l'AC et des agitations intellectuelles du milieu de l'art dont ils font partie. L'ignorance n'est pas leur caractéristique et leur critique n'est pas convulsive. Ils ne forment pas un complot.

Toujours les mêmes depuis vingt ans, ils ne sont que trois boucs émissaires… Jean Clair, Jean-Philippe Domecq[1] et Marc Fumaroli. Ce nombre réduit de cibles permet à ceux qui font l'opinion de créer l'illusion d'une maigre résistance des milieux intellectuels à l'AC.

Les adversaires moins visibles

C'est un cercle plus large composé d'artistes, d'intellectuels, d'amateurs qui ont pris conscience du problème de l'AC progressivement, la plupart d'entre eux au cours des années 1990. Ils suivent très attentivement tous ces débats et ont acquis un jugement propre, développé une parade contre la manipulation dont ils font l'objet. Il y a parmi eux des lecteurs et des auteurs. Ces derniers sont ignorés des grands médias mais ont accès aux médias plus confidentiels. Ils atteignent un public à l'affût d'une réflexion et d'une controverse sur ce sujet. Leur lectorat est soudain devenu considérable grâce à Internet.

Ce qui se passe autour d'*Artension* est intéressant à cet égard. Depuis plusieurs années, cette revue est à l'origine d'un vrai débat, très prisé par un milieu à la recherche d'outils critiques pour sortir de la sclérose dont il est menacé. L'extrême diversité des propos qui y sont défendus et des artistes qui y sont montrés est une preuve irréfutable de la liberté d'esprit qui y règne. Tous les articles critiques parus depuis la recréation d'*Artension* en septembre 2001 sont disponibles sur Internet et forment un ensemble essentiel pour appréhender cette critique approfondie de l'AC. Contrairement à ce que croit André Rouillé, elle existe et commence à être très élaborée. Les auteurs ont l'avantage de venir d'horizons intel-

---

1. Jean-Philippe Domeck, *Artistes sans art ?*, Éd. Esprit, Paris, 1994 ; *Misère de l'art*, Calman-Lévy, Paris, 1999 ; *Une nouvelle introduction à l'art du XXe siècle*, Flammarion, Paris, 2004.

lectuels ou politiques très différents : artistes, universitaires, chercheurs, collectionneurs, marchands, journalistes, philosophes, sociologues, etc. Son créateur, Pierre Souchaud, a réussi cette gageure d'y réunir des points de vue très divers, ce qui est un fait nouveau.

Étant donné son parcours et ses idées, personne ne pourra jamais étiqueter le directeur de cette revue « extrême droite » ou « nostalgique », comme c'est l'usage. Il a réussi à exister sans subvention et sans grand mécène, ce qui n'est pas le cas des revues *Beaux-Arts* ou *Art Press* qui les cumulent.

On peut citer d'autres revues à diffusion confidentielle comme *Écritique* animée par François Dérivery[1], Michel Dupré, Gérard Bignolais, essentiellement des artistes. Elle prend la suite de la publication de Raymond Perrot, *Le Ringard*, qui a maintenu le flambeau de la résistance pendant des décennies. C'est un courant qui prend sa source chez les artistes ayant participé dans les années 1960 à la figuration narrative, dans les années 1970 à la coopérative des Malassis, au groupe DDP propagateur d'un « réalisme critique ». Ce sont des peintres et non des conceptuels, leur réflexion est très politique alors même que ce point de vue a progressivement disparu. En 1995, Nicolas Roméas, constatant que la grande presse française occultait toute véritable controverse, a créé la revue *Cassandre*.

Un certain non-conformisme commence à se faire jour... La revue *Verseau* dirigée par Jean-Luc Chalumeau réussit l'exploit d'être à la fois pour et contre l'AC. Elle ne craint pas de mettre à l'honneur la peinture en pratiquant à son égard une véritable critique d'art de haut niveau.

La revue *Art Absolument* créée par Pascal Amel et Teddy Tibi, a l'ambition de défendre la diversité de l'art et de rassembler des points de vue différents. Ludovic Duhamel, dans *Miroir de l'art*, expose artistes et points de vue singuliers, etc.

Ces dernières années, les artistes ont repris l'initiative d'une réflexion sur l'art et d'une analyse des différentes aliénations qui les menacent. Depuis peu, un grand nombre de blogs et de sites Internet, tenus par eux, diffusent articles et textes sur l'art, glanés un peu partout, pour alimenter une réflexion jugée essentielle[2].

On peut parler d'un paradoxe : les militants de l'AC se plaignent des lourdes menaces qui pèseraient sur eux et ne citent depuis vingt ans que

---

1. François Dérivery, *Le système de l'art*, E.C. Éditions, Campagnon, 2004.
2. Parmi tant d'autres citons : *Face à l'art, Art point France, La Lettre de Nodula, Art-Addict, Horschamp.org, Zero Ground inf'O, La Peau de l'ours, Les Cahiers de l'égaré, rectoversion.org, www.mda2008.com*, etc.

trois noms. Pourtant, en explorant un peu notre mémoire, nous constatons que des dizaines d'artistes et d'intellectuels ont apporté leur contribution à une analyse critique de l'AC à des niveaux et sous des angles divers : Jean-Paul Aron, Rémy Aron, Patrick Barrer, Alain de Benoist, Henri Bourdet-Guillerault, Xavier Bureau, Cremonini, Colin Cyvoct, Laurent Danchin, Régis Debray, Christian Delacampagne, François Dérivery, Jean-Marie Domenach, Benoît Duteurtre, Alain Finkielkraut, Jean Gimpel, Nicolas Grimaldi, Nathalie Heinich, Marie-Christine Huguenot, Mathieu Kessler, Marc Le Bot, Claude Lévi-Strauss, Élisabeth Lévy, Katerine Louineau, Gilles Marrey, Jean-François Mattei, Kostas Mavrakis, Olivier Mongin, Françoise Monnin, Philippe Murray, Christian Noorbergen, Francis Parent, Raymond Perrot, Catherine Plassart, Alain Quémin, Nicolas Roméas, Camille Saint-Jacques, Maryvonne de Saint-Pulgent, Marie Sallantin, Michel Schneider, Pierre Souchaud, Christine Sourgins, Jacques Thuillier, Demian West, Charlotte Waligora, Tom Wolfe et tant d'autres[1]. Ils ont exprimé des jugements critiques circonstanciés en qualité d'historiens, de chercheurs, de philosophes, de sociologues, d'artistes, de galeristes, de collectionneurs, etc. Ils ont des regards différents, ne se connaissent pas entre eux pour la plupart, ne constituent pas de réseau, ne sont pas particulièrement liés à des partis ou des sociétés de pensée. Ils n'ont pas d'idéologie commune. De plus, comme aucun avantage de célébrité ou de carrière n'est lié à ces prises de positions, chacun œuvre à ses risques et périls.

On ne peut confondre leur démarche distanciée avec celle des théoriciens qui, adhérant au système de l'AC, en vivent et prétendent être les seuls habilités à en faire l'autocritique pour mieux le perpétuer et ce, pour certains, depuis près de trente ans : Yves Michaud, Nicolas Bourriaud, Fabrice Bousteau, Philippe Dagen, Marc Jimenez, Catherine Millet, Catherine Grenier…

Les adversaires invisibles et muets

La majorité des opposants est totalement invisible et sans voix. Les artistes et amateurs qui la composent font comme si l'AC n'existait pas. Ils considèrent qu'il est si nul qu'il n'est pas nécessaire d'y accorder la moindre attention, ni de faire le moindre effort critique. Ils ont la

---

1. Les revues qui accueillent ces points de vue sont aussi diverses que : *Art Actualité Magazine, Artension, Catholica, Commentaire, Conflits actuels, Esprit, Études, Kephas, Krisis, Le Débat, Liberté politique, Marianne, Particules, Univers des Arts…* Le plus souvent ce sont des revues abordant des sujets généraux et non spécifiquement artistiques.

naïveté de croire qu'en en parlant, même en mal, ils risqueraient d'en faire la publicité ! Ils tentent de réaliser leur œuvre dans la solitude hors de la société.

La grande assemblée des otages

C'est le plus grand nombre des artistes et des amateurs. Ils n'ont pas perçu la différence entre art moderne, contemporain et postmoderne, ne parviennent pas à décrypter le système qui les gouverne et les intimide. Aliénés par l'utopie à leur insu, ils ne savent plus qui ils sont, quelle est la nature de leur travail, ils ne comprennent pas selon quels critères ils sont jugés ou jugent, ni pourquoi le milieu ne les reconnaît pas. Ils éprouvent une sorte de stupeur sans remède devant tout ce qu'ils voient. Ils ne détiennent aucun code. Ils sont subvertis mais ne le savent pas. Ils sont pour l'AC ! Comment peut-on être contre l'art d'aujourd'hui ?

Qui sont donc les persécuteurs ?

L'effervescence critique et artistique existe bel et bien, elle vient de tous les horizons, n'est pas l'apanage d'un clan, d'un quelconque Front national, ni d'un fascisme rampant. L'affirmer est tout à la fois l'effet d'un fantasme collectif de persécution exprimé par des artistes en grande souffrance, un mensonge au service d'une stratégie politique de circonstance, un rideau de fumée permettant à une petite minorité de jouir en paix d'avantages et de privilèges offerts par les institutions publiques.

L'illusion se perpétue car en France, en dehors de l'État, il y a peu de fondations, réseaux et médias importants qui pourraient donner corps et perceptibilité aux multiples courants existant en dehors de l'art officiel. Cette absence d'image fait que les dissidents disparaissent derrière une étiquette unique et infamante sans pouvoir se défendre.

Si l'on considère les trente ans qui viennent de s'écouler, on constate que la rumeur du « complot d'extrême droite » que font courir les théoriciens dans les médias dominants en ce domaine est *la seule ligne de défense* existant aujourd'hui pour protéger l'art officiel de toute critique. L'anéantissement immédiat des dissidents par silence médiatique ou lynchage a pour effet de nier l'existence même d'une critique cultivée et de dissidents de l'AC.

Si Nathalie Heinich, après quelques années de confidentialité, a eu l'autorisation de publier la recherche sociologique commandée par le ministère de la Culture sur le rejet « non cultivé » de l'« art contemporain », en revanche les études commandées à des historiens sur la « résistance cultivée » à l'AC n'ont pas été rendues publiques.

Cette histoire si particulière à la France a suscité une réflexion approfondie sur l'art et une redécouverte de celui-ci qui tôt ou tard fera référence.

Le dangereux grand public

Reste le « grand public ». Est-il pour ou contre l'AC ? En 1996, le ministère de la Culture a confié à la sociologue Nathalie Heinich une enquête sur les réactions négatives à l'AC[1].

Elle dresse une nomenclature d'une grande précision de toutes les formes de résistance que l'on peut observer à son encontre : graffitis sur les œuvres d'art, observations désobligeantes sur les livres d'or, lettres à la presse locale ou professionnelle, procès, attitudes transgressives du genre faire pisser son chien tous les matins au pied d'une colonne de Buren devant le bureau du ministre, etc.

Dix ans plus tard, en 2007, Internet a pris le relais et cette fois-ci tout le monde peut constater directement, sans l'aide d'un sociologue, les réactions du public devant des événements aussi graves que l'altération d'une toile blanche de Twombly de la collection d'Yvon Lambert exposée à Avignon, évaluée deux millions d'euros, par le baiser d'une amatrice enthousiaste, l'artiste Rindy Sam, qui fut sur-le-champ placée en garde à vue et convoquée devant le tribunal correctionnel. L'actualité offre d'innombrables occasions au public de s'exprimer. Désormais, même la résistance « non cultivée » à l'AC est visible. C'est un fait nouveau[2].

De quoi se plaint-on ? Nathalie Heinich dans son étude de 1996 nous donne une typologie exhaustive des griefs : plaintes sur la pollution esthétique du patrimoine, de la nature, de la propriété ; plaintes sur le non-respect de la personne, des enfants, des animaux ; plaintes sur l'immoralité ; plaintes enfin sur l'inauthenticité de l'artiste et rejet des œuvres imposées à la population paraissant « n'importe quoi » et valant une fortune.

---

1. Nathalie HEINICH, *Les Rejets de l'art contemporain*, Jacqueline Chambon, Nîmes, 1998.
2. Un artiste, Demian West, a écrit un article d'analyse très libre sur ce sujet (ce que la presse ne peut pas faire) sur *Agora Vox*. Ce site Internet, très consulté, ouvert à la discussion, permet de connaître les réactions d'un public très divers sur ce genre d'événements qui inscrit l'art contemporain régulièrement dans l'actualité reprise par les grands médias.

Les griefs sont variés et les préjudices ressentis comme suffisamment graves pour être considérés comme des délits nécessitant une sanction. Elle note que ce qui est perçu comme particulièrement insupportable, c'est l'atteinte qui est faite non pas tant à l'esthétique qu'aux symboles et aux valeurs.

La sociologue rend compte du développement d'une nouvelle forme de mobilisation, signe d'une réelle exaspération : une avalanche de plaintes déposées devant les tribunaux par des associations extrêmement diverses du genre syndicats de gardiens de musée, associations de parents d'élèves, de riverains, de quartier, et sociétés protectrices des animaux, etc. En 2007, c'est cette forme de contestation qui s'avère de loin la plus dangereuse pour l'AC.

« Présumés innocents »

Pour illustrer cette constatation, une affaire récente met en scène tous ces éléments et permet d'observer les relations complexes qui existent entre bourreaux et victimes.

De juin à octobre 2000 a lieu une exposition de prestige au CAPC de Bordeaux, « Présumés innocents ». Cet événement célèbre le millénaire en rassemblant 200 œuvres de 80 artistes de tous pays, particulièrement connus. Le thème qui les rassemble est l'enfance. Les médias sont unanimes : Bordeaux est une ville dont le rayonnement culturel dépasse les frontières, c'est une référence mondiale dans le milieu de l'art. Il y a même le zeste de scandale nécessaire pour une bonne réussite de ce genre de manifestation : la réaction hostile du maire de Bordeaux, Alain Juppé. Il a financé l'exposition mais refuse de l'inaugurer et ne veut pas que ses services culturels en fassent l'affichage en ville.

Élitistes contre populistes

Il faut attendre la rentrée pour entendre parler des protestations, en particulier de la part des parents d'élèves. Le 24 octobre 2000, une plainte est déposée par l'association de lutte contre la pédophilie, La Mouette. En effet, plus de 1 500 enfants, de la maternelle aux terminales, ont visité l'exposition.

Les deux chefs d'accusation sont « Diffusion d'images à caractère pédopornographique » et « Corruption de mineurs par exposition de documents portant atteinte à la dignité des enfants », dont vidéos, photos, installations, etc. Vingt œuvres sont incriminées, dans le genre de la vidéo d'Elke Krystufek : l'artiste se masturbe avec un concombre avant de se coudre le sexe…

La polémique apparaît dans les journaux. Deux camps s'affrontent. D'un côté, les associations plaignantes, perçues par les médias de grande diffusion comme une nouvelle forme de « populisme », de poujadisme moral. De l'autre, le milieu officiel qui défend sa politique culturelle. Le ministre de la Culture, Jean-Jacques Aillagon, vient au secours du directeur du CAPC mis en cause, Henry-Claude Cousseau, respectable haut fonctionnaire aujourd'hui directeur de l'École des beaux-arts de Paris. Il existe un certain consensus des gens « éclairés » en faveur de ce genre de manifestations. Ainsi Mgr Rouet, dans son livre *L'Église et l'Art d'avant-garde*[1] paru en 2002, évoque cette exposition et salue le courage des artistes :

> « Loin d'offrir une image idyllique de l'enfance, ils ne baissent pas les yeux devant sa violence… Les artistes tentent de sonder le chaos des pulsions en liberté[2]. »

Il regrette l'attitude des associations qui ont porté plainte :

> « Elle s'inscrit dans l'inflation des pratiques répressives exercées aussi bien par les pouvoirs politiques que par certaines associations de défense de la moralité publique[3]. »

L'art officiel devant les tribunaux

Quelle ne fut pas la surprise quand, en novembre 2006, après six ans d'enquête, le parquet de Bordeaux annonça la mise en examen d'Henry-Claude Cousseau, des commissaires d'exposition Marie-Laure Bernadac et Stéphanie Moisdon-Tremblay, et il n'était pas exclu que quelques artistes le soient également. Commotion dans le milieu de l'art ! Pour Jean-Jacques Aillagon, « ce serait un recul effrayant de la liberté d'expression si l'on venait à considérer qu'Henry-Claude Cousseau a commis un délit[4] ». Renaud Donnedieu de Vabres, alors ministre, déclare : « Il est important de laisser à l'artiste ce degré de liberté supplémentaire, par rapport au commun des mortels, qui lui permet de représenter et dénoncer les maux de la société[5]. » Le milieu de l'art, sous le coup de la

---

1. Mgr Rouet, *op. cit.*
2. *Ibid.*, p. 22.
3. *Ibid.*, p. 23.
4. *Libération*, 20 novembre 2006.
5. *Ibid.*

stupéfaction et de l'émotion, se mobilise ; les pétitions, cette pratique démodée, refont surface.

Que s'est-il passé ? Six ans ont passé. Le monde a changé rapidement et les Français ont vécu, parmi d'autres épreuves, les péripéties des affaires Dutroux et d'Outreau.

L'AC contre l'Art

Soudain le discours légitimant, jusque-là admis, de l'« art contemporain » avec sa fonction critique et sa remise en cause « bénéfique » de tout ordre, apparaît plutôt de l'ordre du cynisme que d'un grand projet « humanitaire »… L'AC bénéficie cependant de l'ancien privilège de l'art au sens traditionnel qui admet la transgression des normes par les artistes. Cette liberté s'appliquait à la création d'œuvres où l'artiste opérait une transposition formelle de la réalité, comme, par exemple, peindre un tableau, écrire un roman. On ne pouvait lui reprocher la moralité du sujet ou des personnages car la fiction opérait une distanciation qui permettait de voir. L'art était justement ce travail de transposition, cette alchimie de la mise en forme qui faisait que l'on pouvait donner à voir, comme dans un miroir, la réalité en face sans mourir.

Le problème est que l'AC ne fait pas ce type de travail, il prétend « présenter » la réalité telle quelle. Et là tout se gâte…

Ainsi parmi les œuvres de l'exposition on peut voir la photo d'une petite fille maquillée comme une femme et nue dans son bain[1] ; elle n'est pas peinte, elle est vraie. De même sur les vidéos incriminées, des enfants en chair et en os sont pris par l'objectif du photographe.

Un problème se pose. Quelle différence peut-il y avoir entre l'artiste qui montre une photo ou une vidéo où se trouvent des enfants dans des situations équivoques, et un fabricant de produits de ce genre à vocation commerciale et poursuivis par la loi ? La différence n'est pas dans la forme et l'apparence de l'« œuvre » mais dans le fait que quelqu'un ayant le statut d'artiste l'a produite et qu'elle a été reconnue et exposée par les institutions.

Il faut donc avoir la foi en l'AC pour voir la différence, et cette croyance a tendance à se fragiliser depuis le début du millénaire. L'AC est en pleine métamorphose.

---

1. « The Women in the child », photo de Garry Gross, 1975.

L'AC du troisième millénaire

Yves Michaud et Nicolas Bourriaud, champions de la postmodernité, se réjouissent et militent pour le décloisonnement total de l'art au point que tout ce qui ne l'est toujours pas le devienne enfin.

Lorsque Bernard Arnault ouvre son musée Louis-Vuitton au dernier étage de son magasin des Champs-Élysées, il y expose les « œuvres d'art » du styliste Marc Jacobs, c'est-à-dire les sacs à main vendus à l'étage inférieur. Ces objets, rebaptisés icônes, sont entourés d'« œuvres d'art » ayant pour thème des modèles de sacs à main Louis Vuitton, créés par des designers, étalagistes, scénaristes, publicistes, stylistes, mélangées à celles d'artistes. Il n'y a donc plus de frontières entre l'AC et tous les autres métiers de la création.

Une des artistes de « Présumés innocents », Sylvie Fleury, expose aussi au musée Vuitton un sac, modèle *Keepall*, coulé en bronze. Est-ce une œuvre d'art ou un objet publicitaire ? La postmodernité en fait sans hésitation de l'« art contemporain », et les théoriciens ne sont pas choqués par la servitude mercantile.

Les artistes trouvent dans cette ambiguïté de fructueuses ressources financières mais ne comprennent pas que leur immunité juridique s'en trouve fragilisée. L'effondrement des frontières entre l'AC et tout le reste va rendre difficile aux artistes de faire état de cet ancien privilège devant les tribunaux.

Nous avons changé d'époque. Le milieu de l'art ne semble pas avoir conscience de l'évolution et aimerait jouer sur tous les tableaux, en l'occurrence la critique sociale et le service rémunérateur rendu aux marchands. Est-ce possible sans devenir schizophrène ?

« C'est inimaginable ! » déclare dans *Libération*, Annette Messager, une artiste de « Présumés innocents », très scandalisée :

> « Pour moi, l'art doit questionner et déranger. Il propose une interprétation du réel qui doit interpeller. Pas de jolies couleurs et des tapisseries à fleurs. Dans notre société avec ce flux d'images, ces campagnes de pub qui fabriquent des scènes de guerre pour vendre des vêtements, de telles poursuites c'est dérisoire[1] ! »

Certes, mais contrairement aux artistes, les publicitaires ont à répondre devant la loi. Les mises en scène équivoques d'enfants, les images racistes, blasphématoires, pornographiques sont réprimées par la

---

1. *Libération*, 20 novembre 2006.

loi et ne peuvent apparaître dans l'espace public sous forme de publicité notamment. Annette Messager, en invoquant, comme il y a cinquante ans, le droit et le devoir de critiquer la pub en la détournant n'a pas vu le monde changer, car il devient de plus en plus difficile en 2006 de départager le publicitaire et l'artiste.

Quelle différence y a-t-il entre une photo de Bettina Rheims représentant des enfants nus pour une campagne de pub d'Évian, retirée par la marque, par crainte d'être mal perçue, et une autre photo de la même artiste exposée dans un musée ? Où finit le publicitaire et où commence l'artiste ? La plus grande confusion s'installe dans les esprits.

Il existe désormais un mixage entre l'AC et la pub. Les publicitaires se sont eux-mêmes beaucoup inspirés des images *trash* et *gore* de l'AC et des stratégies psychologiques qui leur sont propres, notamment en utilisant les leviers de la culpabilisation et de la mentalité victimaire. Ainsi, on a vu apparaître dans Paris de très esthétiques affiches, comme celle représentant une femme ravissante dont on peut penser par le désordre de sa toilette qu'elle vient de subir un viol. Elle est recroquevillée de façon pathétique sur son magnifique sac Hermès. C'est une stratégie très complexe pour vendre. Peut-être efficace.

Les nouveaux sanctuaires de la pédagogie

Mais revenons à l'exposition de Bordeaux. D'autres logiques fatales et confusions sémantiques viennent embrouiller cette affaire. La plainte n'aurait jamais été déposée si le Centre d'art était resté un lieu où l'on va si l'on veut. Mais il est devenu un sanctuaire de l'éducation citoyenne où l'on emmène, en car, un public captif de vieillards et d'enfants.

La noria du public scolaire a été mise en route automatiquement car elle est indispensable pour l'équilibre financier du Centre d'art et permet de justifier les subventions de la Ville. Les enfants sont donc venus. Soixante-dix enseignants ont fait visiter « Présumés innocents » à 1 500 enfants entre le 8 juin et le 1er octobre 2006. Sur les soixante-dix enseignants qui ont accompagné les enfants et qui ont été interrogés lors de l'enquête de police, soixante-huit d'entre eux n'ont émis aucune réserve et ont loué « la pertinence des questions de société soulevées par l'exposition ». Ils voient donc dans l'AC une fonction hautement pédagogique essentielle à l'éducation des enfants.

L'AC se veut éducateur et donneur de leçons. En se plaçant sur le plan moral, il devrait donc accepter d'être jugé moralement. Ce qu'il n'admet pas. Il veut jouer sur tous les tableaux et récupérer aussi le privilège traditionnel de l'artiste d'art qu'il condamne : celui d'échapper au jugement moral car son but n'est pas de faire la morale mais de transposer la réalité dans une forme accomplie et expressive.

Le grand argument de la défense

Quel argument de défense reste-t-il aux artistes dans cette affaire judiciaire ? L'avocat d'Henry-Claude Cousseau, maître Emmanuel Pierrat, invité à l'émission télévisée de Frédéric Taddeï du 20 novembre 2006 sur FR 3, a évoqué l'essentiel de sa plaidoirie : c'est l'innocence des artistes et des œuvres d'art. En effet, l'AC prétend montrer la réalité comme elle est. L'artiste n'interprète pas, il présente. Si les choses qu'il donne à voir ne sont pas bien, ce n'est pas de sa faute. Le monde est comme ça ! La perversion, ici en l'occurrence la pédophilie, n'est pas dans l'œuvre qui est objective, donc pure, mais dans le regard vicieux du « regardeur[1] ».

C'est ce qu'il plaidera au tribunal, profitant d'une circonstance troublante : les vidéos et autres pièces à conviction ont disparu. Que voulez-vous, l'AC est un art éphémère qui ne vaut que par le contexte où il est placé ! Il n'y a donc pas d'autres preuves (le catalogue n'ayant pas été retenu comme tel). Il n'y a que « pur fantasme ! » des regardeurs, selon l'expression de Cousseau[2].

Si le ministère public se laisse convaincre par cette plaidoirie, il restera à faire le procès des « regardeurs » et mettre en examen les associations, les enquêteurs, les juges, les enfants qui ont posé un regard de pédophiles sur ces innocentes œuvres d'art.

La censure, façon postmoderne

La grande presse évoque dans cette affaire l'« insupportable censure », mais soudain on s'interroge : qui censure qui ? Ce ne peut être l'État mis en examen en la personne de ce haut fonctionnaire dont tous les médias s'accordent à décrire « la grande rigueur, la profonde humanité et le parcours sans faute » ; ce ne sont pas non plus les médias qui le défendent à l'unisson. À l'évidence, les censeurs sont les victimes représentées par des associations « terroristes ».

On a du mal à suivre… Henry-Claude Cousseau, lors d'une interview dans *Le Monde*, exprime son désarroi :

---

1. Les « regardeurs » : le public, selon la formule de Marcel Duchamp. Ils sont censés faire partie de l'œuvre au même titre que l'artiste.
2. *Libération*, 20 novembre 2006.

> « Cette affaire me dépasse complètement. C'est le problème de la censure, d'une société qui s'autocensure[1]. »

En effet la censure a pris une forme inattendue, et Henry-Claude Cousseau a une intuition de l'avenir inquiétante. Après cette mise en examen, rien ne sera plus comme avant. Les censeurs seront désormais les directeurs de musée, les artistes eux-mêmes, ils pratiqueront l'autocensure. On ne peut imaginer pire ! Car l'AC ne peut se concevoir sans transgression ! Sera-ce la fin de l'AC par autodestruction ?

Les logiques fatales sont vraiment fatales ! Lors de la querelle de l'« art contemporain », le ministre de la Culture, Philippe Douste-Blazy, déclarait dans une interview au *Monde* du 15 avril 1997 :

> « L'art contemporain est en phase avec le malaise d'une société. Son intérêt consiste à déranger. »

On retrouve ce lieu commun dans tous les discours de Jack Lang à Donnedieu de Vabres, et l'on voit mal un juge condamner un représentant de l'État qui applique à la lettre une politique culturelle qui a maintenant un quart de siècle.

Élisabeth Lévy, dans son livre paru en 2002, décrit bien cette « rebellocratie » :

> « Les maîtres chanteurs [de l'AC] qui se présentent si souvent agressés par les hordes obscurantistes aimeraient faire accepter leurs productions à la fois comme provocations et comme bienfaits[2]. »

Qui est victime ? Qui est coupable ?

Le Monde du 30 novembre 2006 titre en très gros : « Henry-Claude Cousseau coupable d'art contemporain ». Le journal pose la question : « Qui tire les ficelles ? » Y aurait-il un complot contre l'AC ? On se remémore les fantasmes de 1997 !

À part Henry-Claude Cousseau, qui semble très affecté, le milieu de l'AC jouit intensément de son statut de victime. Dans les moments de crise, il s'y ressource et y puise le sens de sa mission sacrificielle et de sa raison d'être : sa précieuse fonction critique, transgressive, sa provocation salvatrice.

---

1. *Le Monde*, 23 novembre 2006.
2. Élisabeth Lévy, *Les Maîtres censeurs*, J.-C. Lattès, Paris, 2002, p. 196.

Cependant, cette transgression est devenue si dogmatique, abstraite et admise que le milieu de l'art semble néanmoins surpris par la réaction « agressive » des associations à la provocation. Cette exposition avait pourtant été faite « pour leur bien » ! Mais le peuple ne comprend toujours pas que l'AC a des intentions pures et s'occupe de morale et non pas d'esthétique. Malentendu ! Fatale incommunicabilité ! Échec pédagogique ! Au point que les parties ne pourront en discuter *que* devant le tribunal, par l'intermédiaire de leurs avocats.

Ce nouvel épisode de la « guerre de l'art[1] » montre que l'on est réduit en France à poursuivre le débat sur l'art devant les tribunaux. C'est un effet pervers de l'éradication du débat sur l'art de la scène médiatique par les comités de rédaction. Il ne faut pas oublier que, lors de la courte période où la « querelle de l'art contemporain » apparaît dans les grands médias, d'octobre 1996 à mai 1997, les contestataires de l'AC ont été voués aux gémonies par leurs adversaires. Il n'est donc pas étonnant que la controverse ait tendance à resurgir subrepticement ailleurs, sans qu'il y ait pour autant le moindre complot.

En novembre 2006, l'examen de la revue de presse autour de l'affaire de « Présumés innocents » le montre bien : *Le Monde* et *Libération* réagissent de façon émotionnelle et affective, crient au scandale, s'apitoient sur la « victime » mise en examen, dénoncent la censure ou plus exactement l'autocensure qui pourrait en résulter. *Le Figaro* s'en tient à l'exposé de faits, « *no comment !* », et c'est l'attitude prudente adoptée par la plupart des autres médias. Il n'y aura pas de débat sur un sujet aussi confus. Et pour cause, car il touche à un vieux problème sans solution : y a-t-il des limites à l'AC ?

Y a-t-il des limites à l'AC ?

Le problème est posé régulièrement par les théoriciens de l'AC. Michaud, Jimenez et tant d'autres s'en inquiètent et sont perplexes.

L'attitude de Marc Jimenez est emblématique à cet égard. Il évoque des œuvres extrêmement dérangeantes dont certaines ont donné lieu à des procès : les vrais cadavres plastinés de Gunther von Hagens, le cannibalisme de Zhu Yu qui dévore en public des fœtus d'enfants, les vidéos de Santiago Serra montrant des scènes où il fait travailler à des chantiers inutiles, pour un salaire de misère, des clandestins africains et, pour pas davantage, où il fait tatouer, se masturber ou teindre en blond des personnes en détresse ; ajoutons encore les excentricités sexuelles

---

1. « La querelle de l'art contemporain », *Le Débat*, n° 110, mai-août 2000.

de Jeff Koons, les prélèvements d'organes humains sur les cadavres de Teresa Margolles, etc. La liste est infinie. Jimenez se pose la question de la nature de ces œuvres :

> « Art, non-art ? Provocation gratuite ? Exhibition sadique ? Mise en scène dénonciatrice de l'horreur[1] ? »

Il ne sait quel statut, quelle légitimité donner à ces « performances », et conclut :

> « Seul un débat esthétique argumenté, contradictoire et, si possible, public permettrait d'en décider[2]. »

Étrange façon de se défiler que celle qui consiste à proposer un débat démocratique et à régler cela au consensus. Tout d'abord parce qu'il sait bien que tout débat donnant la parole à ceux qui ne sont pas d'accord est évité en France, et ensuite parce qu'une définition sémantique ou l'évaluation d'une valeur n'est pas de nature à être réglée par un vote majoritaire.

La question des limites n'a jamais trouvé de réponse chez aucun théoricien parce que s'il y en avait une, il n'y aurait plus d'AC.

Y a-t-il une victime ?

Une autre question est évoquée au détour de cette affaire, c'est la réalité du préjudice psychologique et moral provoqué par cette exposition. Le philosophe Ruwen Ogien, dans un article paru dans *Le Monde* du 24 novembre 2006, pose la question :

> « En réalité cette mise en examen au nom de la protection de la jeunesse réhabilite une catégorie de crime dont on espérait s'être débarrassé : le crime sans victime. Pourquoi ? »

Son argumentaire est de dire qu'il n'y a pas de dommage causé « à des êtres en chair et en os mais à une image abstraite », l'image d'une « enfance innocente »... Ce n'est qu'un crime symbolique, donc sans importance. Cela nous mène encore une fois au cœur du débat sur les limites de l'AC et à la source de la plupart des affaires judiciaires sur ce sujet. Citons l'affaire récente de la marque de vêtements Girbaud qui a utilisé une publicité représentant une adaptation de *La Cène* de Léonard de Vinci, interdite d'affichage parce que faisant « gravement injure aux

---

1. Marc JIMENEZ, *op. cit.*, p. 290.
2. *Ibid.*, p. 291.

sentiments religieux et à la foi des catholiques ». On pourrait considérer que la victime, c'est la société, mais comme celle-ci n'a plus d'unité, il n'y a plus de société qui tienne. Le monde a changé, ce grief n'est plus opposable dans une époque où le relativisme absolutiste fait loi et où toutes les opinions se valent. Toutes… pas tout à fait. L'AC s'affirme comme le seul art rendant compte de la réalité. Les prétentions morales de l'AC provoquent une confusion propice à la manipulation des esprits.

La sociologue Nathalie Heinich, dans son étude sur les réactions négatives à l'AC[1], avait conclu en pointant que les plaintes les plus récurrentes et les plus vives étaient de l'ordre de la souffrance morale ressentie devant l'attaque des symboles auxquels le public est attaché : famille, religion, patrie, enfance. Il est certain qu'un monde matérialiste ne peut pas prendre en compte des souffrances aussi peu matérielles.

« Nous sommes tous des innocents pervers »

En quelque sorte, pour résumer la situation : les innocents sont présumés coupables et les coupables innocents. En Mai 68, on aurait scandé la formule : « Nous sommes tous des innocents pervers ! »

Dans l'affaire « Présumés innocents », on assiste au spectacle même de l'innocence des institutions organisatrices. Les acteurs du drame sont ce haut fonctionnaire extrêmement sérieux, au parcours sans faute, Henry-Claude Cousseau, et deux commissaires de l'exposition, Marie-Laure Bernadac et Stéphanie Moisdon-Tremblay, d'honnêtes mères de famille, très « responsables ». Ensemble, ils se sont attelés à une tâche d'une haute tenue morale visant à faire prendre conscience aux populations peu instruites d'un fait incontournable : leurs enfants, ces « présumés innocents », sont en réalité des « pervers polymorphes ». Cette exposition tend à réformer cette vision périmée de l'enfance en montrant la réalité et en combattant cet idéalisme perfide qui sévit encore dans le peuple. André Rouillé, dans un long article, commente les enjeux de l'exposition où

> « […] il apparaîtra assurément que dans l'exposition "Présumés innocents", les enfants sont moins en danger que ne l'étaient les stéréotypes d'adultes sur l'innocence présumée de l'enfance amplement entretenus par les médias, la pub et les entreprises comme Disney et consorts[2] ».

---

1. Nathalie Heinich, *Les Rejets de l'art contemporain*, op. cit.
2. André Rouillé, Paris Art.com, art. cit.

Le train-train administratif, la fatalité bureaucratique ont entraîné tout ce monde dans des situations loufoques. La noria des cars scolaires s'est mise en route automatiquement et des milliers d'enfants se sont retrouvés à déambuler dans un espace plein de panneaux d'interdiction et de lieux prohibés. Situation hautement tragi-comique où l'on peut voir une administration faire consciencieusement toutes sortes de contorsions pour adapter sa splendide utopie à la triste réalité.

Il est évident que la justice ne serait pas intervenue si les enfants n'avaient pas été impliqués. L'affaire révèle au grand jour la schizophrénie latente du milieu de l'art. On a pu voir artistes, intellectuels, fonctionnaires et journalistes crier leur indignation devant l'incroyable toupet de l'association qui a porté plainte. Sous l'effet du choc, des milliers d'entre eux se sont adonnés à un rite antique qui avait disparu avec la postmodernité galopante : le geste sacré de la signature de pétition en faveur du « coupable-victime expiatoire », Henry-Claude Cousseau.

L'AC, un intégrisme sadomasochiste ?

Christine Sourgins, dans *Les Mirages de l'art contemporain*, décrit bien la recette de l'AC :

> « Je transgresse donc je pense ! Je fais subventionner ma révolte par mes victimes, j'instrumentalise le scandale que je suscite, je culpabilise mes victimes et je les exploite financièrement[1]. »

Tout cela est pratiqué cependant dans l'innocence que donnent les vieilles habitudes dont on ne connaît plus l'origine tant elles semblent aller de soi.

On songe cependant, en observant le côté très affectif et passionnel des réactions dans les médias et dans la vie, à une relation sadomasochiste, où tout le monde est aliéné. Les relations de pouvoir y sont complexes. La situation de victime est apparemment très enviée parce que celui qui a ce statut *exerce, secrètement et à l'abri, le pouvoir*.

C'est une relation entre deux impuissances qui surmontent leur handicap par l'exercice de la violence, de l'humiliation, de l'abjection infligée et subie. L'une et l'autre mettent en scène une obscure culpabilité refoulée, une frustration essentielle, l'attente, qui nous est chevillée à l'âme, d'un amour fécond, désintéressé, plus fort que la mort.

---

1. Christine Sourgins, *op. cit.*

L'aliénation de l'homme sidéré

Devant l'AC, le public est indifférent ou fasciné, effrayé ou perplexe.

Il est sans jugement devant l'impensable. Quand l'affaire de « Présumés innocents » a éclaté, la presse à l'unanimité s'est indignée contre l'activisme des « ligues de vertu ». Pas un mot dans les médias pour avancer un autre avis, prendre leur défense ou analyser le fait avec un peu de distance... À quoi bon ! Si quelqu'un osait le faire, il serait immédiatement « anathémisé » et traité de nazi. Chacun sait que ce sont des sujets où la raison n'a plus cours, où il y a tant d'intérêts en jeu, de confort intellectuel à préserver ! Contrairement aux vœux pieux de Marc Jimenez, il n'y aura pas débat. On attendra que ça passe !

Quel est l'enjeu de cette affaire, sinon cette « réalité » que prétend montrer l'« art contemporain » : une réalité absolument négative, ici l'enfance dominée par des pulsions perverses. L'AC déclare : « C'est ainsi ! » Quiconque prétend autre chose est dans l'erreur. Il accuse l'adversaire d'avoir l'idée utopique d'une enfance pure et idéale. En réalité, le commun des mortels sait bien, parce qu'il a des enfants, qu'ils sont ce mélange humain de bon et de mauvais dont il faut encourager le bon côté en évitant les mauvais mimétismes. C'est ce qui fonde la nécessité de protéger l'être dans ses premières découvertes du monde. Le monde est divers, même l'innocence existe !

Dans cette affaire exemplaire, toutes sortes d'aliénations se conjuguent. Celle tout d'abord d'une fascination du mal qui supprime toute idée de bien. L'innocence est supposée ne pas exister alors même que l'expérience quotidienne de tout un chacun constate le contraire. Le conformisme, l'impuissance à se déterminer par rapport à sa propre expérience, se décèlent dans ces quelques phrases que l'on entend dans la bouche de tous les « sidérés » :

« Je ne suis pas un spécialiste. »

« Cela a toujours été comme cela. »

« Il n'y a pas d'autre art, il faut se contenter de ce qui existe. »

« Il faut être de son temps, il faut évoluer. »

Formules fatalistes, symptômes d'une aliénation majeure : celle du for intérieur.

L'aliénation du for intérieur

Une utopie est au cœur de l'AC : c'est de déclarer que l'art au sens premier du terme est obsolète. C'est de penser que toute création se vaut, que détruire c'est créer, que le beau est pervers, que l'on peut tout faire, sauf de l'art.

La négation sémantique de l'art par l'AC n'annule pourtant ni la vocation de l'artiste, ni l'attente du public. Cette négation de la réalité engendre un système d'oppression d'un genre nouveau. Elle rend la réalité indéchiffrable et absurde.

Le décalage qui existe entre le discours de l'AC et la réalité est la première cause d'aliénation. Celui qui est pris dans l'illusion ne le sait pas. Il éprouve néanmoins malaise, angoisse et sentiment d'impuissance parce qu'il ne reconnaît pas ce qu'il voit et que ce qu'il ressent n'a plus d'image.

L'AC est une utopie cachée

Sur les ruines de l'utopie du progrès qui a marqué le XXe siècle, s'est bâtie une utopie cachée. Peut-il exister un art sans art, sans esthétique, sans savoir-faire, sans beauté, sans signification, ayant pour seule raison d'exister la destruction et la critique de tout ce qui existe ?

L'AC se présente cependant comme un progrès dans l'histoire de l'humanité. Il prétend lutter contre tous les pouvoirs et ordres établis, n'opprimer aucune culture, les admettre toutes, réaliser les idéaux défunts de la révolution. En réalité, il se rend utile à une société mercantile fondée sur une consommation convulsive, un renouvellement accéléré des marchandises. En attaquant toutes les valeurs, toutes les formes, il débarrasse la société de tout ce qui dure afin de permettre aux produits nouveaux de s'imposer. Il ouvre l'ère de la rotation permanente des produits, substitut de la révolution permanente.

L'AC ne s'avoue pas ce qu'il est. Il se dit généreux, pur, désintéressé, et ne survit pourtant que dans le sillage des grands financiers.

Les totalitarismes du XXe siècle ont eu pour cause les utopies. Ils ont imposé par la force des idéaux impossibles. Ces systèmes se sont fermés pour se défendre contre le réel qui résiste. Pour René Girard, « le refus du réel est le dogme numéro un de notre temps », et il n'a pas disparu avec la fin des totalitarismes d'État. Quand Baudrillard évoque la fonction de l'« art contemporain », il parle du « meurtre de la réalité ».

L'ordre contemporain

Que l'AC soit subversif, cela ne fait aucun doute, mais qu'il aille contre l'ordre établi reste à prouver – et c'est là un premier décalage avec la réalité. Le système de l'AC est lui-même un ordre à l'échelle du monde tenu par des institutions fonctionnant en réseau et un trust de maisons de vente anglo-saxonnes.

Il ne va pas non plus contre l'ordre mercantile qui règne sur le monde. L'osmose est aujourd'hui complète entre art, finance, commerce et communication. Le chaos mental qu'il produit aliène la personne en l'isolant, en gommant son identité, sa raison, ses valeurs, pour la soumettre à la consommation convulsive. Tous les publicitaires savent que, pour suggérer efficacement, il faut court-circuiter la raison et s'adresser au cerveau reptilien. C'est toujours lui qui gagne.

L'artiste contemporain, présenté comme un héros de la résistance, est plus prosaïquement un homme qui prospère et se gave du système qu'il dénonce. Il se nourrit de la stupéfaction de son public, de l'agression et de la violence qu'il exerce contre lui, et en plus pour son bien ! Grâce à ces procédés, il crée l'événement et essaye pathétiquement de retenir l'attention. On est perplexe devant l'affirmation que l'AC, en nous déroutant, nous libère de l'oppression.

Il arrive que la réalité de l'AC s'aperçoive par inadvertance. Cela s'est produit de façon fortuite en octobre 1997 à la télévision, quarante-huit heures avant l'ouverture de la Fiac, grâce à un documentaire de Jean-Luc Léon présenté sur Arte, « Le marchand, l'artiste et le collectionneur ». C'était le fruit d'un an de reportage auprès de Marianne et Pierre Nahon, célèbres marchands de tableaux, dans l'exercice quotidien de leur métier. Ils avaient été filmés à Paris, New York, Vence, Beyrouth, au salon de Mars, à la Fiac, dans leurs rapports avec les artistes ou avec leur clientèle. À force de faire partie du décor, Jean-Luc Léon avait fait oublier sa présence et il surprit avec sa caméra les côtés sympathiques de ce milieu de l'art mais aussi ses trivialités, ses propos cyniques, sa cuistrerie et son invraisemblable inculture. Les Nahon ont visionné le film une fois terminé, tout leur avait semblé tout à fait naturel, et ils ont donné leur aval. Lors de sa projection, en France, auprès de la presse, les journalistes ont été stupéfaits et passablement choqués. Les premiers articles parus dans la presse avant sa diffusion sur *Arte* inquiétèrent les dirigeants de la Fiac dont les portes ouvraient le lendemain. Les Nahon ont été priés d'entamer une procédure en référé pour empêcher sa diffusion et sauver les meubles. En vain. L'émission à la télévision eut lieu. Ce fut un scandale ! Il fallut se rendre à l'évidence : ce qui paraissait normal dans le milieu de l'AC, était inacceptable pour le commun des mortels qui avait encore une idée noble de l'art et des artistes.

Les subvertisseurs subvertis

Gramsci avait bien établi un processus et élaboré une méthode de subversion de la société, pour servir la cause révolutionnaire. Les intellectuels avaient pour mission de détruire les « valeurs qui légitiment les élites qui les pratiquent ». Il pensait que c'était le seul moyen d'imposer le socialisme dans des pays développés. Il fallait donc détruire la bourgeoisie éclairée en la culpabilisant, la traitant par la dérision, dévalorisant ses valeurs de création, de travail, de responsabilité, de culture, d'esprit critique, de rigueur intellectuelle. Il demandait donc aux intellectuels et artistes généralement d'origine bourgeoise de se détruire eux-mêmes.

Il préconisait d'œuvrer à supprimer l'esprit critique en le remplaçant par l'autocritique culpabilisante et paralysante. De dénoncer comme un acte intéressé tout ce qu'il y avait de gratuit et de bien dans leur démarche. De détruire les concepts sur lesquels était établie la société civile, c'est-à-dire l'histoire, le sens commun, les matières littéraires, scientifiques et artistiques. De faire cela par les moyens de la culpabilisation, de la terreur intellectuelle, de la valorisation de l'ignorance et de l'inculture. Selon lui, en peu de temps, l'ignorance, les problèmes de raisonnement, les syllogismes piégés, la pensée discontinue, la falsification de l'histoire, le fait de prendre la partie pour le tout, la simplification du réel toujours complexe, deviendraient des phénomènes naturels propres à détruire la société bourgeoise de l'intérieur.

Intellectuels et artistes ont été les agents de cette subversion, et en ont été aussi très rapidement les premières victimes. L'AC est en réalité une machine à tuer cette classe dangereuse, pour les détenteurs du pouvoir financier, que sont les intellectuels et les artistes. Le signe de leur état de subvertis réside dans la foi qu'ils ont dans l'AC comme idéal révolutionnaire de gauche.

Cet aveuglement s'explique probablement parce que aujourd'hui, ceux qui exercent le pouvoir économique et surtout financier veillent à se montrer transparents et sans image.

Ils ont assimilé la stratégie de Gramsci. Pour ne pas être une cible, ils s'appliquent à ne pas être identifiables par des valeurs, une éthique, une esthétique, un mode de vie raffiné que tout le monde peut envier. Ils cultivent donc une absence d'identité positive et adoptent, *a contrario*, des partis qui provoquent rejet et dégoût, afin que personne ne les envie. L'AC est l'un d'eux. Ils ont appris à se défendre de toutes les manipulations mises au point par Gramsci, fondées sur la culpabilité et la dérision, et à les utiliser à leur tour pour conserver la maîtrise des choses. Ainsi, lorsque l'on veut détruire quelqu'un, il faut aujourd'hui le traiter de « populiste », c'est l'image retournée ! En France cette insulte définitive est reprise par les intellectuels de gauche, sans état d'âme, et c'est là un signe de leur aliénation.

L'AC n'est plus, depuis quarante ans, un instrument de la révolution comme le croient les Français encore aujourd'hui et l'écrasante majorité des artistes et des intellectuels eux-mêmes. Les Anglo-Saxons savent à quoi s'en tenir depuis longtemps, ils en usent comme un moyen d'uniformiser le monde, de gommer les identités, afin de créer un grand marché uniforme et rentable qui passerait par-dessus les cultures. Aucune place financière ne peut plus se passer d'un « Monument-Centre d'art contemporain » dans le style de Frank Gehry à Bilbao, de Ming Pei au Luxembourg, de Zaha Hadid à Singapour, dont le réseau s'étend de jour en jour avec Las Vegas, Venise, Dubai, Shanghai, Pékin. Les foires internationales complètent le dispositif à Bâle, Miami, Londres, Singapour, Paris, Madrid, Berlin, Cologne, etc. À quoi il faut ajouter les biennales : Venise, Istanbul, Dubai, Prague, Moscou…

Le même art doit régner partout, il sera désormais le seul signe incontournable de la réussite des rares collectionneurs qui pourront se l'offrir. Ce signe extérieur de richesse a l'immense avantage de ne provoquer aucune jalousie tout en plongeant le commun des mortels dans la stupeur, l'effroi et la crainte, un peu comme les Carthaginois contemplaient, grâce à une savante machinerie, le dieu Baal dévorer leurs enfants.

Les jeunes fortunes accèdent à la cour des grands par cet acte d'allégeance, qui montre que l'on a compris le code et que l'on accepte les règles du milieu.

8

Les utilités de l'« art contemporain »

> « *Tous les grands magasins vont devenir des musées et tous les musées vont devenir de grands magasins.* »
>
> Andy WARHOL

> « *Personne ne peut empêcher tout le monde de devenir artiste.* »
>
> Yves MICHAUD

L'utopie de l'AC survivra aussi longtemps qu'elle servira à des fins bien réelles, même si ce ne sont pas les fins de l'art. Que nous laisse présager la toute dernière évolution de l'AC quant à sa longévité ?

Depuis le début du millénaire, on perçoit en France, bien après qu'elle s'est produite aux États-Unis, une métamorphose de l'AC, qui ne cesse pas de nous surprendre tant elle nous est étrangère. Devant le spectacle de ses manifestations de plus en plus fréquentes, on se frotte les yeux et on a du mal à y croire. Si, depuis trente ans, il est établi que l'AC est à la fois l'occasion et le support de la com' des grands groupes commerciaux, le fait que l'on ne puisse plus différencier l'œuvre d'art d'une démarche de marketing est un fait nouveau.

La première initiative avait été celle d'Alain-Dominique Perrin lançant la Fondation Cartier dans les années 1980 ; la stratégie actuelle prend la forme des grands projets annoncés en 2006 par Bernard Arnault.

Au tournant du millénaire, l'AC garde son parfum sulfureux mais change en secret de nature. Les techniques de la com' et de la publicité atteignent des sommets de créativité pendant que, de façon concomitante, l'AC répète ses éternelles transgressions. Curieusement, les stratégies du marketing épousent avec succès les méthodes de la révolution permanente ! Citons quelques exemples, parmi tant d'autres, pris dans le courant de la vie parisienne…

AC.com

En 2000, à la Fondation Cartier, boulevard Raspail, le syndicat des Boulangers et un certain nombre de partenaires du groupe sont à l'origine d'une exposition d'art contemporain d'un genre nouveau. Le célèbre couturier Christian Lacroix change de statut et devient artiste pour la circonstance en nous montrant d'agréables installations sous forme de robes en pains, dans la veine du peintre de la Renaissance Arcimboldo, mais en trois dimensions. Des visites sont guidées par un « médiateur » qui souligne le côté « art contemporain » de la chose : Duchamp est cité, quelques œuvres ratées, quelques pains brûlés sont aussi exposés pour montrer que le côté *trash* et « critique » de l'AC n'est pas absent de cette démarche qui pourrait paraître trop esthétisante… ce qui aurait pu la rendre suspecte.

C'est l'occasion de multiples vernissages et événements, permettant tour à tour aux membres du groupe de traiter leurs clients dans ce contexte à la fois « luxe » et « art », *arty* dit-on à New York. Tout le monde y trouve son compte. Le grand couturier fait de l'« image » et se montre sous l'angle de l'artiste qui transcende le côté commercial de son métier, les boulangers promeuvent leur artisanat au rang d'art, et le pain devient un produit de luxe.

En 2004, Mercedes-Benz demande à Maraval, peintre devenu plasticien, de créer la première « installation vidéo-numérique monumentale produite en direct et on-line ». « Style link » est le nom de cette œuvre-événement, grande opération de promotion de la marque dans ses locaux prestigieux des Champs-Élysées. C'est la dernière œuvre de sa « Série des mille », « nouveau mode de figuration sociétal ». Elle a pour but de « dresser l'image de toute la création contemporaine ». L'artiste va tirer le portrait de « 1 000 créateurs de tendance : artistes et muses, musiciens et créateurs, modèles, stylistes, acteurs, designers, architectes, cinéastes, dessinateurs, directeurs artistiques, journalistes, mécènes, tous ceux qui feront le monde de demain, issu de leur talent novateur ».

Pierre Maraval s'inspire de « deux grandes lignes de force de la culture actuelle : les possibilités infinies de la technologie numérique et la culture du *star system*, de la mise en scène des individus au sein de réseaux, de tribus ». On retrouve là tout un discours sociologique de l'art assez bien vu qui donne un petit côté sérieux à la chose.

Cette création donne lieu à de multiples événements mondains où sont projetées les photos de ces personnalités « dans une ambiance urbaine et glamour[1] ». Elles magnifient les voitures exposées en majesté et leur beauté rejaillit sur les *people* qui sont venus se regarder. Ils sont dans la course comme ces voitures de rêve. Transfert d'image réussi !

Maraval a été peintre et se souvient d'une vie incertaine et peu rémunérée. Il reste un artiste mais a réussi sa reconversion. Il est dorénavant producteur, inventeur, publicitaire, diffuseur, acteur, tout à la fois, sans qu'aucune de ces activités ne soit plus importante que les autres. Il dirige en quelque sorte une entreprise, une *factory*.

Citons l'opération « Vache'art », qui a fait le tour de la planète et que personne n'a pu manquer de voir. Des vaches grandeur nature en plastique ont envahi les rues de toutes les grandes métropoles. Les « Cows on Parade » apparurent pour la première fois à Chicago, capitale du *corned beef*, en 1999. Il s'agissait de faire l'animation culturelle de la ville grâce à des vaches servant de support à des artistes, financées par des sociétés, offertes à des associations à but non lucratif et dont le produit irait à des bonnes œuvres. Cette initiative attira 1 million de visiteurs à Chicago pour assister à la parade et rapporta 200 millions de dollars à la ville, sans compter l'impact médiatique. Ce succès fit des émules, et le statut de ces vaches devint extrêmement hybride.

À Paris, en 2006, elles étaient l'œuvre d'artistes, mais aussi supports publicitaires « artialisés ». Ben écrira sur une vache en lettres rondes : « Ceci n'est pas une vache mais de la mayonnaise culturelle », et remplit ainsi sa fonction critique. Le Centre d'information de la viande investit une vache pour inciter à manger du bœuf. La styliste Chantal Thomass lui fit porter des jarretelles et des dentelles. Une vache « cancan » vanta le Moulin-Rouge, et ainsi de suite ! Artistes, publicitaires et stylistes – même combat ! Voilà un événement publicitaire et promotionnel mondial caché derrière quelque chose qui a le statut d'art, et qui à ce titre occupe gratuitement la rue sans que l'on puisse manquer de le voir. Pour que ce statut d'art soit incontestable, une vente aux enchères est prévue, une cote s'en dégagera. L'image de la gratuité essentielle de l'art sera tout de même garantie par l'affectation du produit de la vente à une œuvre humanitaire. Ce beau montage est le nouveau concept de l'art.

Il y a mille mariages possibles entre art et commerce. Ainsi Renault sur les Champs-Élysées avait allié, dans les années 1970, restauration et exposition de voitures en ouvrant le fameux « Pub ». En septembre

---

1. Les citations sont extraites du dossier de presse.

2006, on accommode autrement les belles cylindrées. Le Tout-Paris est convié à un événement, « Scenic'Art », pour célébrer la sortie de la Renault Scenic au milieu de quarante œuvres, collectionnées par la firme entre 1965 et 1985, d'Arman, Erro, Tinguely, Doisneau, César. Elles servent d'écrin, mais l'assemblage parfois ne manque pas de piquant. Par exemple, lorsque le regard va de la belle voiture flambant neuve à la machine déglinguée de Tinguely, aux accumulations d'Arman, aux assemblages de César à base de débris de voiture... on se réjouit de ce que les ingénieurs sachent faire de si belles choses. L'art sera-t-il ainsi subverti à son insu ? Qui met en valeur quoi ?

Sur le carton d'invitation figure une belle image : la nouvelle Renault Scenic faisant corps avec le grand tableau d'Erro. « Scenic'Art » désigne à la fois le nom de la voiture et celui de l'exposition de peintures. En sous-titre, on lit « L'atelier » en grand, puis « Renault » en dessous. Les ateliers Renault n'appartiennent plus désormais au prolétariat, ils se sont métamorphosés en ateliers d'artistes ! En dernière page, la conservatrice de la collection d'art moderne de Renault, Ann Hindry, conclut :

> « Cette collection d'art moderne cosmopolite de Renault est un formidable vecteur de soutien à la politique d'internationalisation de Renault. »

L'AC façon Pinault : « Subvertir et déstabiliser »

Plusieurs conceptions de l'AC s'affrontent désormais... On peut dire que Pinault est plutôt dans la mouvance duchampienne après avoir eu un engouement pour les minimalistes. François Pinault adhère à la devise de l'AC : « Subvertir et déstabiliser. » Il s'est fait un nom dans l'AC en l'adoptant. Lors du lancement de sa fondation au Palazzo Grassi à Venise, le 29 avril 2006, interviewé par *Le Monde*, il donne la clef de sa collection qui comprend deux courants :

> « Celui qui rassemble des œuvres qui tendent au moins pour en dire plus, et celui dont relèvent les œuvres qui, de façon percutante, s'emparent de toutes les productions visuelles, de tous les signes du monde contemporain pour en faire la critique, les détourner, pour en quelque sorte refaire le vide. [...] La pire des choses est d'être immobile et de ne pas évoluer. Il y a pire encore, c'est d'être monolithique et sans nuance. Le goût, la curiosité, l'intelligence doivent sans cesse guider la disponibilité du collectionneur vers de nouveaux rivages, vers de nouvelles expériences, sous peine de devenir intégriste. Pour ma part, je n'accepte nulle tyrannie du goût. [...] Mon ami Alain Minc dit de moi que je suis un antibourgeois. »

Il déjoue ainsi les stratégies de Gramsci mais montre aussi qu'il appartient à une génération dépassée. Sera-t-il le dernier à défendre cette version puritaine de l'AC si en vogue à New York jusqu'aux années 1970 ?

L'AC façon Arnault : « Intriguer et séduire »

Arnault serait plutôt dans la tendance warholienne de l'AC : l'artiste est un producteur, diffuseur, styliste, publicitaire et acteur à la fois.

Le lancement, le 3 octobre 2006, de la Fondation Louis-Vuitton marque, par ses choix et ses déclarations d'intention, une évolution très nette du discours sur l'AC en France. La présentation de la maquette architecturale de la Fondation résume tout un programme : « Intriguer et séduire. » C'est la formule adoptée par l'architecte Frank Gehry[1], qui décrit à la fois le vaporeux bâtiment qu'il a conçu et le programme de la nouvelle Fondation Louis-Vuitton dont il sera le symbole.

La formule de l'architecte sied au groupe LVMH pour définir, en même temps, son concept du luxe et son engagement pour l'art... Ce bâtiment est un musée, une galerie, un logo et une image à la fois. LVMH devient par lui une référence de l'art. S'appuyant sur la force de ce référent qui fait image, chaque magasin Louis-Vuitton peut présenter ses modèles comme on présente des œuvres d'art dans un musée.

Bernard Arnault assimile les créateurs de luxe à des artistes. Il n'y a pas d'opposition. Pour lui, ce qui compte, « c'est d'être en face d'un vrai créateur ». C'est ce qu'a illustré en 2006 l'exposition « Icônes » au dernier étage du magasin des Champs-Élysées, programmée pour faire le tour du monde. Où sommes-nous exactement ? Dans une galerie d'art contemporain... Pour y parvenir, il faut emprunter un ascenseur où, plongé dans le noir, vous passez en quelques secondes de la boutique au musée. Vous êtes convié à voir les sacs « cultes », « historiques », de la maison, vendus aux étages inférieurs mais « réifiés » au dernier étage par des « créateurs » pour en faire des « icônes ».

Sous nos yeux, le styliste se métamorphose en artiste. Un somptueux catalogue met en gloire le créateur des sacs Vuitton – Marc Jacobs –, qui nous dit : « Il a permis à ces icônes d'évoluer en établissant un lien direct entre mode et art. » Neuf autres « artistes » participent à cette transsubstantiation : les architectes André Putman, Zaha Hadid, Shigeru Ban, le

---

1. Frank Gehry est l'auteur du musée Guggenheim à Bilbao (1998) et du Walt Disney Concert Hall de Los Angeles (2003).

vidéaste White Sobieski, le scénographe Robert Wilson, les plasticiens James Turrell, Sylvie Fleury, Bruno Peinado et Ugo Rondinone. Leurs œuvres sont des dispositifs mettant en valeur des modèles de sacs.

Bernard Arnault applique ses idées et élève au rang d'« artistes », en les faisant exposer dans le même lieu, tous les métiers qui concourent à la mise en valeur du luxe : architectes d'intérieur, scénographes, stylistes et même l'éditeur du catalogue. Ce sont tous des « créateurs ». Le transfert du sacré qui auréolait l'art est passé dans la marchandise, l'art a perdu son aura au profit du sac à main. Le sac en bronze, œuvre de Sylvie Fleury, modèle *Keepall*, est là pour nous convaincre. Le catalogue célèbre « le mariage réussi de l'art et de la mode ». Bernard Arnault a réussi subrepticement une autre subversion majeure avec son mixage du musée et du magasin… Grâce à ce concept, il a obtenu l'ouverture le dimanche. Le personnel a fortement résisté. L'affaire alla devant la justice mais, fin juin 2007, la cour administrative d'appel de la Ville de Paris a autorisé l'ouverture en raison du caractère « culturel » du lieu. On peut constater que les syndicalistes ont résisté à la subversion arnaultienne mais que les intellectuels et artistes adhèrent au travail du dimanche.

L'AC : usage promotionnel

C'est ce thème qui est repris en force lors de la Fiac de novembre 2006. Cette fois-ci, c'est le Comité Colbert qui entre dans la brèche. C'est un grand coup de communication relayé par toute la presse : « Le luxe n'est pas un conservatoire patrimonial de savoir-faire », énonce le Comité en affirmant ainsi le contraire de ce qu'il a toujours dit, et il ajoute que « le luxe puise sa force dans la créativité, dans l'art contemporain ».

Il a enfin compris ce qu'il faut faire ! En 2006, pour la 33e édition de la Fiac, la nouveauté, c'est la « FIAC LUXE ». Enfin le Comité Colbert va pouvoir prétendre au rayonnement international et être repris par les médias ! Il expose au milieu de la Fiac, dans la Cour carrée du Louvre ! Là sont consacrés les 36 lauréats de la 20e édition de son concours, « Les espoirs de la création », là sont récompensés les meilleurs éléments des écoles de design, arts appliqués et mode.

En squattant l'AC, les professionnels du luxe effacent les frontières entre le monde des arts appliqués et l'art, et ils y gagnent ! Mais le milieu officiel de l'art opère la régression de l'art dans la com' et le marketing – et il y perd. À la Renaissance, Benvenuto Cellini avait accompli avec un immense effort la transformation de son statut d'orfèvre en celui d'artiste, de sculpteur, d'humaniste. Cela avait été aussi le combat de tous les peintres à un certain moment de la Renaissance pour imposer, par leur érudition et leur culture, la peinture et la sculpture comme arts majeurs. Ils revendiquaient dans leur métier cette « finalité sans fin propre à l'art », sa dimension spirituelle et sa pratique dans un esprit de liberté et de gratuité. Aujourd'hui, au nom de la créativité et de l'instrumentalisation de l'art à des fins purement mercantiles, on opère une régression de civilisation. On ne fera plus des images sacrées mais des icônes au sens de Bernard Arnault, c'est-à-dire des marques.

Pas un de nos intellectuels français, pas une de nos grandes consciences révolutionnaires ou modérément bourgeoises ayant page ouverte dans *Le Monde*, *Libération* ou *Le Figaro*, n'a relevé, même sur le ton de l'ironie, qui permet de dire tant de choses, cette involution spectaculaire.

L'AC : art involutionnaire

C'est ainsi qu'aujourd'hui la distance entre l'objet commercial et l'objet d'art s'abolit. Bernard Arnault va plus loin que Warhol. Il travaille en miroir avec l'art et à grande échelle. Si ce dernier, en créant sa *factory*[1], a détourné le commerce et l'industrie pour en faire de l'art, le patron de Louis-Vuitton détourne l'AC pour servir son commerce. La boucle est bouclée. Duchamp aurait appelé cela un « *ready-made* réciproque ». Il n'y avait pas pensé mais il aurait adoré !

Bernard Arnault se distingue de François Pinault en annonçant que sa Fondation est certes dévolue à l'« art contemporain », mais ajoute aussi que

> « [...] cette vocation ne nous interdit pas de prendre en compte les filiations historiques de l'art du XXe siècle. Nous voulons jeter des ponts avec toutes les époques, toutes les cultures, tous les publics[2] ».

Arnault est plus en avance que Pinault, il a vraiment compris la révolution multiculturelle de l'Amérique des années 1980 : l'AC est un concept magique qui intègre tout. Il profite de l'aubaine et se fait fort, lui Arnault, de donner à cet AC nouveau une *french touch* d'enfer, plus glamour que glamour ! Tout l'art, le grand, le conceptuel, le nul, le

---

1. Warhol a donné une dimension industrielle à la sérialité inventée par Marcel Duchamp grâce à un nouveau genre de production d'art : « la Factory », sorte de manufacture d'images et d'idées.
2. Propos de Jean-Paul Claverie, responsable du mécénat chez LVMH (*Le Monde*, 3 octobre 2006).

kitsch, le pop, tout, tout, tout sera détourné pour vendre ses sacs à main de légende ! Il en faut pour tous les goûts de la planète. Bernard Arnault a compris.

Quel chemin parcouru depuis le mécénat de papa ! Alain-Dominique Perrin avait été le premier en France à investir entre 1984 et 1997 entre 30 et 50 millions de francs dans l'« art contemporain ». La fondation Cartier a été relancée par lui sans dépenser un sou de publicité, mais le montant des retombées médiatiques de ses expositions était incalculable. Le mot « Cartier » était cité chaque fois que l'on évoquait les expositions. Le but a été atteint : Cartier, bijoutier à l'image traditionnelle, s'est trouvé à la pointe de la modernité à peu de frais.

C'était cependant une autre époque où il aurait paru imaginable de confondre la pratique artistique et la créativité des stylistes.

Quelles seront les conséquences à long terme de cette « politique culturelle » qui fait partout des adeptes parmi financiers, évêques et maires ? Les personnalités en vue du milieu de l'art ne semblent pas percevoir le danger et adhèrent avec enthousiasme. À l'automne 2005, à la Biennale de Lyon, galeristes, commissaires et artistes ont joué les mannequins lors du défilé de mode inaugural, portant les créations d'Hermès[1]. Du jamais vu chez les intellectuels de gauche !

Ces toutes dernières années, certaines galeries connues du Marais se transforment plusieurs fois par an en *show-room*. Les stylistes sont prêts à payer le prix fort pour y organiser des défilés de mode. Certaines d'entre elles réussissent à couvrir leur loyer annuel grâce à ces locations. Ce passage d'image, cette synergie entre art et mode de luxe, tient au fait que c'est la même clientèle qui dépense pour l'un et l'autre des sommes assez voisines. Ils attendent de la fréquentation de l'art un anoblissement de leur argent et de leur personne. Il faut donc les solliciter sur les lieux qui leur sont familiers.

N'y a-t-il pas là un danger à terme pour l'AC ? Mis en regard, dans le même espace, avec d'autres formes d'« art » plus « glamour » et plus séduisantes pour le public, se verra-t-il relativisé ?

---

1. Kamel Mennour, galeriste à Paris, Jérôme Sans et Nicolas Bourriaud, commissaires de la Biennale et directeurs du Palais de Tokyo, ont entraîné leurs artistes dans cette aventure.

L'AC : usage municipal

L'AC a de multiples applications dans la ville. Si les municipalités utilisent l'argent du contribuable pour promouvoir l'AC, ce n'est pas sans retours bénéfiques. Le phénomène décrit dans la sphère mercantile se produit aussi dans la sphère publique.

Ainsi, la « Nuit blanche », création parisienne qui a connu sa cinquième édition en octobre 2006, a pour but de mettre dans la rue, le temps d'une folle nuit, des œuvres que le grand public ne va pas voir au musée. L'AC apparaît : c'est la performance, le spectacle, l'animation ludique et festive. Il « crée du lien social », il « humanise » la ville et fait de Paris une capitale de l'art ! Christophe Gilbert, adjoint au maire de Paris pour la culture, annonce un budget de 1,15 millions d'euros auxquels s'ajoutent 500 000 euros du privé pour cette apothéose de l'« art contemporain ». Pour initier les foules à son mystère, il a pris soin d'engager 140 médiateurs pour expliquer les œuvres au tout-venant.

Intuitivement, le milieu de l'art n'est pas rassuré. Que reproche-t-il à tant de sollicitude ? Il n'aime pas son « populisme », l'image pas sérieuse qui est donnée de l'AC, l'effacement du discours qui le légitime au profit du divertissement[1].

Depuis vingt ans, dans toute l'Europe et en Amérique, les municipalités utilisent les populations d'artistes, stylistes, architectes, publicitaires, créateurs, bricoleurs en tous genres pour peupler des quartiers en déshérence et en métamorphose. Ils bénéficient de façon précaire de très bas loyers, les squats sont autorisés le temps de restaurer et de donner une valeur au quartier. La population d'artistes, l'installation de galeries, de cafés et autres lieux de rencontre, ennoblissent et valorisent les lieux. Le centre-ville de Dublin, qui devait dans un premier temps être rasé, a été en définitive réhabilité parce qu'il était devenu un lieu important de la ville. L'exemple a été imité à l'initiative de l'Union européenne.

Londres est aujourd'hui la ville où des artistes du monde entier peuvent venir, demander un squat et se le voir attribuer avec la plus grande facilité. C'est ainsi que les quartiers célèbres pour leurs émeutes raciales ont été calmés et quadrillés par une population d'artistes logés par la municipalité, qui a semble-t-il cassé ainsi des ghettos impénétrables et permis à l'ordre public d'y entrer. Dans un monde de spécialistes et de techniciens, le seul métier qui ne demande aucun savoir et

---

1. Voir Bérénice BAILLY, « Les sceptiques de la Nuit blanche », *Le Monde*, 9 octobre 2006 ; « Succès inégal de la 5e Nuit blanche », *Le Monde*, 10 octobre 2006.

aucune formation est aujourd'hui celui d'artiste. Il suffit, on le sait, de s'autoproclamer tel. C'est la possibilité pour toute une population en mal d'intégration et souffrant de marginalité d'avoir une identité et un statut. Le squat les garde au cœur de la ville. L'AC leur attribue un rôle de ferment nécessaire : ils servent à déconstruire en permanence ce qui est, à broyer tout préjugé, tout stéréotype, toute « crispation identitaire », tout « intégrisme », afin de faire le vide et permettre le flux, la circulation des marchandises et des idées. Les artistes d'AC permettent à tous les créatifs en tous genres de fournir tous les jours du nouveau sans qu'il y ait de résistance pour l'accepter par l'attachement aux choses anciennes. Créatifs et auteurs d'AC sont désormais inséparables au cœur des grandes métropoles. Ils sont l'un des moteurs de la société mercantile.

L'AC : usage ministériel

L'AC sert aussi à des fins sociales et politiques. Dans un contexte d'« insurrection » des banlieues, de danger terroriste, la politique culturelle a son rôle à jouer.

Tout commence en Amérique avec les émeutes raciales de l'été 1965 dans le quartier de Watts à Los Angeles, suivies de 43 autres en 1966, 164 en 1967 et 125 après l'assassinat de Martin Luther King en 1968. Dès le début des années 1970, la Fondation Ford, qui jusque-là faisait du mécénat en faveur de la *high culture* très menacée alors en Amérique, change d'orientation et se consacre à promouvoir la culture et l'art des ghettos les plus défavorisés. L'agence culturelle gouvernementale, le NEA, ne tardera pas à suivre ainsi que la plupart des villes et institutions culturelles. C'est cette réaction qui va être à l'origine de la nouvelle idéologie de l'art en Amérique dominante depuis les années 1980.

L'AC a atteint sa maturité théorique autour de 1975. C'est un concept ouvert et fourre-tout qui peut assumer la grande idée de « diversité culturelle ». Grâce à son in-définition, tout peut être consacré désormais sous ce label.

Un quart de siècle plus tard, la recette est appliquée en France. Le soulèvement des banlieues en novembre 2005 et les manifestations du printemps 2006 contre le CPE, qui ont tourné à l'émeute raciale, ont ébranlé le milieu politique. Que faire sinon intégrer les tribus comme jadis Georges Pompidou avait amadoué les intellectuels en les consacrant ?

Pour fêter l'anniversaire des émeutes en octobre 2006, le Premier ministre, Dominique de Villepin, organise à cet effet une grande manifestation pour promouvoir les « cultures urbaines » dans le prestigieux

Grand Palais rénové et inauguré quelques jours avant par le mythique salon des Antiquaires, où les plus beaux objets du monde sont exposés avec un luxe inouï. C'est donc au tour des tags, rap et hip-hop d'être à l'honneur pendant une semaine. Les médias sont au rendez-vous et l'affluence est énorme. Un train de mesures annoncé par le Premier ministre suit, un budget est prévu pour financer l'« art alternatif ». Des « interlocuteurs permanents chargés de mener à bien des projets » seront nommés dans les Drac[1]. De même, les scènes consacrées aux musiques actuelles « devront intégrer dans leur programmation une part réservée aux nouvelles formes d'expression artistiques ». Désormais, s'agissant du « graph », le ministre souhaite trouver des moyens pour que cette création « puisse s'exprimer plus librement et plus légalement », car « elle participe à l'animation de la cité ». On envisage sérieusement « l'édification de murs éphémères ». Dominique de Villepin souhaite enfin « que les "graphs" réalisés au Grand Palais rejoignent les collections du Fonds national d'art contemporain afin d'être exposés dans différents lieux de l'art[2] ».

C'est ainsi que ces pratiques sont aujourd'hui classées « art contemporain », comme en Amérique, et dépendent désormais du ministère de la Culture qui doit en assurer la promotion. Les musées seront bientôt chargés de les montrer, de les protéger et de les restaurer avec autant de soin que la *Joconde*.

L'AC : usage épiscopal

Régis Debray notait que Malraux a sacralisé l'art et que Lang a sacralisé l'artiste. Pour que la chose fût crédible en France, pays d'ancienne culture ecclésiastique, il fallait obtenir la bénédiction épiscopale. Si la philosophie analytique anglo-saxonne élude le sacré, l'adaptation française ne peut en faire l'économie. L'AC n'a trouvé sa légitimité en France que par l'investissement de l'État d'abord et de l'Église ensuite.

Cet « accueil bienveillant » de l'AC par l'Église de France se fit progressivement à partir de 1981, puis de façon importante avec la construction de la cathédrale d'Évry[3], où Jack Lang est beaucoup intervenu. À ce moment-là, les ponts furent jetés entre le pouvoir spirituel et le pouvoir

---

1. Drac : directions régionales des affaires culturelles.
2. Communiqué de presse du 15 octobre 2006, Grand Palais : « Cultures urbaines ». www.culture.gouv.fr.
3. Les plans sont élaborés en 1988, la cathédrale est consacrée lors des pâques de 1991.

temporel, et le pli fut vite pris. Depuis, la commande publique d'art sacré est massive et fait vivre largement les conceptuels institutionnels : ils ont droit, chacun son tour, à un vitrail dans les plus beaux monuments du patrimoine. Les autorités ecclésiastiques ne remettent presque jamais en cause les projets aux contenus conceptuels des plus douteux. Ils ne s'estiment pas « compétents » et s'en remettent aux « experts ». C'est l'État qui finance.

En 1997, ce mouvement en faveur de l'AC connut une apothéose lors de la conférence des évêques de France à Lourdes. Ceux-ci proclamèrent que la grande mission du nouveau millénaire était d'« inculturer la modernité[1] ». Ils n'avaient pas encore noté la révolution idéologique existant entre la « modernité » passée et la « postmodernité » présente. Mais s'ils avaient un train de retard, ils comprenaient néanmoins que l'AC était le support médiatique incontournable.

En 2003, Catherine Grenier, conservatrice à Beaubourg, publia *L'Art contemporain est-il chrétien ?*[2], ce qui lui donna autorité pour intervenir à Notre-Dame de Paris où elle monta en chaire pour prononcer un des sermons du carême 2005. Tout est possible grâce à l'AC ! Pourquoi un sermon de carême ne serait-il pas un événement *people* médiatisé ? Cette politique de communication évangélique a pour but d'attirer dans les églises ceux qui n'auraient pas eu l'idée d'y entrer.

C'est ainsi que les églises du patrimoine se sont ouvertes aux événements, performances et installations. C'est un échange équitable. L'Église « communique » sans bourse délier, et les artistes bénéficient de lieux à forte fréquentation touristique et cultuelle. Ils jouissent surtout de la charge symbolique, sacrée et historique très prisée, car elle permet des détournements, blasphèmes et subversions intéressants. Y exposer est la dernière chance qu'il leur reste d'accomplir leur devoir de transgression dans une société permissive.

Lorsqu'il est demandé à l'installateur Faust Cardinali s'il est encore subversif de « flanquer une tonne de résine dans le bureau d'Adolf Hitler pour symboliser une tonne de sperme ». Il répond :

> « Aurais-je été plus subversif si j'avais demandé à 500 000 donateurs polonais de se masturber ? La réalité est telle à présent que cette sculpture métaphorique n'a même pas fait scandale ! En 2001, j'avais

---

1. « Inculturer » : c'est la démarche de saint Paul, qui consiste à prendre les cultures comme elles sont et à les christianiser de l'intérieur en respectant leur identité, prenant le meilleur de chacune.
2. Catherine GRENIER, *op. cit.*

fait une installation dans l'église Saint-Sulpice à Paris : "Baptême, une affaire liquide". Là, au moins, le livre d'or avait été rempli de menaces. Je m'en étais pris, il est vrai, au sperme de Dieu[1]. »

C'est ce que constate Catherine Grenier :

« Le terrain religieux apparaît aujourd'hui à la fois comme l'un des derniers lieux de transgression et comme un véritable espace de ressourcement[2]. »

L'AC : vecteur dans l'international

Enfin, l'AC sert à la circulation mondiale des intellectuels et des artistes, ainsi qu'à la circulation des biens liés au prestige et au luxe. Dans ce domaine, et c'est le seul, il n'y a aucun conflit national ni religieux, puisqu'il n'y a aucune référence à aucun absolu.

L'AC crée au cœur de la nébuleuse mondiale l'expression du plus petit dénominateur commun, un vide, un non-sens, une non-référence. C'est un espace intérieur gardé par le mystère de sa vacuité, accessible par initiation à ceux qui peuvent payer. Quel est son atout majeur, sinon l'immédiateté du visuel et l'universalité de son langage minimal ? C'est le seul domaine de la création où cela soit possible. Il y a un « art contemporain » mais il n'y a pas de « littérature contemporaine ».

---

1. *Artension*, n° 33, janvier-février 2007, « L'art peut-il encore être subversif aujourd'hui ? », entretien avec Faust Cardinali par Françoise Monnin.
2. *L'Art contemporain est-il chrétien ?*, *op. cit.*, p. 7.

Partie III

LA CONTROVERSE SILENCIEUSE

9

Le schisme en l'état…

> « *Le Comité a décidé de refuser d'exposer* **cette chose**. *C'est un potin qui aura sa valeur dans New York.* »
>
> Marcel Duchamp,
> lettre d'avril 1917 à sa sœur

> « *La poésie survit dans les camps…* »
>
> George Steiner,
> *Grammaires de la Création*

Une sorte de clarté se fait. La crise nous oblige à voir. Deux conceptions du mot « art » s'affrontent et se distinguent maintenant nettement. Il y a l'art qui continue sa course depuis le paléolithique, connaissant à la fois une perpétuelle métamorphose et une mystérieuse continuité, au point que l'homme se reconnaît dans l'art des temps passés. Il y a l'AC qui est une idéologie productrice d'objets polymorphes déterminés par l'« englobant social et économique ». Deux démarches extrêmement différentes, pour ne pas dire contraires, se dessinent clairement.

La suite de l'art	L'AC
L'artiste opère une métamorphose positive de la matière	La création est conçue d'abord comme destruction. Créer, c'est transgresser
L'artiste utilise le corps, la main, le geste pour créer	L'AC interdit la main, son usage est réservé à l'artisanat
L'art est visions, images, idées, traduites en formes	L'AC est d'abord la création de concepts
L'art transpose le réel	L'AC détourne le réel …/…

La suite de l'art	L'AC
L'art traduit les mondes intérieurs en formes	Pour l'AC, il n'y a rien à voir au-delà de ce que l'on voit.
L'art est un langage d'images, parfois symbolique, signifiant à plusieurs niveaux	L'AC est polysémique, il signifie ce que veut celui qui regarde
L'art est enraciné dans une époque mais aspire à l'intemporalité	L'AC a pour finalité de témoigner de son temps et ne vaut que par rapport à son contexte temporel
L'art aspire à une universalité, à un partage au-delà des limites de l'espace et du temps	L'AC est mondialiste, se veut le seul art contemporain commun à toute la planète
L'art a pour référent le transcendant	Pour l'AC le référent est l'artiste et le « regardeur »
L'art s'inscrit dans une lignée	Sans passé, l'AC a un rapport utopique au temps
L'art connaît les polarités… figuratif-abstrait, expressionniste ou classique, etc.	Il n'y a pas d'autre art contemporain que l'AC
N'est de l'art que ce qui atteint un accomplissement de la forme	Tout peut devenir AC sauf l'art
La reconnaissance et la consécration de l'art se font d'abord à l'intérieur de la communauté des artistes	La reconnaissance de l'AC se fait par les institutions et les marchands
L'art est un sacramentel	L'AC dénonce l'existence du néant
L'art a une nature paradoxale : à la fois matérielle et spirituelle	L'AC est avant tout conceptuel, la matière a une importance secondaire
L'art est célébration de la beauté du monde car le monde est bon malgré le mal	L'AC se veut critique, il dénonce le mal car le monde est mauvais
L'art exprime le caractère tragique de la vie	L'AC exprime le caractère dérisoire de la vie
L'œuvre d'art après sa création existe par elle-même : montrée ou pas, reconnue ou non	L'AC n'existe que grâce au regardeur et aux institutions qui le mettent en scène
L'art connaît une métamorphose permanente des formes	L'AC pratique la subversion sémantique …/…

La suite de l'art	L'AC
Le but est la beauté, toujours désignée jamais atteinte	Pour l'AC, la beauté n'est jamais la finalité de l'œuvre, si elle est recherchée dans certaines œuvres, c'est en tant que concept
En art, l'idée de nouveauté est liée à la singularité de l'œuvre faite par un être considéré ontologiquement comme unique	Pour l'AC, le nouveau, c'est ce qui est en rupture avec ce qui existe
En art la liberté est essentielle. La liberté de l'artiste consiste à prendre un parti et donc à sacrifier en choisissant	Pour l'AC, la liberté, c'est transgresser à l'abri des institutions
En art existe le risque pour l'artiste de se tromper, de rater une œuvre. Il y a des œuvres bonnes et d'autres médiocres. Le chef-d'œuvre est rare	Pour l'AC, il y a les œuvres reconnues par les institutions et celles qui ne le sont pas
Le critère principal de l'œuvre d'art est son efficacité visuelle	Les experts justifient leurs choix par des critères tels que la pertinence du concept, sa nouveauté, sa force critique, son adéquation à « l'englobant »

Comment l'*Urinoir* est devenu œuvre d'art

L'idée incontournable que l'*Urinoir* est une œuvre d'art comme une autre, comme la *Joconde* par exemple, est un dogme récent qui se renforce de jour en jour. C'est en quelque sorte une « fixation tardive ». Son statut d'œuvre d'art n'était pas établi en 1917 lors de sa création.

Il a fallu un long processus pour en arriver à la déclaration faite par Alfred Pacquement, à la suite de l'« attentat » perpétré par l'artiste Pierre Pinoncelli, le 4 janvier 2006, à Beaubourg, contre la fameuse œuvre de Duchamp intitulée *Fountain*.

Dans un article publié dans *Le Monde* du 21 janvier 2006, intitulé « Respect pour l'*Urinoir* », le directeur du Musée national d'art moderne affirme : « Le détruire est aussi grave que de briser la *Pietà* de Michel-Ange. » L'objet a donc connu une lente métamorphose en plusieurs étapes...

Acte 1

Marcel Duchamp a vu refuser son admission au salon des Indépendants en 1912 pour son *Nu descendant l'escalier*. Ce fut pour lui une humiliation suprême car les statuts de ce salon prévoyaient qu'aucun artiste ne pouvait être refusé s'il était présenté par un membre du Salon. Duchamp y connaissait beaucoup de monde, dont ses deux frères. Il fut donc présenté et, cas exceptionnel, refusé.

Acte 2

Walter Patch et les organisateurs de l'« Armory Show », de passage à Paris pour sélectionner des œuvres, choisirent des sculptures et des tableaux des deux frères de Duchamp, déjà reconnus. Ils remarquèrent à cette occasion le tableau de Marcel, *Nu descendant l'escalier*, qui fut exposé le 17 février 1913 dans la salle réservée aux cubistes. « La folie suscitée par l'exposition se cristallisa autour du tableau de Marcel Duchamp accroché dans la salle cubiste[1]. » Le lendemain, il devint célèbre à New York. « Il est le Français le plus connu des États-Unis avec Napoléon et Sarah Bernhardt. » Imaginez les titres dans les journaux ! « Un tableau, refusé à Paris au célèbre salon, très ouvert, des Indépendants, est accepté à New York ! » Voilà qui met New York à l'avant-garde de Paris. On comprendra pourquoi Marcel Duchamp fera du scandale sa stratégie personnelle.

Acte 3

Quand il débarque à New York pour la première fois quatre ans plus tard en 1917, il a la surprise de constater sa célébrité. Il est contacté pour faire partie du comité fondateur de l'« Armory Show » par la Society of Independent Artists qui vient de se créer pour donner une légitimité et une respectabilité aux avant-gardistes américains, alors peu considérés. Ils ont copié leurs statuts sur ceux du salon des Indépendants de Paris et obéissent au même principe de non-sélection des œuvres. Il suffit d'être présenté par un membre pour être admis.

Marcel Duchamp présentera donc un certain M. Mutt et son œuvre, l'*Urinoir* que l'on sait. Ironie du sort, *Fountain* sera refusé dans une exposition où l'on ne refuse personne.

---

1. Voir l'excellente biographie, *Marcel Duchamp*, de Judith HOUSEZ, Grasset, Paris, 2006.

Acte 4

L'urinoir n'ayant pas été admis ni exposé, il n'avait donc pas le statut d'œuvre d'art, sauf dans l'esprit de Marcel Duchamp. Il ne s'avoue pas vaincu. Grand joueur d'échecs, il demande à un photographe reconnu à New York pour ses idées avant-gardistes, Alfred Stieglitz, d'exposer l'urinoir dans sa galerie 291, le temps de prendre une photo de l'objet controversé en situation d'exposition. Le fait fut ainsi établi par une preuve matérielle et répertoriée dans les précieuses archives de l'artiste. Il illustrera le numéro 2 de la revue *The Blind Man*, dont il est un des fondateurs.

Acte 5

L'urinoir disparut. Son existence « historique » survécut dans les archives. Duchamp en fit faire un en carton-pâte en 1938, puis en fit éditer 25 en porcelaine de 25 cm. En 1953, pour les besoins d'une exposition, un urinoir acheté dans une brocante est authentifié par l'artiste.

Enfin, en 1964, Duchamp passe un contrat avec le galeriste milanais Arturo Schwartz pour éditer, en 12 exemplaires, 13 de ses *readymades*, dont *Fountain*. Ces urinoirs ont été immédiatement achetés par divers musées et un collectionneur new-yorkais. C'est à partir de cet événement que la pissotière est devenue pleinement une œuvre d'art.

Il est intéressant de noter que la véritable conversion de l'urinoir en œuvre d'art par son édition comme une sculpture, par son exposition muséale et sa vente sur le marché de l'art, est concomitante à la consécration du conceptualisme par le nouveau réseau de l'art fraîchement mis en place à New York. Dans les années 1960, donc. À ce moment-là, ce qui aurait pu rester une provocation dadaïste, un jeu amusant quoique chargé de sens, est devenu une œuvre d'art comme une autre.

On ne peut plus comparer désormais l'*Urinoir* aux installations conceptuelles exposées au salon des Incohérents entre 1882 et 1893 telles que *Trompette sous un crabe* et tant d'autres... On ne peut plus non plus l'assimiler à la *crotte de chien* de l'exposition dadaïste boulevard Montparnasse, non ! L'*Urinoir* a connu pleinement, vers 1960, une métamorphose unique dans l'histoire de l'art, entraînant Pierre Restany et Andy Warhol dans cette direction. Grâce à une stratégie longue, subtile et pleine de péripéties, Marcel Duchamp, après avoir abandonné la peinture en 1923 et se disant « anartiste », a mis quarante ans à élaborer le concept de *ready-made* et à lui donner le statut d'œuvre d'art à la place de la peinture désormais condamnée. Il disait : « Je me considère comme un artiste défroqué... »

Quoi qu'il en soit, si la chose est maintenant admise depuis un demi-siècle, cette métamorphose a des conséquences inattendues. Les tribunaux sont envahis par toutes sortes de procès où le juge doit statuer sur des problèmes sémantiques autrefois du ressort de l'Académie française : quand y a-t-il œuvre d'art ?

Artiste ou délinquant ?

Parmi les innombrables procès qui mettent en lumière toutes les conséquences de ce glissement sémantique que connaît le mot art, l'« affaire Pinoncelli » marque une étape importante.

Fort connu dans le monde en raison de la radicalité de ses démarches conceptuelles, Pierre Pinoncelli est rejeté par le milieu institutionnel français qui ne croit pas à son « authenticité », selon les termes de Catherine Millet, grande autorité dans le milieu. Les institutions le boudent et ne veulent pas reconnaître son œuvre.

Il n'en est pas à sa première transgression. Le 25 août 1993, il a uriné dans un exemplaire de l'*Urinoir* exposé au Carré des arts de Nîmes, faisant ainsi ce que Duchamp appellerait un « *ready-made* réciproque ». Le conservateur déposa plainte pour dégradation, un procès s'ensuivit, une amande fut payée et l'œuvre d'art fut restaurée sans changer de statut pour autant, comme l'aurait admis Duchamp, adepte des renversements et détournements d'usage. Ne recommandait-il pas de se servir d'un Rembrandt comme planche à repasser ?

L'affaire étant classée, Pinoncelli décida d'aborder le problème sous un autre angle. Cette fois-ci, il ne cherchera pas à faire un « *ready-made* réciproque » mais à transformer un exemplaire de l'urinoir en œuvre originale, lui conférant ainsi une valeur supplémentaire liée à son caractère unique. Il entreprit de casser *Fountain* le 4 janvier 2006, cette fois-ci exposée à Beaubourg comme pièce maîtresse de l'exposition « Dada ». Il prit soin d'y ajouter sa signature à côté de celle de M. Mutt. Il fut arrêté par la police et un nouveau procès eut lieu.

Pierre Pinoncelli a imaginé cette stratégie à la fois pour prolonger l'œuvre de Marcel Duchamp, qu'il admire sincèrement, pour critiquer le système problématique de l'AC et enfin, dans la foulée, pour arracher aux institutions la reconnaissance de son statut d'artiste. Mais le directeur de Beaubourg, Alfred Pacquement, s'y refuse absolument.

Dans un article confié au *Monde* du 26 janvier 2006, il le traite d'individu « prétendant à un geste artistique », sans préciser précisément pourquoi ce geste n'est pas de l'art mais seulement « une prétention ».

Après tout, Pinoncelli est en conformité absolue avec le dogme duchampien en vigueur au ministère de la Culture. Alfred Pacquement ne se donne pas beaucoup de mal pour réfuter les arguments très convaincants de Pinoncelli. Sa contre-attaque est assez sentimentale. Il évoque l'admiration qu'il a pour les adolescents d'une cité défavorisée de banlieue qui ont pris un soin exemplaire, eux, du *ready-made* de Duchamp dont ils ont eu la garde lors d'une manifestation organisée par l'artiste Thomas Hirschhorn. Son Musée précaire, au pied d'un bloc d'immeubles d'une cité d'Aubervilliers, avait accueilli pendant deux mois « quelques-uns des plus grands chefs-d'œuvre du XXe siècle », dont le fameux urinoir. Alfred Pacquement montre du doigt le « prétendu artiste qui croit bon de vandaliser » sous prétexte de faire une œuvre. Il l'accuse d'iconoclasme, lui reprochant de penser que « ce n'est qu'un urinoir que l'on détruit ». Il ajoute cependant :

> « Ce n'est qu'une réédition, l'original a disparu. Marcel Duchamp, ce provocateur qui avait mis des moustaches à la *Joconde*, en fit faire une réplique beaucoup plus tard. »

En disant cela, il n'évoque pas la « procédure » qui a inspiré Pinoncelli. Celui-ci ne nie pas le « chef-d'œuvre », il le fait évoluer selon une pure logique duchampienne et fait, d'une copie, un original. Cet « oubli » est gênant. Pinoncelli est un adepte orthodoxe de Duchamp, son œuvre est fondée sur l'application de ses principes au pied de la lettre. Il est d'ailleurs un héros du conceptualisme, le musée de Cali expose un doigt de sa main tranché par lui-même.

Alfred Pacquement est un peu mal à l'aise et c'est ce qui lui fait ajouter au sujet des moustaches :

> « Marcel Duchamp avait choisi une carte postale de Mona Lisa et non l'original. C'est bien mal comprendre sa démarche que de penser qu'il s'attaquait à autre chose qu'une reproduction. Or *Fountain* refaite en 1964 est devenue *de facto* l'original de cette œuvre si essentielle, la détruire est aussi grave que de briser la *Pietà* de Michel-Ange. »

Cette vision édulcorée et sage de Duchamp fait sourire. Il est bien difficile d'être le conservateur d'œuvres conceptuelles, par essence à la fois iconoclastes et subversives, et dépendantes du musée pour exister en tant qu'œuvre.

Pour terminer avec cet article du *Monde*, il pose la bonne question : quelle aurait été la réaction si un gamin des banlieues en avait fait autant ? Ceux-ci n'auraient sans doute pas prétendu faire une œuvre d'art, ils auraient commis un simple acte de vandalisme, et c'est là toute la différence. C'est la question posée sans fin devant les tribunaux à qui l'on demande de répondre : s'agit-il d'une œuvre d'art ou d'un délit ? Question à laquelle un tribunal ne peut pas répondre, les juges n'étant pas conservateurs d'un musée d'art contemporain. Or tout le monde sait que seules les institutions ont le pouvoir d'accorder ou de refuser le statut d'œuvre d'art à une œuvre conceptuelle.

Alfred Pacquement aurait été bien inspiré d'accepter l'œuvre de Pinoncelli et même de lui payer la valeur ajoutée. En ne le faisant pas, il va contre le dogme fondateur de l'AC et celui-ci perd son authenticité. Alfred Pacquement choisit de ranger l'urinoir et donc l'AC en général dans la catégorie « art », et applique les méthodes de mise en valeur et de conservation de la *Joconde* à l'*Urinoir*. Dans un premier temps, Pierre Pinoncelli est condamné à trois mois de prison avec sursis ainsi qu'à payer 14 352 euros de frais de restauration, et 200 000 pour préjudice matériel. L'énormité de la somme demandée pour une œuvre en 12 exemplaires met l'*Urinoir* au niveau d'une œuvre unique et exceptionnelle comme il en existait dans l'« art ancien ». Il consacre l'assomption de l'urinoir au rang de chef-d'œuvre appartenant au patrimoine mondial de l'humanité. Il assume la contradiction avec le dogme duchampien, il sait qu'il n'est pas seul, que tout le monde dépend de tout le monde. L'enjeu est ni plus ni moins le bon fonctionnement des institutions, des musées et des salles de vente. Mais la contradiction est là, de plus en plus gênante.

Épilogue de l'affaire Pinoncelli

Le 9 février 2007, l'affaire de l'*Urinoir* s'est terminée en appel avec la confirmation de la condamnation de Pinoncelli à trois mois de prison avec sursis et deux ans de mise à l'épreuve. Il est donc également condamné à payer 14 352 euros pour les frais de restauration d'un objet vendu neuf au BHV 100 euros. Par ailleurs le Centre Pompidou avait réclamé 427 000 euros de dommages et intérêts « au titre d'une perte de valeur de l'œuvre », estimant l'*Urinoir* à 2,8 millions d'euros, mais la cour d'appel n'a pas suivi.

Dans les attendus de l'arrêt prononcé par la cour, celle-ci a considéré que le Centre Pompidou n'était pas habilité à se constituer partie civile dans l'affaire ; seul le propriétaire, en l'occurrence l'État, pouvait le faire. Prudemment, elle n'a pas statué sur le contenu des termes d'« œuvre d'art », ce travail sémantique n'appartenant pas aux tribunaux, mais elle a cependant rejeté l'idée de préjudice causé au « concept de l'*Urinoir* ». Sans l'expliciter, elle reprend le raisonnement de l'avocat de Pinoncelli, Emmanuel Arnaud : l'urinoir n'est pas une œuvre d'art mais « un simple objet, multiple, conceptualisé par Marcel Duchamp ». Celui-ci a fait remarquer que le concept n'avait subi aucun préjudice et était conforme à la démarche de Marcel Duchamp.

Les juges n'ont pas suivi les défenseurs de l'AC mais réhabilité par leur jugement la démarche singulière de Marcel Duchamp. Ils ont subrepticement établi une différence entre objet conceptuel et œuvre d'art qui pourrait bien faire jurisprudence…

Œuvre d'art ou objet conceptuel ?

La différence entre « objet conceptuel » et « œuvre d'art », entre « artiste » et « auteur conceptuel » n'est pas proclamée mais sous-entendue. Elle résout les problèmes juridiques nombreux qui se posent devant les tribunaux avec l'« AC ». Selon les textes de loi, l'« objet d'art » doit répondre à trois conditions pour être protégé par la législation sur les droits d'auteur : une idée originale, incarnée dans une forme, elle-même originale. La cour a fait son travail, et il reste à l'Académie française à faire le sien.

À moins que, comme le souhaite Agnès Tricoire, avocate spécialiste des problèmes de droits d'auteur, préparant une thèse sur « la définition de l'œuvre », animatrice du groupe « Culture » de la Ligue des droits de l'homme, une loi soit votée, adaptée aux besoins de l'AC, pour protéger les « concepts » de la même façon que les « œuvres d'art ». En quelque sorte, elle préconise une loi d'exception pour sanctuariser l'AC et mettre à l'abri les artistes obligés d'inventer des transgressions inédites pour accéder à la notoriété.

Quand le réel résiste, il suffit de donner à l'utopie force de loi. Faut-il s'en réjouir ? N'est-ce pas là l'éternelle tentation totalitaire ?

Une loi pour définir l'art postmoderne ?

Une telle loi aurait toutes sortes de conséquences :
- Celle de scléroser toute pensée métamorphosée en « œuvre d'art ».
- Celle d'en finir avec la liberté de penser, les concepts étant protégés désormais par le droit de propriété.
- Elle abolirait légalement toute différence entre « grand art[1] », art et AC, et donc toute notion de qualité.
- Elle protégerait tous les comportements déviants, proclamés « œuvres d'art » par les « artistes ».

---

1. « Le grand art », expression utilisée par quelques théoriciens de l'AC pour parler d'un art répondant à des critères esthétiques.

- Elle reconnaîtrait un état de fait : la confusion entre l'« art » et la mode, la pub et la com'. Le monde mercantile pourrait ainsi utiliser de mille façons le prestige, le caractère désintéressé, le régime d'exception de l'art. Citons quelques exemples : l'artiste qui effectue un travail de com' à travers une « œuvre d'art[1] » fait de la pub camouflée.

Lorsque l'on transgresse les règles de bienséance et d'ordre public, mieux vaut être un artiste pour se mettre à l'abri de l'« ignoble censure ».

Ainsi, les producteurs de cinéma pornographique ont intérêt à faire des films dont le « concept » peut les faire passer dans le registre « films d'auteur[2] ». Par ce biais, ils échappent aux taxes importantes dont ils font normalement l'objet.

Mais il peut y avoir aussi des conséquences positives à la loi. Toutes sortes de personnes exerçant des métiers relevant de l'artisanat ou de l'entreprise, écrasées de taxes et de réglementations, auraient intérêt à se trouver rapidement un concept et à s'autoproclamer artistes. Le statut de l'artiste est plus avantageux fiscalement. Dans les secteurs peu rentables, des savoir-faire et des talents en perdition pourraient être ainsi sauvés.

Les tribunaux sont confrontés, et c'est la source de tous leurs problèmes, à une définition de l'art admise dans les milieux intellectuels dominants selon laquelle « l'art n'a pas de définition ». Les péripéties de l'affaire Pinoncelli sont liées à ce dogme de « l'art dé-défini » (notion à la base de l'AC, comme nous le verrons plus loin).

Pinoncelli, seul vrai critique de l'AC ?

Cette affaire a été révélatrice de faits jusque-là peu visibles. L'AC, qui se vante d'être un art critique et autocritique, rejette les artistes qui le critiquent vraiment en montrant du doigt toutes les compromissions du système avec le pouvoir, et son alliance essentielle avec le mercantilisme.

Dans ce procès, Pierre Pinoncelli a rendu évident le fait que Marcel Duchamp, désigné comme fondateur de l'« art contemporain », n'a rien à voir avec l'embaumement et la sacralisation de sa démarche opérés par les institutions. Pierre Pinoncelli est proche en somme des philosophes cyniques de l'Antiquité, tel Diogène dont il se réclame. Il a plus de points communs avec les manifestations cycliques du « monde à l'envers » du Moyen Âge, avec un Alphonse Allais, un Alfred Jarry, un Jules Lévy, avec

---

1. Les exemples sont très nombreux. Actuellement les artistes vivent essentiellement de cela. Maraval, Bettina Rheims, Dominique Gonzalez-Forester, etc.
2. Exemple, la polémique autour du film, *Baise-moi*, sorti en juin 2000.

les Incohérents et autres Hydropathes du XIXe siècle[1], qu'avec le « milieu de l'art », ses fonctionnaires et ses théoriciens. Dans ce sens, Pierre Pinoncelli remplit une fonction pérenne. Il exerce un contre-pouvoir face à l'immense séduction du « grand art » mais aussi face à la « transgression officielle » de l'AC. C'est là son originalité et son authenticité.

Pierre Pinoncelli se bat sur les deux fronts à la fois et du coup se trouve bien isolé.

Une question se pose : pourquoi « le milieu de l'art » qui reconnaît la dimension cynique, critique et transgressive de l'AC, rejette-t-il Pierre Pinoncelli ? La raison la plus évidente semble être qu'il n'a aucun lien de dépendance avec le système. Il est son propre mécène. Aucune de ses 70 performances, qui débutent en 1969 avec l'« attentat culturel » contre le ministre André Malraux aspergé de peinture rouge, n'a été commanditée par les institutions. Il ne dépend pas davantage du marché de l'art, son œuvre étant immatérielle et sans produits dérivés.

Pinoncelli est dans la grande tradition aujourd'hui oubliée des salons caricaturaux, parfaitement admis et attendus du public au XIXe siècle. Il descend d'auteurs tels que Bertall, qui fit le premier « monochrome » dans un numéro de l'*Illustration* en 1843, et ses suiveurs Paul Bilhaud, Auguste Erhard, Eugène Mesples, Alphonse Allais, qui ont repris les monochromes et inventé les *happenings*, les collages, les *ready-mades* et autres arts conceptuels au salon des Incohérents entre 1882 et 1893... Sans oublier le précurseur de Marcel Duchamp, Eugène Bataille, avec sa *Mona Lisa fumant une pipe*. Pinoncelli s'inscrit dans cette continuité.

La rupture de 1964

Les péripéties de ce procès nous font comprendre l'importance de la rupture de 1964, moment où Marcel Duchamp est détourné à son tour. En premier lieu par l'entrée de ses multiples objets dans les collections des plus grands musées du monde, puis par l'édition et la commercialisation de ses *ready-mades* par une galerie milanaise, enfin par le complément théorique apporté par Arthur Danto, disant qu'il n'y a œuvre d'art que si le « milieu de l'art » la considère comme telle. Beaucoup plus tard, en 1980, Jack Lang détournera à son tour Duchamp en faisant de l'art conceptuel un art révolutionnaire officiel.

---

1. Les Incohérents et Hydropathes : créateurs d'un célèbre Salon entre 1882 et 1896 parodiant les salons officiels. Ces salons ont connu en leur temps autant d'affluence et de célébrité que les salons officiels. *Arts incohérents. Académie du dérisoire*, Catherine CHARPIN, Luce ABELES, RMN, 1992. Voir le site de Philippe Declerck.

10

Les théoriciens contre les historiens d'art

« L'histoire de l'art entière, lorsqu'elle est l'histoire du génie, devrait être une histoire de délivrance : car l'histoire tente de transformer le destin en conscience et l'art de le transformer en liberté. »

André MALRAUX

« Quand on ne juge les objets qu'en vertu des concepts, toute représentation de la beauté disparaît. »

Emmanuel KANT

« Les années 1880-1970 comptent parmi les plus fécondes que l'art ait jamais connues… Cette période n'est nullement une période de perfection et d'arrêt. Tout fermente et tout bouge, tout est constamment remis en question. Il n'est pas de doctrine qui, à peine formulée, ne soit bientôt contredite… Jamais l'art n'a plus brutalement changé… C'est aussi le temps où l'art européen connaît son plus large rayonnement. »

Par ces mots Jacques Thuillier[1] dit combien cette période de l'histoire de l'art est hors du commun. Si l'on prend cette date de 1970, citée par l'historien d'art pour faire un tour d'horizon de ce qui se crée dans les ateliers ou s'écrit dans les studios, on est surpris de la richesse et la variété de ce que l'on y découvre. Dans son *Histoire de l'art*, Jacques Thuillier note encore :

---

1. Jacques Thuillier est historien d'art, professeur à la Sorbonne et au Collège de France.

« Jusque vers 1970-1980, c'est Paris qui apparaît comme le refuge et le centre le plus vivant pour la peinture. Il faut avoir vécu cette période et voyagé en Europe et en Amérique pour concevoir cette situation, dont témoigne une abondante littérature mais que l'on a cherché ensuite à occulter. »

Cette exceptionnelle diversité d'œuvres et de pensées aurait-elle disparu du jour au lendemain ?

L'abolition des polarités visibles

Cette date marque à peu de choses près le début de l'installation de l'AC dans les institutions. C'est aussi le début d'un système médiatique qui consacre les œuvres intellectuelles et artistiques, comme des marques, par déclaration et orchestration sans que le public note encore le caractère artificiel de ces lancements.

Une chose est sûre : les œuvres intellectuelles et artistiques ne peuvent pas monter sur la scène médiatique si elles ne sont pas, pour être vues, transgressives, sensationnelles et choquantes. Si elles ne constituent pas un événement facilement repérable, elles ne sont pas adaptées aux besoins médiatiques. Il va se produire un phénomène inévitable : la diversité de cette vie intellectuelle et artistique va disparaître derrière la scène, cachée par l'écran des médias. Ce qui ne sert pas cette révolution technologique ne meurt pas, certes, mais continue son chemin dans l'ombre. Les œuvres sont là pour témoigner qu'elles ont bien existé, même si elles n'ont été connues que confidentiellement au moment de leur création. Leur visibilité est retardée, et seule leur excellence assurera leur survie.

L'art vu par les historiens

En 1970, au moment où commence ce grand changement dans la vie des arts, il existe en France un milieu intellectuel consacré à l'art d'un très haut niveau : conservateurs, historiens d'art, philosophes, archéologues. Ils ont une reconnaissance, y compris populaire, car il ne se passe pas de semaine sans qu'une émission radiophonique ou télévisuelle n'aborde ce sujet très prisé du public.

Ces intellectuels ont encore une approche sensible de l'art, une expérience visuelle et concrète des œuvres en même temps qu'une formation de généralistes. Ils connaissent l'art de tous les temps et de tous les lieux, tout en s'intéressant de près à l'art du présent. Pour la première fois dans l'histoire, les historiens disposent d'une immense documentation iconographique. La démarche comparative bat son plein, source de découvertes. Les points de vue se multiplient, c'est aussi le moment des grandes synthèses. Toute une réflexion sur la nature de l'art en découle.

Dans ce milieu les personnalités et les courants sont très divers. Il y a ceux, formés par l'École du Louvre, qui ont acquis savoir et expérience de l'art sur le terrain. Citons René Huyghe (1906-1997) et Germain Bazin (1901-1990). L'un a plutôt une formation philosophique, l'autre est archéologue. Il y a ceux qui ont été formés par la Sorbonne comme le philosophe Pierre Francastel et l'historien André Chastel, des généralistes eux aussi. Les uns et les autres n'excluent pas de leurs préoccupations l'art moderne.

Il y a aussi des personnalités singulières, comme Jean Cassou, communiste engagé, résistant, écrivain à la carrière atypique et à la vie mouvementée, qui sera le conservateur du Musée d'art moderne et, comme André Malraux[1], autodidacte lui aussi. Tout avait commencé pour lui, selon son propre aveu, par la lecture assidue entre les deux guerres de *L'Amour de l'art*, cette revue créée par René Huyghe et Germain Bazin où ils pratiquaient à la fois le commentaire de ce qu'ils voyaient au Louvre en tant que conservateurs et la critique des dernières expositions dans les galeries de la rive gauche à un moment de grande effervescence. Ils regardaient l'art moderne tout naturellement dans la perspective de l'histoire de l'art.

Ces personnalités du monde des arts, qu'ils soient universitaires, conservateurs ou hommes de terrain, étaient des érudits ayant une expérience visuelle de l'art. Ils ne sont pas encore des spécialistes ni des gestionnaires.

René Huyghe, à partir de 1950, enseigne au Collège de France où il crée la chaire de psychologie de l'art. Contrairement à la Sorbonne, ce lieu est consacré à la recherche en train de se faire et à l'enseignement des disciplines et points de vue novateurs. Il est ouvert à tous les publics sans distinction et sans inscription. Ce collège a joué un immense rôle depuis sa création par François Ier en 1530. Il a attiré notamment des artistes en quête d'une réflexion novatrice sur l'art. Beaucoup d'entre eux ont puisé à cette source et y puisent encore. Ses livres *Dialogue avec le visible, Formes et Forces, L'Art et l'Homme, L'Art et l'Âme, La Relève du réel* ont eu un très grand rayonnement. L'immense correspondance reçue par René Huyghe de la part des artistes montre à quel point ses écrits ont

---

1. André Malraux (1901-1976) fut l'auteur entre autres de *La Métamorphose des dieux* (1957-1976, Gallimard, Paris) et d'ouvrages autour de la notion de « Musée imaginaire ».

été importants pour eux à un moment où il leur fallait assimiler, pour la première fois dans l'histoire, un patrimoine écrasant, alors même que la transmission directe des savoirs par des maîtres se faisait rare. Beaucoup d'artistes ressentaient un besoin vital de se situer et de comprendre cette crise de la modernité en art dans laquelle ils étaient pris. Cette démarche ne pouvait se faire sans guide.

La seconde moitié du XXe siècle a connu les historiens d'art les plus prestigieux en France mais aussi en Angleterre, en Autriche, en Italie, aux États-Unis, en Allemagne : Daniel Arasse, Germain Bazin, Carlo Ginzburg, Hans Gombrich, André Grabar, René Huyghe, Michel Laclotte, André Malraux, Erwin Panofsky, Robert Rosenblum, Salvatore Settis, Jacques Thuillier, Paul Veyne, Federico Zeri… Ils ont fait un immense travail de synthèse, reliant dans les esprits le passé et le présent et les différents mondes de l'art.

À la même époque, on voit paraître aussi des essais sur la crise de l'art moderne, qui commence à être perçue par quelques artistes et historiens d'art. Pendant ces années charnières, plusieurs auteurs ont analysé la crise avec beaucoup de perspicacité. Jacques Ellul dans *L'Empire du non-sens*, Roger Caillois dans *Babel*, George Steiner dans *Langage et Silence*, Hannah Arendt ont éclairé les esprits de ceux qui, comme les artistes en général et les peintres en particulier, se sont trouvés pris dans la formidable tempête.

Dans les années 1970-1980, lorsque le seul fait de peindre était considéré comme un délit, beaucoup d'artistes ont découvert, grâce à la médiation des livres de François Cheng, les écrits anciens sur la peinture chinoise comme *Les Pérégrinations du moine Citrouille*. Cette distanciation culturelle leur permettait de se réapproprier la peinture interdite.

Au cours de ces mêmes années, les artistes réfractaires au conceptualisme s'intéressèrent beaucoup à la dimension sacrée de l'art, alors complètement délaissé par le clergé. Face au déni des arts de la main, les artistes ne pouvaient plus continuer à peindre, sculpter ou graver sans se justifier. Il leur fallait désormais des raisons fortes, il fallait comprendre les origines et les fins dernières de l'art, son lien avec le transcendant. Il fallait explorer l'histoire, lire les écrits du passé, retrouver le sens d'une pratique violemment attaquée.

Dans ce contexte, Dominique Ponneau[1] organisa avec talent, pendant une dizaine d'années à Pont-à-Mousson, un colloque annuel de haut

---

1. Directeur honoraire de l'École du Louvre, président du Comité national du Patrimoine culturel.

niveau, en dehors des cadres officiels ou ecclésiastiques, réunissant philosophes, théologiens, historiens et artistes, qui a eu une grande importance, malgré sa confidentialité, en provoquant amitiés et échanges dans un moment de grande solitude pour les artistes.

Le sacré intéressait sous toutes ses formes, y compris ses formes primitives et païennes. Ainsi, à côté de l'art conceptuel très rationnel qui se pratiquait alors, existait un courant d'artistes tentés par l'ésotérisme dans sa version *new age*. Ceux-ci cherchaient dans la gnose des lois, des secrets de la nature liés aux pouvoirs de la forme et de la couleur, dont la connaissance pouvait donner à l'art une puissance magique.

Jusqu'en 1980, les disputes artistiques étaient violentes : il valait mieux être conceptuel ou révolutionnaire, deux notions qui n'étaient pas encore totalement confondues. Il n'en demeurait pas moins que les peintres ne donnant pas à leur œuvre une finalité politique, ne partageaient pas moins avec les autres une interrogation et une remise en cause générale. Les artistes ressemblaient à des explorateurs solitaires cherchant dans la forêt immense de l'histoire de l'art une voie à leur convenance. Le système de l'AC n'était pas encore figé et surtout pas encore perçu clairement comme hégémonique et unique, il était encore confondu avec l'« art moderne », c'était une de ses formes possibles. Le désordre anarchique était là mais pas encore le désenchantement.

Théoriciens contre historiens d'art

L'histoire de l'art avait produit pendant ces années-là un formidable dévoilement de formes, d'images et de réflexions sur la création. Les artistes avaient été profondément marqués par ces découvertes. Jean-Louis Harouel[1] voit même là l'explication du refus de l'art par l'AC. Il explique cette négation comme une marque d'impuissance à assumer l'héritage devenu trop lourd. Mieux vaut alors le nier en bloc et trouver remède à l'angoisse en commettant le crime d'Œdipe, le meurtre du père.

Le problème naquit d'une contradiction. L'univers élitiste de l'art se trouva être en porte-à-faux avec le discours intellectuel dominant, dans la mouvance de Mai 68, très marqué par l'égalitarisme. Une nouvelle classe journalistique, conquise à ces idées, exerça désormais sa suprématie et passa sous silence tout ce qui n'allait pas « dans le sens de l'Histoire ».

---

1. Voir *Culture et Contre-cultures*, op. cit.

Les travaux des historiens d'art ont suivi néanmoins leurs cours. Le changement a consisté seulement dans le fait que leurs œuvres, jadis très recherchées du public, n'ont plus été relayées de la même façon par les grands médias qui jugèrent qu'ils n'étaient plus dans le coup. Ce fut le cas des livres de René Huyghe et de tant d'autres après 1970.

Quand certains historiens d'art, vingt ans plus tard en 1997, voulurent reprendre la parole comme Jean Clair ou Marc Fumaroli, ils furent pris pour des délinquants et jugés sur la place publique par une version postmoderne du tribunal populaire : un tribunal d'intellectuels[1]. Leur démarche d'historiens posait désormais problème ! Et c'est toujours vrai. Chaque fois que Jean Clair apporte des lumières sur l'histoire de l'art en Europe entre les deux guerres, sa spécialité, il est traité de « révisionniste ». Il est vrai qu'en faisant son travail d'historien et en montrant la complexité et l'ambiguïté de ce qui s'est passé, il porte ainsi atteinte à la mythologie qui légitime l'AC en France. Le fait de raconter une anecdote comme la partie de tables tournantes réunissant André Breton et ses amis surréalistes convoquant l'esprit de Lénine pour lui demander si Dieu existe, une semaine après leur adhésion collective au Parti communiste, relève aujourd'hui du blasphème[2]. C'est ainsi que Jean Clair a droit, chaque fois qu'il publie sur ces sujets, à un article ravageur dans *Le Monde*. C'est mieux, il est vrai, que le silence, mais Jean Clair a tant de lecteurs que le passer sous silence rendrait ce journal suspect.

Malgré ces péripéties, Francastel, Chastel, Huyghe ont eu une brillante postérité. En France, Jacques Thuillier, Antoine Schnapper, Pierre Rosenberg, Daniel Arasse, Marc Fumaroli, Roland Recht ont continué à transmettre, envers et contre tout, un savoir de haut niveau. On leur doit un immense travail de découverte, sur des sujets divers pas toujours liés au temps présent mais contribuant à faire évoluer une vision parfois simpliste du passé. Par exemple, l'étude du XVIIe siècle entreprise par Thuillier, Schnapper, Fumaroli n'autorise plus un homme cultivé à employer le mot « académique » ou « classique » de façon péjorative. Il y a des caricatures qui désormais ne sont plus admissibles. Rétablir une vérité complexe change non seulement notre vision du passé mais aussi

---

1. « L'art contemporain sous le regard des maîtres censeurs », Philippe DAGEN, 15 février 1997. Mise en jugement de Jean Clair au colloque de l'École nationale des beaux-arts, mai 1997 organisé par *Le Monde* et le ministère de la Culture. Encore aujourd'hui, chaque fois que Jean Clair émet un doute sur les interprétations historiques officielles comme ce fut le cas pour l'Exposition surréaliste, il a droit à un rappel à l'ordre dans le journal *Le Monde*.
2. Jean CLAIR, *Du surréalisme considéré dans son rapport au totalitarisme et aux tables tournantes*, Mille et Une Nuits, Paris, 2003.

celle du présent et nous affranchit. Cette remise en cause souterraine des clichés idéologiques qui nous empêchent de voir accomplit une révolution silencieuse.

Les théoriciens de l'AC mesurent la différence idéologique qui les sépare des historiens d'art. À leurs yeux, l'histoire de l'art n'a plus aucune légitimité. La création d'un Institut national de l'histoire de l'art, projet datant d'André Chastel et longtemps mûri par Jacques Thuillier, va provoquer une vive polémique entre historiens et théoriciens. On se souvient d'une tribune de Régis Michel[1] dans *Beaux-Arts* contre cette nouvelle institution. Selon lui, l'histoire de l'art est une « discipline d'arrière-garde. Fonder à la veille du prochain millénaire un "Institut" central d'histoire de l'art, c'est se tromper de siècle ».

On comprendra que, dans l'esprit des « théoriciens », définis par Régis Michel comme des « critiques de tendance pluraliste », la notion même d'« histoire de l'art » pose problème. En effet, l'utopie postmoderne change le contenu du mot « art » et considère l'« histoire » tout au plus comme un concept, un théâtre, un monument à déconstruire et à « revisiter ». L'utopie du matérialisme historique s'est achevée par une sorte de basculement dans une autre utopie : celle de la fin du mouvement dialectique par suppression des polarités. L'idée de progrès est abolie, celle d'une naturelle hiérarchie des faits, des œuvres et des valeurs aussi. Comme un château de cartes tout s'effondre : la notion d'« art » pour commencer, puisqu'elle se fonde sur la qualité et l'excellence, la notion d'« histoire » ensuite, puisqu'elle procède par une hiérarchisation des faits.

Michel Foucault devient le maître à penser, la déconstruction est à l'œuvre. L'histoire est désormais une collection d'événements sans ordre, sans ontologie ni fins dernières, elle est désacralisée. Ce n'est plus un monument de la pensée mais une nomenclature impensable, un amoncellement d'archives. Est-elle encore possible ? C'est la question que pose Hans Belting[2], professeur d'histoire de l'art à Munich, professeur au Collège de France :

> « Y a-t-il encore une histoire de l'art ? Y a-t-il encore un art ? Peut-on classer les formes de l'art contemporain ? »

C'est dans cette ambiance polémique qu'est inauguré en 2002 l'Institut d'histoire de l'art. En effet, pourquoi créer un institut alors que l'art et l'histoire sont devenus impossibles pour cause de relativisme absolutiste ?

---

1. Régis MICHEL, conservateur en chef du musée du Louvre, spécialiste de Géricault et de David, *Beaux-Arts*, n° 164, janvier 1998.
2. Hans BELTING, *L'histoire de l'art est-elle finie ?*, Jacqueline Chambon, Nîmes, 1989.

Histoire de l'art et histoire conceptuelle de l'art

Comment faire avec les utopies, sinon trouver des solutions schizophréniques permettant de s'arranger avec la réalité ? La solution fut pendant quelques décennies de dissocier de fait l'histoire de l'art ancien et l'histoire de l'AC. L'AC et l'art, n'ayant rien de commun, ne peuvent être analysés de la même façon. Les « historiens d'art » opèrent jusqu'en 1960, ils considèrent les œuvres, les hiérarchisent et les évaluent. Les « théoriciens » ont le monopole de ce qui se passe après. Ils analysent les concepts de l'AC, ils ne s'occupent pas de l'existence visuelle des œuvres mais de la collecte des écrits d'artistes, de la fortune critique et des péripéties de leur réception par le public.

Pendant un certain temps, le monde des « théoriciens » de l'AC et celui des « historiens d'art » s'ignorèrent superbement. Mais un jour, leur confrontation devint inévitable. Il leur fallait désormais vivre ensemble puisque, par décision d'État, il fut décrété en France que l'AC était la seule suite de l'art possible.

Mais l'existence de deux visions si contraires dérange les tenants de l'AC. Les « théoriciens » traitent les historiens d'art de « positivistes », de « formalistes », d'« idéalistes », c'est-à-dire d'attardés. Ils prônent une autre façon de faire l'histoire. Comme ils sont généralement de formation philosophique ou autodidactes, il leur paraît pertinent de faire l'histoire non des faits ou des œuvres, mais des concepts qui ont rapport avec l'art. Ainsi peuvent-ils faire la preuve que, ces concepts étant changeants, l'art n'a aucune essentialité ni universalité.

Ainsi, Hans Belting aborde l'histoire de l'art par le biais de l'histoire du « concept d'œuvre d'art ». Il décrit ses métamorphoses du temps des Lumières à nos jours et observe, quand l'« œuvre d'art » arrive au stade postmoderne, son épuisement, sa disparition, sa fonte dans les images que la technologie a multipliées de façon démentielle.

Yves Michaud s'intéresse à l'histoire des concepts de la « norme » et du « goût ». Ce qui permet de relativiser ces deux notions et de les vider en quelque sorte de tout contenu. Le sort du « concept de grand art » est réglé de la même façon.

Les affrontements sont spécialement violents dans le domaine de l'histoire de l'art parce que cette histoire-là ne se fait pas seulement avec des documents écrits comme c'est le cas pour l'histoire. Pour l'historien d'art, le document central, c'est l'œuvre d'art elle-même. Or elle n'est pas une pièce à conviction ordinaire car elle échappe au temps et a le pouvoir mystérieux de devenir contemporaine de celui qui la regarde.

On le constate tous les jours. Une grande partie du public d'aujourd'hui se sent plus contemporain de Monet que de Sophie Calle.

Des bons effets de l'histoire déconstruite et conceptuelle

À vrai dire, on se demande parfois quelle est la différence entre la déconstruction permise et le révisionnisme prohibé.

La déconstruction de l'histoire n'a pas eu que des conséquences négatives. Elle libère parfois la vue, les faits cachés apparaissent. Ainsi on a pu assister à un colloque en mai 2003 intitulé « Les arrière-gardes au XXe siècle, l'autre face de la modernité esthétique[1] ». À partir du moment où la postmodernité n'admet plus les exclusions et où tout est remis au même niveau, pourquoi ne pas en parler ? Comme le souligne William Marx, conscient en organisant ce colloque de transgresser un interdit jusque-là majeur :

> « Depuis une quinzaine d'années, l'arrière-garde n'est plus un tabou pour les arts plastiques : l'insulte est devenue concept. »

Par le biais de l'« histoire conceptuelle », ce qui était impossible devient possible. Le choix du mot « arrière-garde », pour caractériser la création cachée du XXe siècle, l'excuse, mais il s'entoure néanmoins de précautions :

> « S'il est vrai qu'elles ont été mises en retrait de l'histoire et qu'elles ont nié son mouvement, il ne faut pas en retour que l'historiographie nie les arrière-gardes et fasse comme si elles n'avaient jamais existé… »

Il faut penser les arrière-gardes « sans fausse honte » ! On peut, au passage, constater là un aveu de l'occultation intellectuelle volontaire et également de l'aura terrible qui entoure cette création. Il s'excuse donc et avance une justification imparable dans le discours inaugural :

> « Notre culture est celle de la transgression généralisée… il n'y aurait rien de plus avant-gardiste que de penser les arrière-gardes. »

Il se risque plus loin encore :

> « L'impensable n'est souvent en fait que de l'impensé et le tabou portant sur les arrière-gardes les dévoile plus qu'il ne les cache. »

---

1. Sous la direction de William Marx, publié aux PUF, Paris, 2004. Colloque ayant eu lieu à l'université de Lyon-III Jean-Moulin, les 16 et 17 mai 2003. Voir citations suivantes.

Il ose enfin la question :

« Pourquoi attacher tant d'ignominie aux mouvements rétrogrades ? Il y a là comme un point aveugle de notre histoire des idées et des arts. Un tel déficit de réflexion réclame lui-même réflexion. »

Il lui faut aller plus loin encore dans sa justification et expliquer comment « l'insulte peut devenir concept » afin de s'autoriser à sortir l'art caché du silence. Il faut répondre alors à cette question : pourquoi a-t-on si peu parlé des « arrière-gardes ? » La réponse est que « les arrière-gardes appartiennent au clan des perdants » et que « l'histoire aime donner raison aux opprimés plutôt qu'aux oppresseurs ». Il faut comprendre bien sûr que ce sont les opprimés qui ont gagné. Mais alors tout devient compliqué et William Marx est obligé d'avouer : « Si cela est très difficile, c'est que la notion pose incidemment le problème de la valeur des œuvres » – et ça, c'est un sujet étranger à la postmodernité, un tabou de l'histoire conceptuelle.

Bien sûr, il était impossible aux participants du colloque, très bienpensants, d'imaginer que cette exclusion des arrière-gardes puisse être liée à la nature totalitaire de l'idéologie qui fonde l'AC. Le but de ce colloque était de faire évoluer les méthodes historiques et non pas d'étudier le contenu de ces « arrière-gardes » si longtemps exclues. Pas un exemple, pas un cas, pas une œuvre n'a été vraiment évoquée ni analysée, ce n'était pas le propos. William Marx conclura qu'il n'est plus pertinent d'envisager l'histoire comme une succession de ruptures dont chacune définit une école et un mouvement d'avant-garde. Le « progrès » est une utopie, la modernité est dépassée.

« S'il nous faut penser les arrière-gardes, c'est pour pouvoir penser tout le reste. »

Voilà qui part d'un bon sentiment !

Évaluation « à l'œil » contre analyse conceptuelle

Une chose est sûre, pour faire de l'« histoire conceptuelle », il ne faut pas s'intéresser aux œuvres d'art, elles ne sont qu'un symptôme, un prétexte à discours. La réalité est que le terme péjoratif d'« arrière-garde » voile une infinité d'œuvres extrêmement diverses, un « art caché » que l'on ne peut appréhender que visuellement au cas par cas. Seuls des historiens d'art et des artistes peuvent distinguer dans ce qui est exclu les œuvres mineures et les œuvres majeures. Il n'y a que des personnes ayant une culture visuelle, qui peuvent faire l'évaluation de la valeur formelle et du caractère unique qui apparaît dans les œuvres. Il y a un véritable précipice entre un pastiche et un chef-d'œuvre. L'évaluation « à l'œil » n'a rien à voir avec l'analyse conceptuelle qui passe sous silence toute notion de qualité formelle. Il semble difficile, si l'on aborde l'« art caché », de se passer des connaissances spécifiques des historiens d'art.

Pour donner un exemple, il est une œuvre monumentale datant de 1931 particulièrement détestée et entachée de toutes les tares qu'un théoricien peut reprocher à l'art d'« arrière-garde ». C'est cependant un chef-d'œuvre du XXe siècle, un sommet. Il s'agit de la façade du musée des Colonies de la porte Dorée à Paris, sculptée par Alfred Janniot (1889-1969), élève de Bourdelle. Du premier coup d'œil, une personne de culture moyenne peut dater sans hésitation ce monument des années 1930. Il faut donc admettre que ce n'est pas un pastiche mais une œuvre originale, exprimant pleinement son temps.

Un historien d'art mettrait cette œuvre en perspective avec tous les bas-reliefs monumentaux de l'histoire de l'art et constaterait à la fois sa singularité et le fait qu'elle soit un sommet du genre. L'œuvre de Janniot trouve sa place dans la suite des frises de Persépolis et de Suse, des bas-reliefs d'albâtre de Ninive. Il soulignerait l'évidence : cette œuvre s'intègre parfaitement à l'architecture de Laprade (1883-1978). Ce fut le résultat d'un combat entre les deux hommes qui s'affrontaient à égalité. Janniot réussit à composer avec une remarquable intelligence une façade de 1 130 m². Un immense mouvement vers le centre avec des flux et reflux, des zones de calme et d'agitation, des combats qui s'équilibrent. Mille solutions plastiques sont trouvées pour animer cette immense dramaturgie taillée directement dans la pierre. Il s'est inspiré des tapisseries pour faire pivoter le plan horizontal sur lequel se meuvent les personnages, afin qu'il se confonde avec le plan vertical du mur, et supprimer ainsi la perspective permettant de donner la même échelle à toutes les figures.

La vue d'ensemble n'empêche pas Janniot de parfaire les détails de chaque scène où il convoque personnages, animaux et végétaux d'une variété infinie, stylisés mais exacts. On imagine la somme de talent, de créativité, d'intelligence et de culture qu'il faut pour donner unité et harmonie à cet ensemble. Quant aux intentions de Janniot, elles tiennent dans ces lignes qu'il a adressées à Léon Bazin, le 27 décembre 1928 :

> « Si je me passionne aussi violemment pour ce projet, c'est parce que je veux en faire la plus belle œuvre de ma carrière et non un vague travail de documentation coloniale que le Pathé-Journal réalisera mieux et plus vite que moi. »

Il ajoute :

« Si je désire si ardemment exécuter ce bas-relief, c'est pour exprimer dans le cadre du travail et de la production coloniale toute l'admirable poésie de l'Orient et de l'Occident. »

Si la commande lui imposait comme thème « l'histoire de la colonisation et l'œuvre civilisatrice de la France », Janniot a voulu montrer avant tout les échanges réciproques entre les peuples. Il a une vision d'artiste et il l'impose en dépassant les intentions idéologiques de la commande[1]. Un théoricien, historien des concepts, jugerait l'œuvre comme étant un pastiche, non conforme à la modernité, parce que faire des bas-reliefs en pierre au XXe siècle n'est pas « pertinent ». Il jugerait cet art comme abject parce que colonial, vulgaire propagande, manifestation de la domination d'un peuple sur les autres peuples, ce qu'Yves Michaud reproche principalement au « grand art ». Il dénoncerait l'imposture de cette figure centrale vers laquelle convergent tous les mouvements du bas-relief : la France civilisatrice. Cela suffirait à retrancher l'œuvre du XXe siècle et à la traiter comme un accident, un retard.

La réalité cependant résiste. Même en morceaux et en ruines, cette œuvre vivra. L'*Urinoir* de Marcel Duchamp perdra son statut d'art s'il est abandonné au coin de la rue. L'histoire des concepts est intéressante mais ne changera rien à l'histoire de l'art.

Boulogne : le trou de mémoire de Beaubourg

Décidément, le XXe siècle n'est pas ce que l'on croit. Jusqu'aux années 1970, il y a en France de très grands sculpteurs du niveau de ceux des autres siècles[2]. Leur disparition n'a pas été naturelle. Si on la juge du point de vue artistique, cette « arrière-garde » de sculpteurs, dans ses meilleurs éléments, est novatrice ; personne ne peut les confondre avec ce qui a précédé. Cette « modernité classique » est l'autre polarité face à « la modernité expérimentale » qui lui est exactement contemporaine...

---

1. Cette œuvre doit être mise en regard avec celle qu'il a réalisée (déjà citée) pour décorer le dessus-de-porte du pavillon de la France, 5e Avenue, à New York, commandé par Rockefeller : « La France passant le flambeau de la civilisation à l'Amérique. »
2. Belmondo, Bouchard, Coquelin, Couturier, Couvaigne, Delamarre, Germignani, Gimond, Janniot, Letourneur, Lipshitz, Muguet, Orloff, Ousouf, Privat, Sarrabezolles, Traverse, Yencesse... Ces sculpteurs dont la liste est loin d'être exhaustive ont tous une grande formation académique et ont fait la dernière partie de leur œuvre après 1950.

Cet art est reconnu puisque les fonds d'ateliers, peu à peu écoulés sur le marché par les héritiers de ces artistes, partent dans les collections privées ou publiques américaines.

En France, lors de la création de Beaubourg en 1977, cet aspect de la création n'est pas inclus dans ses collections du XXe siècle. Il est probable que ceux qui ont pris ce parti se sont inspirés d'une stratégie déjà éprouvée en Amérique au Moma. En 1964, il fut décidé de séparer la collection Withney d'art américain du reste des collections pour en faire un musée à part, afin de mettre à distance un art jugé trop « identitaire ». En France, la solution sera plus radicale, on fera comme si toute une partie de la création française de 1914 à nos jours n'avait pas existé[1].

Beaubourg exclut non seulement les « modernes classiques » de l'entre-deux-guerres mais aussi l'école de Paris des années 1950 et 1960, et tous les non-conformistes qui suivent. Il faudra attendre vingt ans pour que, grâce à une initiative municipale, on puisse admirer une partie des œuvres importantes de l'art du XXe siècle interdit au Centre Pompidou. Le 23 décembre 1998, est inauguré le Musée, dit « des années 1930 », à Boulogne-sur-Seine. La chose est très mal vue par la nomenklatura intellectuelle. Le jour de l'inauguration, *Le Monde* titre : « Le bon goût français des années 1930 à Boulogne-Billancourt : l'espace Landowski veut célébrer la tradition figurative de l'art académique et bourgeois des années de l'entre-deux-guerres ». Suit un article extrêmement acide mettant en cause Emmanuel Bréon qui a rassemblé les collections. Philippe Dagen ne pose son regard sur aucune œuvre mais les condamne toutes en leur prêtant des intentions bêtes, infâmes ou futiles. Il accuse les œuvres de George Desvallières, Marthe Flandrin, Maurice Denis, d'être sulpiciennes ; celles de Janniot, Évariste Jonchère, Alexandre Iacovleff, Paul Jouve, d'être colonialistes ; celles de Despiau, Bouchard et Landowsky, d'être « collabo » ; celles de Waroquier, Boutet de Monvel et Sabbagh, d'être mondaines, et ainsi de suite. Il proteste parce qu'Amédée de la Patellière, Gargallo, Juan Gris et une grande quantité d'expressionnistes de l'École de Paris y sont exposés et se trouvent « salis » par de telles proximités.

Qui peut nier que l'entre-deux-guerres a connu un renouveau de l'art sacré, que les artistes ont découvert avec émerveillement les formes et les arts des cinq continents, que la France a connu une vie sociale brillante et de nouveaux styles décoratifs, que les artistes du Nord et de l'Est sont

---

1. Les collections du musée d'Orsay concernant le XIXe siècle se terminent en 1913 et les collections de Beaubourg du XXe siècle commencent en 1914.

venus travailler à Paris et y ont apporté leur sensibilité expressionniste ? Aujourd'hui on ne brûle plus les œuvres et les livres comme ont pu le faire Savonarole ou Hitler, on ne dynamite pas les figures comme les talibans, on anathémise dans le meilleur des cas, on passe sous silence dans le pire. Ce sont des procédés plus hypocrites mais, soyons heureux : les œuvres survivent quand même.

Tous les artistes stigmatisés par Philippe Dagen sont exclus de Beaubourg pour des raisons idéologiques. Le musée de Boulogne ne fait que réparer cet « oubli » et sauver de l'exportation ce qui peut l'être encore. Emmanuel Bréon fait son travail de conservateur avec les moyens restreints d'une municipalité, il achète ce qu'il peut et accepte les dons des héritiers qui souhaitent que tout ne soit pas vendu à l'étranger. Les critères d'Emmanuel Bréon, qui est historien d'art, sont évidemment esthétiques, il a le souci de sélectionner ce qui a une valeur muséale, et les opinions politiques des artistes, fort diverses au demeurant, ne tiennent aucune place dans ses choix. Le préjugé qui consiste à croire que les artistes de la modernité classique sont forcément de dangereux suppôts de l'« extrême droite » est décidément coriace et révèle une solide inculture.

Dans l'ombre de Pierre Bourdieu

On observe que plus la théorie de l'AC se développe, plus elle se perd dans ses contradictions et se torpille elle-même. Il est probable que cette utopie disparaîtra par autodestruction comme la prophétique machine de Tinguely exposée au Moma en 1958, qui fut une des premières œuvres conceptuelles.

La déconstruction de l'histoire si prisée permet à certains historiens de remettre en cause des conceptions bien établies. Ainsi, Paul Veyne a retenu les leçons de Michel Foucault et revisite sans *a priori* le monde gréco-romain[1]. Il nous décrit un monde qui contredit bien des dogmes historiques. Dans sa longue description, il souligne que l'art n'est pas un simple reflet de la société, de l'économie et du pouvoir. Il montre même une sorte de dichotomie entre l'art et l'histoire. Par ailleurs, une analyse très fine du IVe siècle à Rome semble démontrer que sa décadence n'est pas l'aboutissement d'un long processus mais un accident fortuit qui aurait pu aussi bien ne pas se produire, tant les barbares qui se jettent sur l'Empire manifestent de respect pour Rome et ses institutions. Tout cela nous fait regarder le présent avec d'autres yeux et fait douter des propos

---

1. *L'Empire gréco-romain*, Seuil, Paris, 2005, 912 p.

fatalistes d'un Yves Michaud, d'un Philippe Dagen, d'un Marc Jimenez qui nient toute autre possibilité en art que l'AC pour des raisons économiques, sociales et technologiques.

En définitive, Gombrich (1909-2001), historien d'art d'origine autrichienne ayant enseigné à Oxford, Cambridge et Harvard, exact contemporain de nos théoriciens, constate lui aussi l'absence de rapports automatiques entre l'art et l'économie :

> « Comparez Gênes et Venise sous la Renaissance. Les deux villes ont connu des destins économiques analogues. Pourquoi Venise est-elle devenue un grand foyer artistique et non pas Gênes ? Cette différence est liée à l'apparition tout à fait imprévisible de génies dans l'une de ces deux villes et pas dans l'autre, de ces hommes et femmes auxquels est échu le don d'équilibrer les formes et les couleurs jusqu'à ce qu'elles sonnent juste et qui ne se satisfont pas d'une demi-solution, d'effets superficiels et faciles. L'esprit souffle où il veut. »

Il souligne le caractère spécifique de l'histoire de l'art :

> « Il n'y a pas d'histoire de l'art et l'art en tant que tel n'existe pas, seuls existent les artistes. »

Jean Clair et Jacques Thuillier partagent ce point de vue.

Thuillier contre Bourdieu

Il existe des points de vue opposés sur l'histoire de l'art, même si les médias ne rendent pas le débat très visible. On pourrait par exemple confronter les idées du sociologue Pierre Bourdieu et de ses continuateurs à celles de l'historien d'art Jacques Thuillier.

Bourdieu est historiciste, explique tout par la technologie, l'économie et la sociologie. Jacques Thuillier, héritier d'André Chastel, est à la fois entraîné aux grandes perspectives historiques et à l'évaluation visuelle des œuvres. Il a publié en 2002 une *Histoire de l'art* en opposition complète avec l'idéologie dominante[1]. Jacques Thuillier tire les leçons du demi-siècle qui vient de s'écouler et constate les dégâts causés par les prismes idéologiques déformants. Il récuse l'historicisme moderne, constatant que le modèle de Marx, réduisant l'art à une superstructure dépendante des rapports économiques, ne marche pas. Il récuse aussi le dogme postmoderne : tout est art ou peut le devenir.

---

1. Jacques THUILLIER, *Histoire de l'art*, Flammarion, Paris, 2002.

Dans son *Histoire de l'art*, il prétend montrer les chefs-d'œuvre majeurs et exercer un jugement draconien, contraire à la mentalité régnante.

« Seules de larges perspectives permettent de mettre en place les faits principaux avant de retrouver la complexité du réel. »

Il écarte la préhistoire, la protohistoire et les arts premiers. Il cite Henri Focillon : « C'est au moment où s'était déjà élaborée l'écriture que s'est constitué l'art… lequel a pour propre, non pas de signifier mais de se signifier. » Il condamne ainsi la démarche confuse qui préside aux collections du musée des Arts premiers.

Pour nous sortir de l'aveuglement conceptuel, de la stupéfaction et de « l'épuisement du désir de voir », Jacques Thuillier préconise « une révolution copernicienne » qui replace l'art au centre. Il s'applique un remède de cheval, tant les concepts bouchent les yeux… Il supprime les classements : gothique, baroque, classicisme, romantisme, etc. C'est trop simple et cela empêche de voir et d'être attentif à ce qu'il y a d'unique dans les œuvres de génie. Il faut revenir à la « simplicité du regard ». Pour lui, « la création des grands artistes dépasse de très loin les concepts qu'ils ont voulu proférer, comme ceux où l'on a voulu les enfermer ». Il rejette l'idée de progrès en art.

« Nous croyons le temps de l'art infiniment plus complexe, c'est ce temps multiple que nous avons cru plus important d'évoquer. »

Le lecteur apprécie cette *Histoire de l'art* qui le laisse libre puisque Jacques Thuillier prévient à l'avance que son entreprise est une mission impossible. Raconter cette histoire en 584 pages ne peut se faire qu'en opérant des choix si draconiens qu'ils ne peuvent être qu'une suite de partis pris. L'exercice est absolument contraire à celui de la démarche relativiste qui met tout au même niveau ! Les choix sont tels qu'ils ont pour effet de prendre le lecteur à parti et de le confronter aux œuvres retenues, à lui mettre en mémoire celles qu'il aime et ne figurent pas dans son livre. Enfin, le lecteur existe ! Sans être otage.

Jacques Thuillier a utilisé le genre « histoire de l'art » pour transmettre une stratégie longuement mûrie pour regarder une œuvre d'art, car il faut ruser pour voir.

La critique fut médusée par une démarche aussi provocante, elle poussa quelques cris horrifiés et fit subir à Jacques Thuillier la sanction habituelle du silence médiatique. Ce qui n'empêcha pas le succès de son livre.

Jacques Thuillier est très loin d'être le seul à développer ce point de vue. Un courant existe. Ainsi, dans *L'Art de l'âge moderne*, le philosophe Jean-Marie Schaeffer écrit, en 1992 :

« Une œuvre ne peut se juger que sur pièces. Un jugement porté sur la théorie ou la vision du monde dont elle se réclame ne suffit jamais ni à la sauver, ni à la condamner. »

Il croit à l'irréductibilité de l'acte artistique à des procédures de légitimation sociales, politiques, religieuses ou autres.

Toute déclaration ne fonde pas la réalité

Personne ne peut dire qu'il n'y a qu'une pensée en art aujourd'hui, pas plus qu'on ne peut dire que toute la création se réduit à l'AC. Si les artistes et des historiens d'arts commencent à regarder les œuvres avec un œil sensible, une nouvelle métamorphose s'annonce. Nous sommes donc sur la ligne de faille. Le long processus de maturation a opéré. Nous apprenons à voir à travers les médias, malgré les médias, nous rectifions notre regard. Nous décryptons la langue de bois, nous comprenons que l'essentiel existe même s'il ne gravit pas les marches de la scène médiatique. L'information qui nous est divulguée n'est qu'un spectacle. Toute déclaration ne fonde pas la réalité, il suffit d'en être averti, de faire l'effort de la distinguer et de croire à ce que nous voyons par nous-mêmes.

L'opinion générale convaincue qu'« il n'y a rien d'autre » que ce qui se voit sur les écrans n'est que la manifestation d'une formidable paresse intellectuelle et d'un conformisme sidérant. « La culture de masse est une imposture », dirait Gombrich.

Le mouvement de balancier opère, il a toujours opéré, et nulle idéologie totalitaire ne l'en empêchera.

11

L'impossible controverse

> « *Les mondes anciens étaient comparables entre eux, le nôtre est vraiment unique.* »
> « *Le refus du réel est le dogme numéro un de notre temps.* »
>
> René Girard

Faute de partager un langage commun pour parler d'art, à partir de 1960, toute controverse est devenue progressivement impossible entre les artistes « modernes » et les artistes « contemporains ».

En France, on pensa au début que l'extrémisme des suiveurs de Duchamp, qui condamnaient à jamais la peinture, passerait. On était accoutumé, sur le Vieux Continent, aux extrêmes fascinants de l'art : les Incohérents d'Alphonse Allais en 1880, Duchamp, Picabia, dada et les surréalistes. Ils faisaient partie intégrale de l'histoire de l'art sans l'empêcher de suivre son cours. Les jeux phonétiques et conceptuels mêlés d'images parodiques et de bruits, les mises en scène du monde à l'envers appartenaient à la littérature, au théâtre et à la musique, où ils faisaient des incursions attendues : tour à tour farces du Moyen Âge, jeux conceptuels rabelaisiens, *comedia dell'arte*… La liste est longue et aucune époque n'en est dépourvue.

Cependant, le temps concédé « au monde à l'envers », au carnaval et à la fête des fous est à la fois limité et récurrent. Il joue son rôle de libération et d'exutoire avant de s'effacer pour un temps. Mais on n'a jamais connu cette situation où le monde à l'envers de l'AC s'impose comme le seul art de référence pendant cinquante ans sans que sa fin s'annonce prochaine.

La nouveauté des faits ne fut pas perçue tout de suite… que ce soit le début des consécrations fulgurantes par un réseau d'institutions, galeries et collectionneurs situé en Amérique, ou la prétention progressive de cet art, dit « conceptuel », à être *le seul art*. Il fallut beaucoup de temps pour que le milieu de l'art et le public conçoivent qu'il existe désormais deux définitions du mot art, l'une « moderne » et l'autre « contemporaine ».

En France, on a considéré l'art conceptuel comme une avant-garde de plus qui ne manquerait pas d'être relayée par une autre. À Paris dans les années 1960, les avant-gardes étaient nombreuses. À part les conceptuels du nouveau réalisme consacrés à New York, il y avait les artistes de la figuration critique et ceux de la figuration libre. Certains sont expressionnistes, d'autres font du pop à la française, voyant dans cette expression une dimension populaire, antibourgeoise et engagée politiquement, alors même qu'aux États-Unis le pop magnifie l'imagerie mercantiliste et la consommation de masse. Même les artistes « singuliers », non liés à un groupe, sont considérés et admis.

Duchamp détourné par Jack Lang

Il n'est pas exagéré de dire que l'arrivée de Jack Lang au ministère de la Culture en 1981 va profondément changer cette réalité artistique complexe, diverse, qui attirait encore le monde entier.

Jack Lang avait réussi à métamorphoser François Mitterrand, à l'allure plutôt bourgeoise et provinciale, en un candidat de toute la gauche, y compris révolutionnaire. Il avait opéré un transfert d'image en l'entourant d'intellectuels et d'artistes d'« avant-garde ». Devenu ministre, Jack Lang réussit une autre métamorphose : celle de transformer l'art conceptuel de Duchamp, revu et corrigé par Restany et Warhol, en art officiel de la gauche française !

C'est ainsi que l'AC, qui avait servi de machine de guerre au libéralisme américain, devint en France, par privilège régalien, une avant-garde institutionnelle. Un dogme s'installe : à gauche, il y a les pratiquants de l'« AC », allant dans le sens du progrès et de l'histoire ; à droite, il y a les artistes de la main, des peintres réactionnaires et anachroniques, voire « nazis ». Cette proposition absurde s'est enracinée profondément. Au point que la majorité des artistes serait surprise aujourd'hui d'apprendre que Marcel Duchamp avait la phobie de tout engagement politique et que Pierre Restany en était tout aussi indifférent, bien qu'il ait été adhérent du RPF, partisan de l'Algérie française et membre d'un cabinet ministériel gaulliste.

Il faut se rendre à l'évidence, l'AC comme « art révolutionnaire » est une création de Jack Lang, une œuvre d'art, un *happening* qui a duré plus d'un quart de siècle. Il fait du ministre un artiste ! Il a eu le génie de donner ainsi à la gauche non communiste française, qui paraissait à l'époque très vieillotte, une allure branchée et moderne.

Personne n'a vraiment vu le tour de prestidigitation. Alors qu'il montrait exclusivement l'AC comme art officiel, il occultait la peinture qui comprenait pourtant divers mouvements très engagés à gauche. Cette fermeture fut notée et contestée. Le premier épisode d'une résistance à l'art officiel vint d'artistes qui en subissaient les conséquences. C'est ainsi que furent créés en septembre 1983 le Festival de France à Fontevraud et une agence gérée par des artistes pour faire circuler spectacles, concerts et expositions. Jack Lang perçut leur dissidence esthétique et leur indépendance logistique comme une dangereuse contestation de sa politique. Il mit au point alors la méthode, encore en vigueur aujourd'hui, pour museler toute dissidence : le « lynchage » médiatique. Simultanément, plusieurs journaux, *Le Monde* en tête, collent l'étiquette d'« extrême droite » à des intellectuels ou des artistes, les mettant ainsi au ban de la vie artistique.

C'est ainsi que la peur s'installa dans ces milieux, les contestataires étaient manifestement sous surveillance.

Les débuts de l'analyse critique de l'AC[1]

Les années 1980 connurent cependant un marché de l'art exceptionnel. Conceptuel ou non, tout l'art se vendait. Les artistes, « contemporains » ou « non contemporains », jouaient chacun dans leur catégorie et ne s'occupaient pas du voisin ; ils n'avaient pas de temps à perdre en discours théoriques, il leur fallait produire très vite beaucoup de marchandise. Les galeries prospéraient et personne ne se préoccupait de l'art officiel.

Au milieu de cette euphorie, quelques esprits cependant jetèrent ces années-là les premières bases d'une critique de l'AC. On se souvient de la consternation, chez les intellectuels médiatiques, provoquée par un article de Claude Lévi-Strauss en 1981 dans *Le Débat* sur « le métier perdu », où il faisait remarquer que, plus les peuples sont civilisés, plus

---

1. Publications à contenu critique des années 1980 : Jean CLAIR, *Considération sur l'état des beaux-arts*, Gallimard, 1983 ; Tom WOLFE, *Le Mot peint*, Gallimard, 1978 ; Henri MESCHONNIC, *Modernité, Modernité*, Verdier, 1988 ; Joseph-Émile MULLER, *La Fin de la peinture*, Gallimard, 1982 ; Jean-Paul ARON, *Les Modernes*, 1984 ; *Esprit*, « L'utopie Beaubourg dix ans après », février 1987 ; Yves MICHAUD, *L'Artiste et les Commissaires*, Jacqueline Chambon, 1989.

leurs arts et métiers sont savants et élaborés ; de leur indignation quand Jean-Paul Aron, dans *Les Modernes*, ose écrire en 1984 : « Dans la solennité d'une exposition officielle, les illusions se déploient d'une modernité répondant à la demande, et d'une provocation légitimée par le négoce… », et du scandale provoqué par la sortie du livre de Jean Clair, *Considération sur l'état des beaux-arts*, en 1983.

Le questionnement ne deviendra lancinant en France qu'après la chute du mur de Berlin en 1989, et l'effondrement du marché de l'art pendant la guerre du Golfe en 1991. Le premier événement met par terre les utopies politiques du progrès et de la révolution qui avaient légitimé l'AC en France. Le second oblige les praticiens de l'« AC », privés de marché, à trouver refuge dans les institutions pour survivre. Ils se proclament plus que jamais les tenants du seul art légitime, alors que les artistes sans label « contemporain » sont livrés à eux-mêmes, la mévente leur donnant le temps de réfléchir.

1990. La crise de l'« art contemporain »

Lorsque s'effondre l'utopie communiste, la vision manichéenne du monde de l'art en France perd de sa réalité avec beaucoup de ses arguments théoriques et pratiques. Ce ne fut pas sans ébranler le milieu de l'art officiel en France, car l'« art contemporain » et ses transgressions avaient pour mission, c'était leur légitimité, de subvertir la société afin de hâter la révolution inscrite au programme de l'union de la gauche au pouvoir.

Au même moment, les écrits de théoriciens de l'art américain, tels Arthur Danto, George Dickie, etc., sont enfin traduits en français et diffusés. Le commun des artistes se met à lire et à comprendre, avec stupéfaction, que l'« art contemporain » est davantage un art du libéralisme mercantile que de la révolution. Le positivisme pragmatique de la philosophie analytique américaine n'est décidément pas le mode naturel de pensée des Français, de quelque bord qu'ils soient. Quand Arthur Danto affirme : « L'art, c'est ce que les institutions disent être de l'art », en France, on appelle cela de l'arbitraire et ça ne passe pas ! Qu'on le veuille ou non, on se fait une idée plus sublime de l'art, on lui donne un pouvoir et une finalité supérieure, une légitimité morale. Car les « institutions », le « milieu de l'art », ce n'est pas, comme en Amérique, une oligarchie faite de représentants de grandes fortunes, qui achète et impose ses choix par le biais de fondations nombreuses et diverses. En France, c'est l'État seul et ses fonctionnaires, donc l'argent du contribuable.

À ce stade, le fond du débat devient difficile à discerner. Comment l'art de l'État peut-il être en même temps un art révolutionnaire, tout en étant identique à celui consacré à New York dans le sanctuaire du système capitaliste et libéral ? La crise qui s'ouvre en 1990 dévoile un grand désarroi. La sociologue Nathalie Heinich décrit bien cette confusion sous le nom du « paradoxe permissif » : l'État, en légitimant un art fondé sur la transgression, avant même que les critiques et le public n'aient le temps de se scandaliser, l'empêche de jouer son rôle de subversion. Dès lors, tous les acteurs du jeu sans exception sont entraînés par une culpabilisation, une perte d'identité et une errance labyrinthique. Yves Michaud, dans *La Crise de l'art contemporain*, tente de décrire cette époque :

> « La crise est loin d'être celle des pratiques mais plutôt celles de nos représentations de l'art et de sa place dans la culture. »

Les critiques prennent conscience qu'ils sont réduits à décrire, et le public qu'il est hors jeu. Seuls les monteurs de coups semblent être les maîtres du réseau. On s'aperçoit progressivement en Europe de l'existence de ces capitalistes-collectionneurs et de leurs méthodes, tels Charles Saatchi, Peter Ludwig, François Pinault, qui trustent à la façon américaine revues d'art, maisons de vente, fondations, musées, chaînes de télévisions, et par ces moyens tiennent le marché. Tout cela ne va pas dans le sens de cet art de gauche, pur et désintéressé.

Nous sommes donc en plein effondrement d'une forme de légitimité. Le vide est péniblement ressenti. Or l'« art contemporain », fondé sur le nominalisme, croyant en la transgression comme source de la création, a besoin d'une légitimité morale ou politique s'il ne veut pas sombrer dans l'arbitraire ou le vandalisme. Trouver une nouvelle légitimité est donc crucial pour sa survie. Cette situation va engendrer un débat dans le milieu de l'art, qui se traduira par des livres et de nombreux articles dans des revues savantes, mais n'apparaîtra quasiment pas dans la presse quotidienne, tenant ainsi le public à l'écart.

Théoriciens, critiques et sociologues

En France, la crise suscite trois types d'attitudes : celle des « critiques », celle des « théoriciens » et celle des « sociologues ». La différence entre les uns et les autres met du temps à apparaître car les personnalités engagées dans la querelle font partie des mêmes cercles administratifs ou universitaires, et partagent les mêmes orientations politiques – souvent à gauche et parfois à droite. On observera que les artistes ne participent pas de façon visible à la querelle.

Les critiques

Les « critiques » mettent sérieusement en doute l'AC de diverses manières[1] :
- Certains font l'état des lieux car ils sont membres de la fonction publique et, connaissant la réalité de l'intérieur, ils s'alarment de l'existence d'une bureaucratie de l'art. C'est le cas notamment de Marc Fumaroli, de Michel Schneider, de Benoît Duteurtre, de Maryvonne de Saint-Pulgent.
- D'autres ont passé quelques années aux États-Unis et décryptent, comme Jean-Louis Harouel, le phénomène de la contre-culture. Il constate l'ampleur du malentendu entre la France et l'Amérique.
- D'autres encore ont un point de vue historique. Or regarder l'AC dans la perspective du temps long, ou remettre en cause sa mythologie fondatrice, lui est fatal. Jean Clair, dont le champ d'investigation est l'histoire de l'art du XXe siècle, joue un rôle perturbateur car toute démarche historique sérieuse est soupçonnée de révisionnisme.
- D'autres enfin, sans se réclamer d'une légitimité spéciale, comme Jean-Philippe Domecq, soulignent l'arbitraire, l'absence de critères, mais aussi l'obligation stérile du nouveau qui étouffe l'« art contemporain ».

Les théoriciens

Les « théoriciens » ne mettent pas en cause l'AC[2]. La critique qu'ils en font a pour but d'améliorer sa théorie. Rainer Rochlitz, Jean-Marie Schaeffer, Yves Michaud, Philippe Dagen, etc., ont des propos critiques qui ressemblent en partie à ceux évoqués plus haut : trop d'intervention

---

1. Voir : Marc FUMAROLI, *L'État culturel,* Éditions de Fallois, 1991 ; Jean CLAIR, *Considérations sur l'état des beaux-arts, op. cit.* ; Michel SCHNEIDER, *La Comédie de la culture*, Seuil, 1991 ; Benoît DUTEURTRE, *Requiem pour une avant-garde*, Robert Laffont, 1995 ; Maryvonne de SAINT-PULGENT, *Le Gouvernement de la Culture*, Gallimard, 1999 ; Jean-Philippe DOMECQ, dans la revue *Esprit* en 1988, 1991, 1992, 1994, 1995 ; Jean-Louis HAROUEL, *Culture et Contre cultures, op. cit.* ; Jean CLAIR, « La fin d'un monde », *La Revue des Deux Mondes*, octobre 1992 ; la revue *Esprit* : « La crise de l'art contemporain, quels critères d'appréciation esthétique aujourd'hui ? » (II) février 1992 et « L'art contemporain contre l'art moderne » (III) avec des articles de Jean-Philippe DOMECQ, Marc LE BOT, Olivier MONGIN, Jean MOLINO, Daniel BOUGNOUX...
2. Voir : Yves MICHAUD, *L'Artiste et les Commissaires, op. cit.* ; Gérard GENETTE, *L'Œuvre de l'art*, tomes I et II, Seuil, 1994, 1997 ; Rainer ROCHLITZ, *Subversion et Subvention, op. cit.* ; Jean-Marie SCHAEFFER, *Les Célibataires de l'art. Pour une esthétique sans mythes*, Gallimard, 1996 ; Yves MICHAUD, *La Crise de l'art contemporain, op. cit.*

de l'État et un manque de critères d'appréciation. Mais, à la différence des critiques, ils désirent moraliser l'AC. Ils ont lu les écrits doctrinaux américains, connaissent bien les philosophes de la *french theory* – Foucault, Lyotard, Derrida, Deleuze – consacrés par les universités américaines. Ils tentent de forcer les blocages et impasses provoqués par les idéologies du progrès, de l'obligation du nouveau ou celles liées aux utopies totalitaires. Tous, malgré leurs idées « de gauche », considèrent la disparition de la finalité révolutionnaire de l'art comme une grande libération. Ils dessinent les traits d'une nouvelle forme de pensée débarrassée de toute contrainte, où la subjectivité est souveraine, où la réalité ne sera plus une limite à la pensée et à la création.

Mais ce « tout est possible » peut devenir « n'importe quoi », et l'esprit français ne s'y résout pas. Le problème des critères pour décider ce qui est « art contemporain » ou pas, finançable ou non par les institutions, taraude nos théoriciens-fonctionnaires. Tout leur effort sera tendu vers la création de nouveaux paradigmes esthétiques, en revisitant ce mot banni jusque-là par l'AC, lui attribuant des critères pluralistes, subjectifs et relatifs. Ils essaient aussi, paradoxalement, d'introduire une part d'objectivité dans une démarche nominaliste, ce qui relève de la quadrature du cercle.

Yves Michaud rêve de « mettre le relativisme sous contrainte de rigueur ». Chaque artiste énoncera désormais ses propres lois ! Même la peinture sera admise, sous condition que l'on ne la fasse pas en cherchant beauté et harmonie par le moyen d'un savoir et d'un métier. Plus exactement, beauté et harmonie ne seront plus des formes accomplies, mais des concepts que chacun pourra définir à son gré.

Rainer Rochlitz, quant à lui, énonce de nouveaux critères pour distinguer le bon art contemporain du mauvais, sans passer par l'esthétique traditionnelle : les maîtres mots sont cohérence, pertinence, originalité. Les critiques d'art, qui ne se résignaient pas tout à fait à devenir de simples hagiographes, s'en emparèrent aussitôt pour émettre un semblant de jugement.

Les sociologues

Les « sociologues » se targuent d'un point de vue distancié et objectif sur l'AC[1]. Ils jouent un rôle important dans le débat en révélant les

---

1. Voir : Nathalie HEINICH, « Légitimation et culpabilisation : critique d'un usage critique d'un concept » dans *L'art c'est l'art*, Musée d'ethnographie, Neufchâtel, 1999 ; Raymonde MOULIN, *L'Artiste, l'Institution, le Marché*, Flammarion, Paris, 1992.

métamorphoses du milieu de l'art et sa profonde crise d'identité. Ils tendent un miroir qui obligera au constat d'une réalité jusque-là cachée par l'idéologie.

Pierre Bourdieu, dans les années 1970, avait étudié les pratiques de l'art et contribué à bâtir toute une idéologie de l'art sous le couvert de son observation « scientifique ». En ce début des années 1990, Raymonde Moulin et Nathalie Heinich s'attellent à décrire le « milieu de l'art » : artistes, collectionneurs, public, marchands. Leur démarche scientifique n'est pas aisée car elles travaillent grâce à des commandes du ministère de la Culture, qui a des attentes bien spécifiques qu'elles risquent de décevoir.

1996-1997. L'apparition publique de la crise

Dans ce climat d'incertitude, intervient un incident qui met le feu aux poudres. Le 20 mai 1996, Jean Baudrillard livre dans le quotidien *Libération* ses réflexions de sociologue sur l'« art contemporain ». Il se produisit alors un malentendu sur le sens du texte qui fut perçu comme une critique radicale de l'« AC ». La violence du propos fit choc :

> « Toute la duplicité de l'art contemporain est de revendiquer la nullité, l'insignifiant alors qu'il est déjà nul. Viser le non-sens alors qu'on est déjà insignifiant. Prétendre à la superficialité en termes superficiels… Or la nullité est une qualité secrète qui ne saurait être revendiquée par n'importe qui. L'insignifiance, la vraie, le défi victorieux du sens, le dénuement du sens, l'art de la disparition du sens, est une qualité exceptionnelle de quelques œuvres rares, et qui n'y prétendent jamais. Il y a une forme initiatique du Rien ou une forme initiatique du Mal. Et puis, il y a un délit d'initiés, de faussaire de la nullité, le snobisme de la nullité de tous ceux qui prostituent le Rien à la valeur, le Mal à des fins utiles. Quand le rien affleure dans les signes, quand le néant émerge au cœur même du système des signes, ça, c'est l'événement fondamental de l'art. »

Il n'en fallut pas davantage pour que le jour même tout le milieu soit au courant. Il avait osé dire tout haut, dans un quotidien à grand tirage, ce qui se pensait tout bas. Ce propos a été pris à tort comme une critique radicale de l'« art contemporain ». Mal interprété, sans la perspective « postmoderne » encore peu familière au plus grand nombre, il a réjoui les uns et scandalisé les autres ! La plupart des lecteurs y voient une condamnation là où Jean Baudrillard ne fait que trouver un critère inédit de discernement ! Il n'accuse pas l'« art contemporain », mais la médiocrité de ceux qui le pratiquent ; il souligne la portée métaphysique, l'efficacité et la puissance de cet acte lucifèrien qui n'est pas à la portée de tout le monde. Il dénonce aussi, et cela aura un grand écho dans le public, la stratégie fondée sur la culpabilisation.

« L'art contemporain joue de l'impossibilité d'un jugement de valeur esthétique fondé et spécule sur la culpabilité de ceux qui ne comprennent rien ou qui n'ont pas compris qu'il n'y a rien à comprendre. »

Comme toujours dans ces cas-là, un sentiment de libération plane dans l'air. Contre toute attente, le public est vivement intéressé, et le courrier des lecteurs assailli. Tout le monde voudrait comprendre les clefs du mystère de la valeur de l'art officiel. Trente ans de refoulement se débondent.

En novembre, la revue *Krisis* dirigée par Alain de Benoist – anti-conformiste considéré comme extrémiste de droite, mais accueillant habituellement dans ses colonnes les intellectuels de gauche ou de droite qui comptent pour l'originalité de leurs idées –, consacre un numéro entier à la querelle de l'« art contemporain » et réunit des analyses très diverses : Jean Baudrillard, Jean-Philippe Domecq, Kostas Mavrakis, Jean Clair, Jean-Joseph Goux, Ben, Louis Védrines, Remo Guidiéri, Léon Krier... Peu de gens réputés à droite en somme ! Le numéro passe presque inaperçu.

En janvier 1997, *Le Figaro* publie une double page où conversent à bâtons rompus, de manière fort cultivée et courtoise, Marc Fumaroli et Jean Clair à propos de l'« art contemporain ». *Le Monde*, croyant à un complot, se mobilise avec Philippe Dagen. Celui-ci ne répond pas à l'analyse du *Figaro* en fournissant des arguments contraires, mais évoque la participation de Jean Clair à *Krisis* et dresse un réquisitoire, l'accusant de collaboration avec l'ennemi, de révisionnisme historique, de sympathies fascistes, etc. La polémique enfle. La télévision organise des émissions qui ressemblent à des procès. *Art Press* intitule un numéro « L'extrême droite attaque l'art contemporain », où Catherine Millet vitupère. Les articles se multiplient et le courrier des lecteurs est loin de soutenir les censeurs. Le public prend parti, et la possibilité de son arbitrage va vite être perçue comme un grave danger. L'arrière-plan politique est à la crise. Le Front national a connu quelques victoires aux élections municipales et gagné des villes importantes. Dans son programme, il est question de rendre la culture au peuple et de dépenser autrement l'argent culturel. Aussi un vent de panique souffle-t-il, et malgré le désir profond d'y voir clair, la conception d'un art dominé par l'idéologie politique revient au-devant de la scène et trouble le débat. Ceux qui exprimeront des doutes sur l'« art contemporain » seront des traîtres et des lepénistes de fait.

De cette panique fantasmagorique naît l'idée d'un colloque ayant pour partenaires et organisateurs le ministère de la Culture, le journal *Le Monde* et France-Culture. Le but de cette manifestation, dira Jean-François de Canchy, délégué général aux arts plastiques, « est de se retrouver entre professionnels : artistes et spécialistes, pour discuter entre soi et vider l'abcès ». L'événement attire à l'École des beaux-arts, lieu de la réunion, plus de mille personnes : artistes, fonctionnaires, critiques, représentants de la presse nationale et internationale. Arthur Danto, d'autres théoriciens et observateurs sont venus exprès de New York. Tous accourent dans l'espoir d'un débat… Les questions allaient être enfin posées : comment définir le concept d'« art contemporain » ? Est-ce un art officiel ? Les réticences du public posent-elles problème ? Quels sont les critères qui font de tout ce que l'on veut une œuvre d'art ? Quels sont les fondements de sa valeur ?

Mai 1997. L'apex

Nous sommes donc en mai 1997. Sur le podium, qui va vite ressembler à un tribunal, on voit les responsables du scandale : les « critiques » Jean Clair et Jean-Philippe Domecq, et leurs juges, les « théoriciens » partisans de l'autocritique salvatrice, Alain Cueff qui dirige le débat, Thierry de Duve, Jean-Philippe Antoine, Jöchen Gerz, Philippe Dagen, Catherine Millet. Baudrillard est absent, Ben également, ils sont pourtant eux aussi coupables d'avoir participé comme Clair et Domecq à la revue *Krisis*.

Alain Cueff annonce le contenu du débat en soulignant un paradoxe :

« L'art contemporain est à la fois un terme sans contenu qui a pour seule vertu, vertu négative, de désigner un objet global. De ce point de vue, il me semble qu'aussi bien les détracteurs que les défenseurs de l'art contemporain ont trop abusé de cette catégorie malheureusement indéfinissable. La première question que je voudrais poser est que, si l'art contemporain n'est pas justifiable d'une définition, je souhaiterais que nous envisagions les conséquences de cette in-définition… »

Au lieu du débat théorique tant attendu, on voit dès les premières minutes des accusations étranges pleuvoir sur les coupables désignés. Thierry de Duve commence par une attaque personnelle contre Jean Clair. Ce n'est pas sa pensée et ses arguments qui sont analysés, c'est lui qui est mis en accusation : son passéisme, sa mélancolie, sa nostalgie, son goût réel mais très conservateur pour l'art, sa crainte des femmes ! Puis il est mis en examen pour son engagement d'arrière-garde : modernité viennoise contre avant-garde parisienne, moscovite ou new-yorkaise.

Enfin le chef d'accusation tombe : sa peccamineuse collaboration à la revue *Krisis*. Il lui est reproché, en intervenant dans cette revue, « de prendre la gauche en otage et le peuple à témoin, ce qui est depuis longtemps la stratégie du Front national ». Pour conclure après une longue diatribe essentiellement politique :

> « Tu ne mérites pas l'accusation de voter Le Pen, d'être un fasciste et un négationniste ou de prôner un art totalitaire. J'ai fait ce que je pouvais mais ne te plains pas si d'aucuns traduisent, dans tes diatribes, tas de charbon par art dégénéré, grande peinture par peinture grandiloquente, métier par académisme, ou art français par préférence nationale ; ne viens pas te plaindre si mes amis ont recours aux amalgames grossiers d'une propagande à la Goebbels. »

Puis vient le tour de Jean-Philippe Domecq. C'est Catherine Millet qui s'en charge. Elle répond à son plaidoyer d'innocence en l'attaquant personnellement et non pour ses idées :

> « J'ai un petit regret car j'ai dans mes archives une photographie que j'aurais pu vous brandir comme Jean-Philippe Domecq vient de vous brandir une image d'Alain Séchas, c'est une photographie d'un tableau de Jean-Philippe Domecq. Vraiment ce tableau est tellement mal fichu, tellement moche que vous comprendriez très bien une certaine forme d'art qui se fait aujourd'hui. [...] La pensée de Domecq s'appuie en partie sur la peinture qu'il a essayé de faire et qu'il n'a peut-être pas faite, aussi sur la littérature qu'il a essayé de faire et qu'il n'a peut-être pas faite. »

Ces attaques personnelles, malgré leur apparente irrationalité, ont un fondement théorique qui fait partie d'un dogme établi : la pratique « non contemporaine » de l'art est considérée comme une névrose, une délinquance grave de la pensée, un délit contre l'humanité, une forme moderne du mal.

Le débat revient de façon récurrente sur le danger que représente pour l'art le métier, l'enracinement et l'identité. Ainsi, Philippe Dagen somme Jean Clair de s'expliquer sur ce texte extrait de *Critique de la modernité* (1983) qu'il cite :

> « Or il existe un génie de l'art d'un peuple, comme il existe un art de la langue. Il existe une palette française basée sur un accord de bleu et de rouge qui commence à Jean Fouquet et qui continue jusqu'à Matisse. »

Devant le silence de Jean Clair, sa sentence tombe :

> « Je ne crois pas que les notions comme l'enracinement et le terroir aient été seulement contaminées, mais qu'elles font partie prenante d'une certaine idéologie qui peut devenir une certaine esthétique. »

Catherine Millet brandit alors la couverture de *Krisis*, le corps du délit ! Elle désigne la reproduction en couverture d'une gravure d'un artiste des années 1930, inspirée de Dürer, historiée de lettres gothiques. C'est une preuve du nazisme des accusés !

Un immense brouhaha s'élève alors de la salle, mêlé de rires de plus en plus puissants. Surprise, l'oratrice s'interrompt... Elle comprend que quelque chose va mal. Des auditeurs compatissants lèvent le bras dans sa direction, pointant le doigt vers un espace au-dessus d'elle et de tout le podium. Là, flotte un immense calicot reproduisant en lettres géantes le titre du journal *Le Monde*... en gothique ! Les cris de la salle sont entrecoupés de sifflements. Un vaste haussement d'épaule saisit le public. La tentative de lynchage a échoué, la salle ne suit pas, les attaquants sont déconsidérés. Le délégué aux arts plastiques Jean-François de Canchy, voyant cette débâcle, se met à l'écart et appelle avec son portable sur-le-champ son ministre pour lui conseiller de ne pas venir clore le colloque comme il était prévu.

C'est le peintre Cremonini qui conclut exprimant la déception générale :

« Ce débat a été malsain, il s'est concentré sur des idéologies alors même qu'elles ne représentent plus rien ! C'est là qu'est la crise... »

S'il n'a pas été possible tout le long du colloque de donner une définition et des critères à l'« art contemporain », celui-ci a été néanmoins défini « en creux » par opposition à l'art, incarnation du mal, et cela par le truchement inattendu d'un procès et d'une condamnation.

Le lendemain, la presse française fit peu de commentaires ; la presse étrangère rendit compte plus longuement de l'étrange phénomène. Arthur Danto, venu de New York en observateur, n'en croyait pas ses oreilles : les Français croient encore que l'« art contemporain » est une affaire politique entre la droite et la gauche !

Ce jour-là fut enterré le « débat » qui faisait rage depuis huit mois, d'un accord tacite des comités de rédaction, et il en est encore ainsi aujourd'hui dix ans après.

En effet, un accord tacite a conduit la presse quotidienne et hebdomadaire à ne plus aborder le problème. Un mois plus tard, les élections ont eu lieu, le ministère de la Culture retourna à un ministre de gauche. Les subventions furent à l'abri, et Mme Trautmann essaya de redonner une unité et une identité à ses artistes en faisant d'eux des « artistes citoyens », forces créatives de la nation, animateurs, instruments de lien social. Par ailleurs, une de ses premières interventions fut de créer un comité de vigilance contre « le grave danger de l'extrême droite » appelant à la dénonciation. Le Pen paraît un ennemi structurant plus convaincant que Jean Clair. La justification républicaine de l'« AC » fut ainsi trouvée, et les esprits se calmèrent, enfin !

Les années 2000. Le débat est un domaine réservé[1]

L'atmosphère change beaucoup… Dix ans après la chute du mur de Berlin, sur les ruines de l'utopie, la conception américaine de l'art, expression du libéralisme, vecteur de la communication, subventionnée par les marques, intégrée au mouvement de la mode, s'impose partout et ne scandalise plus les intellectuels français. Auraient-ils fait le deuil de la révolution ?

Pas tout à fait sans doute ! Les théoriciens s'inquiètent du vide théorique que ces nouvelles orientations provoquent et tentent d'y remédier en produisant de la théorie afin de prévenir les critiques qui pourraient remettre complètement en cause l'AC. Yves Michaud, Nicolas Bourriaud et quelques autres s'y emploient. Ils prétendent faire à la fois le discours sur l'AC et la critique. Ils sont tout le débat à eux seuls. C'est ce que l'on appelait jadis l'« autocritique ». Toute autre contestation que la leur est jugée illégitime, forcément d'« extrême droite », donc condamnable.

Un des piliers de leur théorie est la « dé-définition ». Tout peut devenir de l'AC. Seules trois choses, considérées comme des hypostases du mal, lui sont contraires : la beauté, la valeur et l'identité.

La beauté

Dans son livre *La Crise de l'art contemporain*, Yves Michaud désigne clairement le mal : l'idéal, le positif, le beau. Il considère ces notions comme des outils des pouvoirs totalitaires, utiles à la propagande. Comme beaucoup, il voit le beau au mieux comme une convention, au pire comme une démarche nazie :

> « L'idée d'une grande esthétique pour un grand art est la machine fictive et terroriste destinée à nier cette réalité plurielle des comportements artistiques et esthétiques. Elle est corrélative des entreprises pour nier la diversité des groupes au sein de l'espace social. »

---

1. Les théoriciens du nouvel art contemporain se cooptent entre eux, pour l'essentiel Nicolas Bourriaud, Yves Michaud et Daniel Sibony. Nicolas BOURRIAUD : *L'Esthétique relationnelle*, Presses du Réel, Dijon, 2003 ; *Post-production*, Presses du Réel, Dijon, 2003 ; interview dans *Le Monde* du 25 juin 2004. Yves MICHAUD : *Critères esthétiques et jugement du goût*, op. cit. ; *L'Art à l'état gazeux, essai sur le triomphe de l'esthétique*, op. cit. Daniel SIBONY, *La Création. Essai sur l'art contemporain*, op. cit.

Il faut accepter la réalité. L'art ne permet pas la communion entre les hommes, n'est pas un ciment social, ne l'a jamais été. L'art est faux lorsqu'il recherche l'harmonie, car celle-ci n'existe pas dans la société. L'idéalisme en art et l'utopie du progrès appartiennent à un sombre passé, et Yves Michaud ne désigne pas seulement l'art du IIIe Reich mais tout l'art non contemporain et néanmoins d'aujourd'hui.

La valeur

Est rejeté aussi comme un mal le désir, propre à l'art, de dépassement et de perfection. Cette activité subvertirait l'égalité démocratique :

> « On ne peut aller contre la démocratisation, le grand mouvement de la diversité culturelle, malgré le risque de ghettoïsation ou d'atomisation de la société. »

Il faut aller dans le sens inéluctable de l'histoire ! Yves Michaud conclut son livre *La Crise de l'art contemporain* par ces mots :

> « La tâche de ceux qui aiment l'art pour lui-même et non comme religion, est de dénoncer la comédie du grand art. La tâche de ceux qui aiment la démocratie pour elle-même, et non comme dernier avatar de la totalité, est de penser et de mettre en pratique les conditions d'entente minimales et imparfaites entre hommes égaux et libres. »

Il demande aux Français de faire le deuil de l'illusion de l'excellence, de l'exception de leur culture. Nicolas Bourriaud lui fait écho en prônant, quant à lui, « le mixage du haut et du bas ».

La virtuosité, le charisme unique, le talent, l'accomplissement d'un chef-d'œuvre, sont pures illusions. La valeur en soi n'existe pas. Daniel Sibony, dans *La Création – Essai sur l'art contemporain*, écrit : « Une œuvre vaut, parce que des gens qui valent en parlent », c'est ce qu'il nomme le « partage narcissique » et que Nicolas Bourriaud appelle l'« esthétique relationnelle ». L'œuvre, c'est la relation entre le créateur et le « regardeur ». L'artiste n'est plus maître par son talent de la valeur.

L'identité

La dernière hypostase du mal est toute forme d'identité. Daniel Sibony, psychanalyste et théoricien de l'AC, explique cette conception négative de l'« identité ». Il décrit les ressorts créateurs de l'art, au sens « non contemporain » du terme, comme faux et mauvais car ils subliment les désirs non réalisés et sont une fuite dans l'idéal. En revanche, la vraie création, l'essence même de l'« art contemporain », est la remise en cause permanente de l'identité. Daniel Sibony écrit :

« L'art actuel travaille la cassure identitaire comme une ouverture d'un entre-deux sans lequel cette cassure semble une déréliction. C'est par l'entre-deux que le narcissisme est sauvé de son piège : le nihilisme et le fétichisme. »

L'identité est donc un mal, une position défensive, une sclérose, une peur de l'inconnu, et l'AC a pour finalité supérieure de

« déjouer l'identité et de la prendre comme processus. Il n'y a pas de fin au processus identitaire, il n'y a pas de vraie identité, ni de vraie différence. Il n'y a pas d'œuvre meilleure que toutes les autres, pas de chef-d'œuvre. Ces œuvres sont néanmoins efficaces parce que l'espace de la jouissance narcissique est plus vaste que celle du plaisir ».

L'autre facette du mal absolu est donc un « art » enraciné, la suite naturelle d'un art millénaire, qui procéderait d'un lieu. Ce mal a pour nom « repli identitaire ».

L'idée de la nocivité de l'art et de la nécessité de le combattre était déjà présente dans le *Mode d'emploi du détournement* de Guy Debord et chez les situationnistes des années 1950. Soixante ans après, elle est un des postulats de la nouvelle théorie de l'« art contemporain ».

L'art postmoderne n'en demande pas tant ! Nicolas Bourriaud, dans *Post-production*, sait comment désamorcer le danger que représente l'art : « Au lieu de se prosterner devant les œuvres du passé, s'en servir ! » Il suffit donc de le parasiter, de le squatter, de le détourner, de le mettre à distance, de le parodier. C'est ce qui est mis en œuvre par le ministère de la Culture grâce à un important budget prévu à cet effet. Les conservateurs de tous les musées de France sont tenus de se plier à ce procédé en exposant, en vis-à-vis des chefs-d'œuvre, des installations « qui dialoguent » avec elles.

Les théoriciens répondent aux critiques de l'AC

Les critiques de Jean Clair et de Jean-Philippe Domecq ont porté néanmoins, et tout l'effort des théoriciens sera de leur répondre.

Pour répondre à la critique de Jean-Philippe Domecq sur la stérilisante « obligation du nouveau », les nouveaux théoriciens veulent se dégager de l'utopie du progrès qui a fait le lit des idéologies totalitaires du XXe siècle. Ils s'en déclarent exempts par l'affirmation d'un pluralisme total. Dans une interview au *Figaro* du 25 juin 2004, Nicolas Bourriaud, alors directeur du palais de Tokyo, avoue qu'« aucun artiste aujourd'hui ne revendique la notion de nouveau », que « l'avant-garde est une notion dépassée de la modernité », car « cette notion s'éteint avec la perspective de la révolution ».

> « La question artistique n'est plus : Que faire de nouveau ? mais plutôt : Que faire avec ? Autrement dit comment produire de la singularité, comment élaborer du sens à partir de cette masse chaotique d'objets, de noms propres et de références qui constituent notre quotidien ? Ainsi les artistes actuels programment plutôt que composent. Ils ne transfigurent pas, ils utilisent le donné. »

Yves Michaud, pour contrer Jean Clair, jugé « élitiste », écrit dans *La Crise de l'art contemporain* :

> « Tout est source de création, il faut refuser toute idée de haute ou basse culture. Il faut tout prendre. »

Rejoint par Bourriaud, qui affirme :

> « L'art est une activité qui consiste à produire des rapports au monde. »

Cela exclut peu de choses…

À la critique générale soulignant l'absence de sens et de finalités de l'AC, Nicolas Bourriaud va trouver quelques finalités nouvelles. Dans *Post-production*, il revendique une culture de l'usage. La valeur et le sens de l'œuvre procèdent uniquement d'une « collaboration », d'une « négociation » entre l'artiste et le spectateur. C'est le « communisme formel ».

Ainsi, il a fallu que le mur de Berlin tombe pour que l'utopie communiste se réalise enfin, de façon symbolique et « spirituelle », au cœur du monde capitaliste ! Dans l'« esthétique relationnelle », Bourriaud trouve une utilité à l'art pour compenser la finalité révolutionnaire :

> « L'art est le dispositif formel qui génère des relations entre personnes. Il n'y a pas d'œuvre sans le regardeur. »

Certes, la formule remonte à Duchamp mais elle trouve dans la pensée bourriadienne son plein épanouissement et une utilité dans le nouvel ordre social.

Yves Michaud préfère dire qu'il n'y a pas de fin à l'art et que seul le mouvement est essentiel. Le but n'est rien, le mouvement est tout, les choses doivent être « autrement », mais sans être définies d'avance.

À la critique récurrente du caractère violent de l'AC, les théoriciens répondent en chœur que c'est la source même de la création.

« Au gré des emprunts, recyclages, métissages et piratages, l'art contemporain ne cesse de produire de l'invention. »

Nicolas Bourriaud rejoint Jean Baudrillard sur ce point. Dans une société de l'indifférencié, seul l'art peut encore fournir la négation, la violence nécessaire pour maintenir le corps social en vie !

Avril 2007. Le débat caché sur l'art refait surface…

Malgré tous ces contre-feux, malgré la nouvelle théorie, malgré les réponses à la critique, la contestation du système de l'AC ne disparaît pas. Internet a sorti beaucoup d'artistes de leur isolement, toute une littérature critique circule de revue en site, de site en blog et en correspondances. Le procédé est plus rapide que la photocopieuse des années 1980 ! C'est un immense samizdat spontané qui s'est mis en place. La revue *Artension* a joué aussi un grand rôle, Pierre Souchaud s'étant attaché à découvrir et à faire connaître des points de vue critiques très variés.

Le silence consciencieux des grands médias sur ce sujet n'empêche pas certains aspects du débat de faire régulièrement surface de façon furtive et inattendue par le biais de procès, comme l'affaire Pinoncelli ou « Présumés innocents », pour disparaître aussitôt.

L'affaire Rémy Aron : les artistes entrent en scène

En mai 2007, la controverse resurgit sous une forme inédite. Voici les faits. Le bureau de la Maison des artistes et son président Rémy Aron ont voulu profiter de l'élection présidentielle pour « communiquer » et faire connaître les problèmes de survie des 45 000 artistes qui cotisent au régime de sécurité sociale dont ils ont la charge[1], régime par ailleurs exemplaire parce que bénéficiaire. Ils ont demandé à chaque candidat à la présidentielle leur programme sur les questions intéressant les artistes plasticiens pour diffuser ces informations sur leur site Internet. Rémy Aron sollicita également à chacun un rendez-vous afin d'exposer les souhaits de la profession.

Deux candidats seulement ont envoyé leurs programmes : Olivier Besancenot l'a fait sous forme d'un email reproduisant les lignes générales de son programme. Nicolas Sarkozy a répondu, par une lettre, à toutes les questions posées.

---

1. L'Association de la Maison des artistes gère le régime de « Sécurité sociale des artistes auteurs d'œuvres graphiques et plastiques ».

Rémy Aron et François de Verdière ont été invités par José Frèches et Stéphane Fradet-Mounier à exprimer les desiderata des artistes au cours d'un entretien retransmis sur NS-TV, diffusé sur le site Internet du candidat[1]. Au cours de cette entrevue furent évoquées, entre autres, quelques convergences entre les demandes de la Maison des artistes et le programme de Nicolas Sarkozy.

Rémy Aron dit s'être réjoui d'avoir entendu Nicolas Sarkozy employer le mot « beauté » et évoquer la « hiérarchisation des valeurs » dans son discours électoral, notions auxquelles les artistes ne peuvent être que sensibles. Lui-même est peintre et, par le dessin qu'il enseigne, il a l'expérience de cette hiérarchisation des « valeurs », ce qui en termes de métier signifie la maîtrise de l'échelle qui va de l'ombre à la lumière. Il exprime sa satisfaction d'avoir relevé dans le programme électoral du candidat le projet de développer l'enseignement de l'histoire de l'art et du dessin à l'école, que la Maison des artistes préconise.

Le but de l'opération était, en accord avec ses mandataires, de donner une visibilité aux points de vue des artistes et de faire du lobbying en prévision de la suite des événements. Cette vidéo a été la plus consultée du site de Nicolas Sarkozy. Cette stratégie de communication a eu pour résultat remarquable d'avoir pu exposer pour la première fois au grand public les vrais problèmes des artistes vivant en marge de l'État. Les artistes plasticiens ont été ainsi les seuls visibles pendant cette campagne !

Cela valut néanmoins à Rémy Aron, dix jours après, un lynchage médiatique en règle et organisé. Du 20 avril au 4 mai, il eut droit à un tir groupé... *Le Monde* condamne le délinquant[2] ; Annette Messager sur France-Culture[3] exprime, sur un ton où l'émotion est à son comble, sa stupéfaction et sa révolte devant des propos « indécents », « obscènes » et « réactionnaires » ; le *Journal des arts*[4] parle de « relents populistes » et « pétainistes » ; les *Inrockuptibles*[5] titrent « Un réac à la Maison des artistes » et évoquent Le Pen, comme en 1997, relayé en juin par la revue *Beaux-Arts*. Il est accusé d'avoir donné des consignes de vote en faveur de Nicolas Sarkozy, ce qui n'a jamais été le cas. Même si ses opinions sont connues pour être à droite (UMP), Rémy Aron a exprimé là les

---

1. NS-TV, émission « Focus » du 12 avril 2007 sur le site Internet du candidat UMP Nicolas Sarkozy.
2. *Le Monde*, 28 avril 2007, « Les plasticiens tous derrière Sarko ? », Nathaniel Herzberg.
3. France-Culture, émission « Tout arrive », Arnaud Laporte, 20 avril 2007.
4. *Le Journal des arts*, Roxane Azima, 27 avril 2007.
5. *Les Inrockuptibles*, 4 mai 2007.

opinions de la majorité des artistes qui l'ont élu et du bureau. Il demande la défiscalisation des achats d'œuvres d'art jusqu'à 15 000 euros[1], la reconnaissance de la diversité des expressions au sein du ministère de la Culture, il réclame la représentation des artistes dans les conseils qui décident de leur sort. Il veut mettre l'artiste au centre de la vie artistique.

Pour l'éliminer, l'attaque se concentre sur le fait qu'il a transgressé le dogme de l'AC. Daniel Buren et quelques autres célébrités ont déclaré : « C'est très grave ! » Il met le monde de l'art en danger : il a parlé de beauté, de hiérarchie des valeurs ! C'est « le retour à l'ordre ». On les comprend, ils ont tout à perdre. Mais c'est un petit nombre d'artistes officiels, bénéficiaires des largesses de l'État, qui protestent. Alors pourquoi ce tremblement d'horreur, ces réactions hystériques devant la transgression de Rémy Aron ?

On comprend que remettre en cause le dogme selon lequel toutes les œuvres sont équivalentes et que tous les artistes sont égaux puisse provoquer des angoisses. Parler de valeur, de beauté, d'apprentissages et de savoirs, c'est menacer un privilège. Celui d'échapper au jugement et à l'évaluation sur les compétences, les savoirs et les talents en vigueur dans tous les autres domaines de la vie sociale.

Les personnes désirant destituer Rémy Aron n'ont donc eu aucun mal à lancer une pétition pour qu'il démissionne. Des « noms » comme Boltanski, Sophie Calle, Annette Messager, Sarkis donnent l'exemple... Un millier d'artistes et de gens du « milieu » l'ont signée, selon *Le Monde* du 5 mai... Après examen, il semblerait que la plupart ne cotisent pas à la Maison des artistes ou ne sont pas des artistes proprement dits... Reste les 40 000 autres cotisants, artistes professionnels...

Les artistes veulent un débat : le manifeste « L'art c'est la vie »

Au même moment et sans concertation, un manifeste circule, signé par une centaine d'artistes, souvent connus. La nouveauté absolue est qu'il s'agit d'un mélange de peintres de toutes tendances, dont deux académiciens, mais aussi des conceptuels, tout particulièrement des membres de Support-surface, grandes figures de l'art officiel, ayant évolué, pour certains, vers la peinture.

Ce manifeste a pour nom « L'art c'est la vie ». Cette formule fait sans doute écho à dada, aux surréalistes, à Fluxus, à Beuys et à Duchamp ; elle souligne le mouvement perpétuel, le dépassement des contraires propres à l'art. Que dit ce texte ?

---

1. Soit les prix pratiqués par 99 % des artistes, ceux précisément qui n'intéressent pas le ministère et la spéculation.

« Nous représentons trois générations et des courants et options esthétiques différents. Il est temps d'ouvrir le débat. Peintres et sculpteurs sortent de leur réserve pour la première fois depuis 1972[1]. »

Le manifeste accuse le « ministère public de désorganiser le cadre naturel par ses excès ». Il dénonce « le monopole officiel, les manipulateurs masqués qui imposent une pensée unique soumise au marché et à la mode, l'art du spectacle ». Il condamne « la centralisation abusive du pouvoir aux mains d'un petit groupe de censeurs » ainsi que « le détournement des Frac, les choix mondains de l'AFAA ». Ils demandent de « libérer la création de l'encadrement officiel » et de « témoigner de la diversité artistique ». Ils veulent « la participation effective des artistes aux Conseils qui décident de leur sort », souhaitent « le soutien des initiatives privées par des mesures efficaces » et enfin « l'enseignement artistique dans les écoles ».

Le « scandale Rémy Aron » et le manifeste « L'art c'est la vie » n'avaient pas été prémédités mais se sont conjugués fortuitement. En effet, en pleine crise médiatique contre Rémy Aron, le texte du manifeste fut diffusé par Internet aux adhérents de la Maison des artistes, soulignant la coïncidence des deux combats. Dans les jours qui ont suivi, des centaines d'artistes ont adhéré au manifeste.

Fin juin 2007, ce qui était impensable parce qu'invisible, soudain est apparu en pleine lumière : beaucoup d'artistes, quels que soient leurs choix esthétiques, n'acceptent pas l'idée d'un art officiel et trouvent absurde qu'il y ait un corps d'*inspecteurs de la création*. Sites et blogs, magazines Internet entrent en action. Ainsi Catherine Plassart à « artpointfrance », Carla Van der Rohe à « artaddiction », ainsi que toute une nébuleuse de blogs, diffusent l'information sur les péripéties du « débat » et mettent en lumière souvent avec humour la « critique cachée » du système. Marie Sallantin est une pionnière dans ce domaine ; elle avait été une des rares artistes à intervenir lors de la controverse en 1997 ; en 2000, elle crée un des premiers sites : « Face à l'art[2] ». L'échec de 1997 l'avait décidée à résister, *via* Internet, à l'enfouissement médiatique du débat. En juin 2007, elle est l'auteur d'une lettre ouverte à la ministre Christine Albanel au moment où elle prend ses fonctions, pour l'informer de l'existence d'une dissidence difficile à ignorer désormais comme elle le fut jusqu'à ce jour. Contrairement aux intermittents du spectacle, il n'est pas demandé à la ministre avantages, subventions et passe-droits mais plutôt transparence, objectivité

---

1. Signatures envoyées à jmmeurice@wanadoo.fr. Voir www.artpointfrance.info/article-6600637.html.
2. www.face-art-paris.org, artaddiction.canalblog.com, www.face-art.org

et abstention créatrice. Soit, *de facto*, la disparition de la Délégation aux arts plastiques (DAP).

Accepter les deux définitions

Le débat entre les modernes et les postmodernes n'a donc pas encore eu lieu. Il n'y a eu qu'insultes et anathèmes. Pour qu'il puisse avoir lieu, il faudrait d'abord accepter l'éclatement sémantique qui a maintenant cinquante ans. Il existe de fait deux activités, et deux définitions sont donc nécessaires : l'une pour l'art et l'autre pour l'AC.

L'art recherche la métamorphose positive de la matière, un accomplissement de la forme délivrant ainsi le sens. L'artiste accepte donc d'être jugé selon des critères de forme, de courir le risque de ne pas être bon, de rater des œuvres.

L'AC est tout, sauf l'art. La notion d'in-définition doit être reconnue mais dans cette limite.

Le dialogue sera enfin possible ! Il y aura des écoles, des marchés, des galeries différentes, pour chaque catégorie. L'incontournable ministère de la Culture, en attendant que les fondations se multiplient et que le marché s'améliore en France, créera un département supplémentaire pour que l'art soit aussi représenté et pas seulement l'AC, à moins qu'elle ne supprime tout simplement la DAP. Les médias prévoiront deux rubriques. Les artistes, les critiques, les amateurs choisiront en pleine connaissance de cause ce qui leur correspond le mieux. Le principe de la non-confusion a l'avantage de libérer tout le monde : artistes, amateurs et critiques. L'artiste choisit librement sa catégorie et la façon dont il veut être regardé et jugé. L'amateur et le critique savent aussi comment ils doivent regarder l'œuvre, la comprendre et l'évaluer sans avoir à se confier à des experts. Chacun retrouve ainsi son libre arbitre, ce qui, dans le domaine de la création et de la fréquentation des œuvres d'art, est essentiel. Il n'y aura plus de « ressentiment », de frustration ou d'incompréhension. Chaque activité aura sa nécessité.

12

Les questions inaudibles

> « *Toute peinture n'est pas de la peinture. Entre peintres on sait ce qui est peint et ce qui ne l'est pas. C'est de l'ordre de l'intuition, artisanale, c'est de l'ordre du métier, de l'expérience sensible, de la mémoire. Il est absurde de dire que la peinture est morte, aussi stupide que d'affirmer que notre langue n'a plus rien à dire sous prétexte qu'elle a plusieurs milliers d'années.* »
>
> Pascal VINARDEL[1]

L'AC est problématique… Le commun des mortels s'interroge mais, en l'absence d'explications, pense qu'il faut être un spécialiste, qu'« il n'y connaît rien », et il renonce à comprendre. Il lui est difficile d'imaginer qu'artistes, amateurs et critiques sont tout aussi perplexes !

Il existe un interdit. Il y a des questions que l'on ne pose pas. En 1997 et en 2006, Marie Sallantin puis Giovanni Lista ont osé formuler publiquement les interrogations que tout le monde se pose en secret.

Marie Sallantin, en pleine crise de l'AC en 1996-1997, eut l'idée de questionner tous ceux qui écrivent sur l'art : historiens d'art, critiques, philosophes, institutionnels. Elle est peintre et elle perçoit le décalage entre leurs discours et la pratique de l'art, elle s'étonne de l'étrange silence des artistes dans cette violente querelle sur la définition de l'art. Elle entreprend une enquête avec Colin Cyvoct et Gilles Marrey.

Quand, en 2006, Giovanni Lista reprend l'idée du questionnaire pour la revue *Ligeia*, il l'adressera cette fois-ci aux artistes.

---

1. Pascal Vinardel, peintre, dans une interview parue dans *Artension*, n° 16, mars 2004.

Marie Sallantin et Giovanni Lista s'inspirent tous deux d'une similaire initiative faite au début du siècle.

Le questionnaire de Charles Morice

En 1905, Charles Morice, critique littéraire, poète, romancier et ami de Paul Gauguin, lance une « enquête sur les tendances actuelles des arts plastiques ». Dans un moment de grande transformation où régnait un certain désarroi, il avait posé cinq questions à une soixantaine de peintres dans le but de cerner ce qui se passait au sein même du milieu de l'art.

Charles Morice a conscience de se trouver à un moment charnière et il s'interroge :

> « Il est manifeste qu'à l'époque présente les arts plastiques hésitent entre des souvenirs et des désirs, ceux-là pesant lourdement sur ceux-ci, les gênant dans leur essor. Il en résulte, surtout chez les jeunes, un trouble profond que les expositions annuelles avouent depuis longtemps. Nous sommes au lendemain de quelque chose mais sommes-nous aussi à la veille de quelque chose ? [...] L'initiative de s'affirmer ici prend à cette date, au lendemain de l'impressionnisme, en cette vigile de l'inconnu, un intérêt historique. »

Voici ses questions :

1. « Avez-vous le sentiment qu'aujourd'hui l'art tende à prendre des directions nouvelles ?
2. L'impressionnisme est fini, peut-il se renouveler ?
3. Whistler, Gauguin, Fantin-Latour, qu'emportent ces morts ? Que nous laissent-ils ?
4. Quel état faites-vous de Cézanne ?
5. Selon vous, l'artiste doit-il tout attendre de la nature ou seulement lui demander des moyens plastiques de réaliser la pensée qui est en lui ? »

Il publiera son texte de présentation et les 52 réponses dans la revue *Le Mercure de France* en août et septembre 1905. En introduction aux réponses faites par les artistes, il énumère toutes les composantes de la crise et signale sa nouveauté dans l'histoire. « Tous les siècles voisinent dans le nôtre... » L'artiste se trouve « partagé entre des directions contraires ». Il vit douloureusement, produit « périssablement, dans un instable équilibre ».

> « Je ne sache d'exemple plus saisissant, plus poignant de l'universelle dispersion moderne. Comme dans les arts, toutes les écoles toutes les religions, maintenant toutes les philosophies se coudoient et se

contredisent avec l'abominable sérénité de l'indifférence, et il y a les impressionnistes et les officiels, les symbolistes et les réalistes de la Foi, de la science sociale, de la politique, aussi bien que ceux de la plastique. Nul accord ; chacun cherche uniquement et cultive exclusivement ses propres différences au lieu de s'efforcer de rejoindre ses semblables, mais il n'y a plus de semblables. »

Il évoque avec scepticisme les « optimistes » qui disent que cela a toujours été ainsi, que « le chaos est la part nécessaire du désordre, que le génie et le talent y trouvent leur voie... » Il perçoit la singularité de cette crise :

« Ils ne tiennent pas compte de la grande nouveauté qui caractérise l'instant actuel et contre lequel il n'est pas permis d'invoquer l'autorité de la tradition, car elle la dément : et cette nouveauté considérable est, précisément, que nos contemporains ont cru à la possibilité d'une "nouveauté" en art. C'était fatal et, à bien connaître les caractéristiques de la pensée vivante, ivre de conquêtes scientifiques, profondément atteinte de ce mal si grave, la Foi dans le progrès indéfini de l'espèce, toute retentissante d'incompréhensifs mépris pour le passé, on pouvait prévoir la crise que subissent aujourd'hui l'art et les artistes. Jamais en effet jusqu'à nous on ne fit la Révolution, en art, que pour se retourner aux principes. »

« Je ne m'attarderai pas à faire le tableau de cette sorte de tempête où tous les vents soufflent dans le même sens, ni même à faire la part heureusement sûre, abondante et constante des maîtres : un Rodin, un Carrière, un Degas, un Redon et tels rares autres, pôles solides, où pourra toujours l'avenir prendre son départ et sa direction. Je n'écris ici que des notes préliminaires, c'est la tempête qui va suivre ! Spectacle extraordinaire ! Les sincérités sont incontestables, la beauté même des efforts s'impose à notre respect, et vous allez pourtant voir, chez des artistes représentant deux générations à peine, s'affirmer de tendances inconciliables, irréconciliables, chacune plausible tant que parle tel ou tel et si nous n'avions pas nous-mêmes pris un parti auquel nous entendons nous tenir. »

Après avoir laissé la parole aux artistes et publié leurs réponses, Charles Morice termine son enquête en citant le peintre Eugène Carrière :

« Les artistes d'aujourd'hui sont pleins d'ardeur. Leurs recherches sont souvent fébriles, mais toujours vivantes. Tout est pour nous source d'espoir. Lorsque les fleurs sont pleines d'abeilles, la ruche est proche. »

Charles Morice ajoute en guise de conclusion cette phrase sibylline :

« Mon pessimisme volontiers cède à son optimisme héroïque. »

Marie Sallantin : question aux critiques

À la fin du XXe siècle, la situation se renverse. Ce ne sont pas les artistes qui font et évaluent l'art mais les critiques, institutionnels, historiens d'art, « experts » en tout genre. C'est donc eux qu'il faut interroger.

Marie Sallantin leur adressa cinq questions comme celles de Charles Morice. C'est donc cette fois-ci les peintres qui questionnent ce « milieu de l'art » qui déclare désormais ce qui est de l'art et ce qui ne l'est pas, et qui préside à leur destin :

1. « Si l'événement de la fin du siècle précédent retenu par l'enquête de Charles Morice a été l'impressionnisme, quel événement majeur retenez-vous pour la compréhension de l'art de l'après-guerre à nos jours ? Quels artistes vous semblent émerger ?

2. La fin de l'avant-gardisme est-il une heureuse ou fâcheuse nouvelle ? Que pensez-vous de ses conséquences pour l'art et pour la critique ?

3. Faut-il écarter une résurgence de la peinture et de la sculpture au XXIe siècle ? Le goût de juger des œuvres peut-il renaître aussi ?

4. Les analyses sociologiques ont montré l'importance des valeurs de communication dans l'art contemporain au détriment des valeurs liées à l'œuvre. Quel avenir pour le Musée si la confusion est entretenue entre ces deux systèmes de valeur ?

5. À votre avis, l'art contemporain est-il parvenu à ses fins : décevoir toute attente d'art ? Que dire alors de sa prétention du Musée ? Son insuccès persistant auprès du public s'explique-t-il par le traditionnel rejet de la nouveauté ? »

Questions abruptes ! Trente personnes ont répondu sur les 118 sollicitées ; d'autres ont refusé furieusement. Ainsi Élisabeth Lebovici de *Libération* :

« Permettez-moi de vous dire, écrit-elle, que vos procédés sont particulièrement débectants. Déjà votre enquête, en déplaçant et en traduisant sans vergogne des questions posées il y a cent ans, m'avait paru des plus nauséabondes… Foutez-moi la paix. »

Didi Huberman lui écrira qu'il ne souhaite pas « répondre à des questions qui ne sont pas les bonnes questions ». Beaucoup de ceux qui répondent contestent cependant la formulation des questions, parfois avec violence. C'est le cas de Marie-Odile Briot, commissaire de nombreuses expositions au musée d'Art moderne de la Ville de Paris, historienne d'art, essayiste :

« Vos questions longues et alambiquées participent à la confusion qu'elles semblent vouloir dénoncer. À l'évidence, il faut sortir de cet enfermement. »

Le ton souvent agressif de nombre de réponses donne la mesure du dérangement provoqué par le questionnaire. Marie Sallantin lança cette enquête à l'automne 1996 en plein milieu de la crise, à un moment où le milieu de l'art est en ébullition ; elle a constitué le manuscrit de son enquête en juillet 1997[1]. On peut dire que les 30 réponses ont été faites à chaud et donc que ces réponses sont du plus grand intérêt pour comprendre ce qui se passe dans la tête de ceux qui président aux destinées de l'AC.

Marie Sallantin propose le manuscrit de cette enquête à Yves Michaud, qui dirige une collection sur l'« art contemporain » chez Jacqueline Chambon. Il se montre intéressé et accepte de le publier. Il pose une condition cependant : ne pas publier dans l'enquête le texte envoyé par Jean Clair en réponse aux questions. Ce texte est rejeté parce qu'il s'agit ni plus ni moins du droit de réponse, *non censuré*, qu'il a envoyé au *Monde* après l'article de Philippe Dagen qui l'attaque violemment au plus fort de la crise[2]. Marie Sallantin accepta, à contrecœur, afin de donner une chance à son enquête d'être publiée… Mais chose étrange, Yves Michaud retint le manuscrit pendant dix-huit mois tout en promettant de le publier.

Nous sommes en 1998, Marie Sallantin, voyant l'impasse, le récupère car Bernard Marais, directeur des Éditions du Linteau, s'y intéresse vivement et le publie avec une aide du Comité national des lettres, présidé paradoxalement par… Yves Michaud. Le livre aura un certain succès puisque quatre éditions suivront et qu'il se trouve toujours sur les présentoirs des libraires spécialisées.

Pour laisser le lecteur conclure à sa guise, Marie Sallantin ne ponctue pas cette enquête par une analyse du contenu de ce qu'elle donne à lire. Elle nous livre un document précieux qui montre une grande confusion dans les esprits à ce moment précis où le millénaire prend fin.

Marie Sallantin s'était adressée à ces critiques en leur disant en quelque sorte : « Expliquez-nous, on ne comprend rien à ce qui se passe ! » Et, devant les réponses, elle constate qu'ils ne le savent peut-être pas eux-mêmes. Elle eut le sentiment qu'il n'y avait pas une véritable pensée

---

1. Marie SALLANTIN, *L'Art en questions – Trente réponses*, Éditions du Linteau, Paris, 1999.
2. *Le Monde*, 15 février 1997, « L'art contemporain sous le regard des maîtres censeurs ».

derrière les démarches critiques. Personne ne semble avoir une vue d'ensemble, mis à part, curieusement, ceux qui en font une analyse vraiment critique. C'est le cas de seulement trois d'entre eux : Grimaldi, Domecq et Souchaud. Quelques personnes sont réservées, comme Laurence Debecque-Michel, et s'interrogent sur ce qui se passe. La plupart montrent dans leurs propos un mélange de stratégie par rapport au milieu, une assurance dans l'affirmation de postulats sans preuves, une sorte d'euphorie, de sentiment de toute-puissance… Ils sont la référence sans que personne ne les conteste, ils n'ont pas à se justifier ! Marie Sallantin, peintre de son état, a souffert en ouvrant une à une les réponses au questionnaire.

« J'ai senti une arrogance dans les réponses, et un mépris des artistes hors du commun. Entre le "Je vais vous expliquer" de Michaud et le "Il n'y a pas de quoi se réveiller la nuit" de Nathalie Heinich, l'artiste ne compte pour rien. »

En lisant ce livre on est frappé par le ton dominant optimiste et léger, euphorique, des théoriciens et critiques d'art. Ils sont totalement en décalage avec ce que ressentent les artistes. Il est vrai, les plumitifs sont à la fête. C'est leur heure de gloire !

Giovanni Lista : questions aux artistes

Sept ans s'écoulent… On le sait, la grande presse n'évoque plus jamais le débat sur l'art et peu de revues ayant une visibilité s'y risquent. Cependant les questions qu'il ne faut pas se poser continuent de se poser.

Giovanni Lista, rédacteur en chef de la revue *Ligeia*[1], revient d'un voyage à Londres où il a vu une exposition au titre provocateur, « Le triomphe de la peinture », organisée à la Saatchi Galery en juin 2005. Il y a de quoi être intrigué. Charles Saatchi, le sulfureux collectionneur d'art contemporain anglais qui a fait sa fortune dans le monde de la publicité et de la télévision commerciale, serait-il en train de pratiquer l'auto-subversion en glorifiant la peinture après l'avoir vouée aux gémonies ? Giovanni Lista est intrigué, il cherche à comprendre quel peut bien être l'incontournable « concept » caché sous cette « apothéose de la peinture ». Mais il n'y a pas un texte dans la galerie pour expliquer le mixage de peintres hétéroclites présenté sur les cimaises et le choix de ceux dont la programmation est prévue pour les années à venir.

---

1. *Ligeia*, dossier sur l'art : « Le triomphe de la peinture », janvier-juin 2006, p. 84.

Sur les murs de sa galerie du County Hall on pouvait voir : Martin Kippenberg, Peter Doig, Marlène Dumas, Luc Tuymans, Hermann Nitsch, Jorg Immendorff. Que peuvent avoir en commun ces artistes de la première fournée, sinon qu'ils sont célèbres et déjà mûrs ? Ceux qui suivent pour les cinq futures livraisons sont, en revanche, jeunes et inconnus. Aucun genre, style ou concept ne les réunit, mais ils ont tous un point commun : ils ne sont ni français, ni italiens, ni latins en général.

Giovanni Lista de plus en plus perplexe consulte Internet et trouve sur le site une phrase laconique : cette nouvelle figuration serait à la « recherche de la fonction mnémotechnique de l'image peinte ». Il fallait bien quelques lignes écrites pour présenter cet hypothétique triomphe de la peinture sur la toile !

Saatchi lance donc un nouveau produit, met en place une stratégie nouvelle. Giovanni Lista remarque quelques intentions qui le laissent perplexe, il n'en fera pas l'analyse dans *Ligeia*, mais son désir de consacrer tout un numéro au questionnement des artistes sur la peinture en est un peu la conséquence.

Le triomphe de Saatchi

Pour éclairer le questionnaire de Giovanni Lista, il n'est pas sans intérêt de situer ce « triomphe de la peinture » dans son contexte. Qui est ce Charles Saatchi à qui l'Angleterre doit d'avoir une « école anglaise » d'AC ? Il réussit cette opération de communication en concevant, au moment le plus éclatant de sa gloire dans le monde des affaires, l'exposition « Sensation » en 1997. Sa collection fut montrée dans un lieu symbolique : la Royal Academy de Londres, où il compte beaucoup d'amis. Puis il la fit voyager à travers le monde. Elle fit fureur à Berlin, fut interdite en Australie et s'imposa à New York par le scandale. Certaines œuvres choquantes, notamment celle de Chris Ofili représentant une Vierge couverte d'excréments d'éléphants, soulevèrent une violente polémique au point que le maire de New York menaça d'interdire la manifestation.

Choquer New York relève de l'exploit et il existe donc désormais un « art contemporain » anglais qui fait référence ! La stratégie de Charles Saatchi visait alors à donner une identité forte à la création anglaise qui se confondait totalement avec l'image de New York. Il sut appliquer les méthodes de la publicité et rendre les choses plus *sexy* et *arty* afin d'en « dépoussiérer » l'image. Les Anglais avaient une petite revanche à prendre : New York s'était approprié le pop art dont l'origine est en réalité anglaise. À la fin des années 1950, après la disparition des célébrités de la peinture abstraite, New York était en panne d'avant-garde et les premiers artistes pop anglais furent présentés comme les fruits de la créativité extraordinaire de la nouvelle capitale de l'art dans le monde.

Rendre à Londres son prestige était une démarche pleine de sens pour ce séfarade originaire d'Irak, voulant montrer sa loyauté et son attachement à l'Angleterre qui avait accueilli sa famille. Malgré tout le scandale soulevé par son exposition fondatrice, il ne faut pas voir pour autant en lui un homme subversif et provocateur, mais un professionnel efficace de la communication. C'est un partisan du parti conservateur soucieux des intérêts de l'Angleterre. Ce n'est pas un idéologue mais un homme pragmatique et peu conformiste. S'il a pour amis des membres de la Royal Academy, ses goûts en matière d'art sont extrêmement éclectiques. Dès avant la création en 1970 de son agence de publicité, il était passionné et collectionneur de pop art, de comics, de bandes dessinées. Son agence a joué un grand rôle dans la campagne électorale contre le Labour Party. Il a su rassembler les moyens et les soutiens en Angleterre et dans le monde pour donner la victoire à Margaret Thatcher.

Les circonstances depuis ont changé. Son agence a connu un déclin, il l'a vendue et s'est lancé dans le projet d'une immense galerie, investissant pour cela le lieu prestigieux du County Hall, en plein centre de Londres. Il est désormais marchand d'art. Tout lui semble possible… Il a créé l'« école de Londres », il peut tout faire, il peut même ressusciter la peinture ! Comment va-t-il s'y prendre ?

En 2005, c'est la peinture qui est tabou et objet de transgression. C'est une bonne occasion de communiquer et de faire des affaires. La peinture est un terrain idéal : son marché à New York est secondaire par rapport à celui de l'AC. Pourquoi ne pas en devenir le maître et faire de Londres la place financière pour la peinture ? Pourquoi ne serait-il pas, lui, la référence ? Il sent le vent, il se sait capable. Il constate un intérêt persistant, hiératique, pour la peinture. C'est un rêve, un désir qui ne passe pas. Le terrain est libre : il n'existe plus aucun critère de jugement d'aucune sorte, pas un expert, pas un historien d'art, pas un critique ayant quelque visibilité médiatique qui fasse référence dans ce domaine. Le ministère de la Culture en France s'occupe de consacrer ses artistes à New York qui n'en veut pas, l'Académie des beaux-arts tient surtout à ne pas faire parler d'elle, Pinault s'installe à Venise pour collectionner de l'AC exclusivement anglo-saxon, Arnault œuvre à fondre l'art dans la mode et le luxe. Saatchi n'a pas de concurrent et aime tout faire tout seul. Contrairement à Pinault, il ne s'entoure pas d'experts et n'a rien à prouver à l'Amérique.

Sa stratégie, comme il l'a toujours fait, est de fureter partout et d'explorer lui-même les galeries de seconde zone et peu en vue. Il n'aime pas se mettre en avant et se montre très discret. Sur le site Internet de sa galerie, il expose, à côté de son choix d'artistes, une sorte de forum mondial de la peinture : les artistes sont invités, sans condition, à télécharger leurs œuvres[1]. Comme si Saatchi se donnait ainsi les moyens d'explorer ce flot inimaginable de peinture qui envahit le monde afin de puiser à la source quelque expression nouvelle et inédite que lui, expert en communication et en images, saurait détecter sans avoir besoin d'intermédiaires ou de courir le monde. À lui seul revient le privilège de la découverte et de sa mise en valeur. Quoi de plus intéressant pour un publicitaire que ce gisement hétéroclite et étrange qui apparaît sur ce site ?

Sa réussite se vérifie rapidement. En février 2007 chez Sotheby's à Londres, un tableau de Peter Doig[2], peintre anglais cité plus haut, s'est vendu 8,53 millions d'euros, ce qui fait de lui le peintre le plus cher d'Europe. Il s'agit bien dans ce cas de peinture et non de concept, ni même de peinture conceptuelle. C'est un événement.

Le « triomphe de la peinture » est décidément un grand coup conçu sur plusieurs années et qui va engendrer beaucoup d'événements et d'affaires. Saatchi en comprend les enjeux, prévoit les obstacles et prend des précautions. Il prend soin de mettre à distance la légitimité d'un jugement de valeur qui pourrait lui être opposé. Sa prise de pouvoir n'est possible que si la peinture reste sans critères de valeur esthétique. Le seul danger que peut courir le marchand est la réhabilitation du « grand art » car sa liberté de manœuvre dans la fabrication de la valeur s'en trouverait immédiatement limitée au profit de l'artiste. Voilà pourquoi il écarte *a priori* de ses choix les peintres venant de l'Europe catholique, experte en images, maîtresse des arts visuels. Saatchi en revanche intègre dans son projet Allemands et Hollandais, afin de casser une identité européenne qui pourrait surgir dans les arts et se faire contre les Anglo-Saxons. Il est plus prudent pour lui d'arrimer son « triomphe de la peinture » à New York plutôt qu'à Paris ou Rome. Saatchi offre une garantie : on reste entre Anglo-Saxons et l'on écarte ceux à qui revient la légitimité historique de la consécration de la peinture.

Une grande stratégie est en place : en 2008, Saatchi ouvre au cœur de Londres un musée gratuit conçu pour accueillir 1 million de visiteurs par an. Il bat ainsi le record de sa propre galerie qui en voit passer 600 000. Il

---

1. http://www.saatchi-gallery.co.uk/
2. Peter Doig appartient à la première fournée du « Triomphe de la peinture ». Le record de Sotheby's de 8,53 millions d'euros a été obtenu pour *White Canoe*, huile sur toile de 200 × 241 cm.

s'est allié avec Simon de Pury qui dirige la maison de vente Phillips, spécialisée dans le contemporain. Que veulent-ils ?

Simon de Pury explique sur son site à la fois sa politique et le sens de leur collaboration : « renforcer l'aspect ludique et élargir la base de la clientèle ».

Et le site d'accueillir l'amateur en lui susurrant : « Collecting is a basic instinct and a passion », il entend faire de lui un « expert de l'art ». Comment ? En lui expliquant les arcanes et en le faisant participer à des jeux où il est possible de gagner.

Les artistes et la peinture

Historien d'art et critique italien vivant en France, Giovanni Lista est donc perplexe devant ce « triomphe de la peinture » de Charles Saatchi. Il trouve le propos du galeriste londonien peu conforme à la réalité et décide d'en faire le sujet de son prochain numéro de *Ligeia*. En guise de préambule il nous dit :

> « Il va de soi que la peinture contemporaine ne vit aucun triomphe et qu'elle se trouve plutôt mal en point après les attaques répétées qu'elle a dû subir de la part des partisans du minimalisme et de l'art conceptuel. Personne ne semble prêt aujourd'hui à se revendiquer de l'honneur d'être peintre. La peinture ne se trouve plus au premier plan du panthéon des Beaux-Arts, elle ne joue même plus le beau rôle dans la formation artistique. Le moins que l'on puisse dire, c'est que les raisons de la peinture sont devenues indéchiffrables mais que l'on continue cependant à peindre[1]. »

Ainsi, si l'on devine facilement les stratégies d'un financier et d'un marchand, connaît-on les motivations des peintres aujourd'hui ? Cette interrogation va inciter Giovanni Lista à adopter, lui aussi, la méthode du questionnaire. Cette fois-ci, il sera adressé aux artistes.

Il formulera pour cela, comme le fit jadis Charles Morice, cinq questions. Mais, si celui-ci demandait à l'artiste une évaluation, un jugement sur l'évolution de la peinture, les questions que pose Giovanni Lista portent quant à elles sur la motivation, la finalité de la peinture. Elles s'apparentent plutôt à la question posée par André Breton à des écrivains en novembre 1919 dans *Littérature* : « Pourquoi écrivez-vous ? »

---

1. *Ligeia*, *op. cit.*, p. 85. Les citations de tout le paragraphe sont tirées de *Ligeia*.

1. « Pourquoi œuvrer à travers la peinture aujourd'hui ? Vous posez-vous la question du médium ?
2. Quel est le sujet de la peinture ? et quels sont les enjeux de la peinture ?
3. Quel est le sens aujourd'hui de l'image manuelle par rapport à toutes les images technologiques ? Quel est le statut de l'image fixe dans un monde d'images volatiles et éphémères ?
4. Vous reconnaissez-vous dans une tradition de la peinture ? Et procédez-vous d'un questionnement par rapport à cette histoire ?
5. Comment situez-vous votre propre travail au sein des recherches contemporaines ? »

Le résultat de l'enquête parut dans le numéro de janvier-juin 2006 de *Ligeia* sous le titre « Renouveau de la peinture ».

Étranges questions…

Comme ce fut le cas quelques années auparavant pour Marie Sallantin, le fait même de poser des questions aussi clairement n'a pas manqué de créer problème. C'est la frayeur que provoque le tabou doublé du contexte évoqué plus haut. Beaucoup de peintres ont préféré ne pas répondre, tout particulièrement les Anglais, dont pas un seul texte ne figure dans cette parution.

En dehors du refus de répondre, les réactions furent diverses. Quelques-uns ont pris le téléphone ou la plume pour dire « qu'ils n'avaient pas à se justifier ». Certains furent vexés, d'autres trouvèrent les questions absurdes, n'ayant aucun rapport avec leur activité. L'un s'esquivera par ces mots :

> « Je suis peintre tendance bâtiment, je ne peins pas des fictions, ni même des compositions, je ne fais plus d'objets depuis quinze ans, mon cas me semble un peu trop spécifique. Personnellement je crains les quiproquos par rapport à ce genre de questions. »

Tel autre ripostera en disant :

> « Les raisons de peindre aujourd'hui n'ayant que peu de rapport avec l'art de peindre, vous comprendrez qu'il m'est difficile de répondre à vos questions ou de traiter la question même de la peinture. »

Sous le mot peinture, trois réalités

Giovanni Lista sait à quel point il est difficile aux artistes d'affronter de telles questions. Il en explique la raison :

> « Un artiste conceptuel qui utilise aujourd'hui la peinture pour s'exprimer ne s'avouera pas peintre, quels que soient l'importance de la matière et l'apport du geste dans son travail, aussi conceptuel soit-il. Comme si l'acte même de tremper le pinceau dans la couleur comporterait une telle promiscuité avec la simple matière qu'il disqualifierait le travail de l'artiste. »

Giovanni Lista entérine le fait que le contenu du mot est incertain, variant entre peinture, conceptualisme peint et peinture détournée, et convie tout le monde à répondre à son enquête.

Il réunit 27 réponses d'artistes et nous offre un panorama complexe de la façon de concevoir aujourd'hui la peinture. Les artistes purement conceptuels ne forment pas la majorité des réponses. Leur position n'est pas aisée. Par exemple, Katinka Lampe explique en quoi sa démarche est différente :

> « Envisager la peinture en tant que réalisation artisanale de haute qualité rend toute prise de position ou toute affirmation contemporaine impossible... Ce qui m'intéresse c'est l'impulsion antiartistique. »

En ce qui concerne Luc Tuymans, l'appareillage conceptuel de son œuvre est très important. Et comme toujours dans ces cas-là, l'enjeu c'est de faire de la « peinture » en la déniant :

> « Tuymans s'attache plus à l'image qu'à la peinture. Comme si la peinture n'était qu'un accident de l'image. »

Jean Daviot considère la peinture comme un « support » parmi d'autres : photo, vidéo, cinéma. Il les pratique tous, les mélange et les croise comme c'est le cas dans ses peintures numériques.

Cependant la plupart des artistes qui ont répondu à Giovanni Lista n'ont pas une idée aussi radicalement conceptuelle et sont très attachés à ce moyen d'expression qui leur semble unique. Ils partagent plusieurs idées sur la peinture. C'est une activité essentielle à l'homme : « Elle est enracinée depuis des millénaires dans notre histoire et dans notre culture. Elle fait partie intégrante de notre pensée, de notre façon de sentir. C'est pourquoi j'estime qu'elle ne disparaîtra jamais », écrit Andrea Chiesi. C'est le seul moyen de faire apparaître les mondes intérieurs. Jan Olsson écrit : « La peinture est une méditation continuelle. » Patrice Giorda précise : « Cette expérience est au-delà de toute pensée, de toute mémoire. C'est ce qui donne cohésion à l'être... » Giuliano Guatta affirme : « L'unique sens possible de l'image manuelle est le sens ontologique, parce qu'intimement connecté à la nature même de l'homme. »

Pour Valérie Fabre, « la peinture est un des espaces où il y a le moins de contrainte, elle offre un grand sentiment de liberté ». Pour Jongyung Hwang, artiste coréen venu en France : « Je ne crois pas que la peinture soit une forme d'art vieillie, stérile. La peinture favorise le renouvellement parce qu'elle est un art éminemment personnel. Chaque peintre étant différent, chaque œuvre sera nouvelle. » Pour Marie Sallantin, « les enjeux de la peinture sont d'ordre éthique, contribuant dans cet espace de partage qu'elle suscite, au respect et au dialogue plutôt qu'à l'anéantissement des uns et des autres ».

Peindre aujourd'hui est un acte révolutionnaire

Giovanni Lista conclut que la peinture

> « semble accomplir aujourd'hui son retour sur la scène de l'art surtout comme acte révolutionnaire. Peindre un tableau équivaut à s'aligner sur les nouvelles formes d'une contestation d'avant-garde face à la culture dominante ».

En revanche, il est sceptique quant à l'idée d'un renouveau de la peinture, titre du numéro de *Ligeia* ; il préfère parler d'une pérennité de celle-ci.

À vrai dire, un questionnaire sur la peinture était-il encore possible avec trois sens possibles pour un seul mot ?

Questions au public

Le public a fait l'objet lui aussi d'une enquête sociologique. La revue *Beaux-Arts* a commandé par trois fois à l'institut BVA un sondage auprès d'un échantillon représentatif de la population française : en 1992, pour fêter son centième numéro, en novembre 2000, en mars 2007.

L'enquête de 2000

La sociologue Raymonde Moulin fait le commentaire dans le n° 200 de janvier 2001 et constate une « relative invariance » du public dans son attitude face à l'art par rapport à 1992. Le mot « art » recouvre avant tout, dans l'esprit du commun des mortels, les arts visuels : peinture sculpture, dessin, photo, design, architecture, 41 %, et en particulier la peinture, 18 %, qui reste curieusement, étant donné sa condamnation par le milieu de l'art, au centre de l'intérêt des Français.

La révérence est unanime envers l'art : 67 % de la population le considère comme universel et essentiel pour l'humanité.

Le rôle de l'artiste est de créer du beau, 37 %. Inventer de nouvelles formes de pensée recueille 22 %. Être un observateur de la société : 15 %. Donner un sens à la société : 14 %. Être un rebelle : 4 %. Sur ce dernier point, il existe une évolution depuis 1992. Le public d'aujourd'hui attend des artistes non de faire la révolution mais d'apporter plutôt une nouvelle vision du monde.

Raymonde Moulin constate :

> « L'adhésion à une esthétique moralisante qui ne dissocie pas l'appréciation de l'œuvre du travail et du métier dont elle est l'aboutissement, en même temps qu'à une esthétique de la ressemblance ou tout du moins de l'expression, répond au principe du goût majoritaire qui *transcende tous les groupes sociaux*. »

Le public est invité à choisir son œuvre préférée parmi les reproductions d'œuvres produites au cours de la dernière décennie : Robert Combas, Balthus, Jean-Michel Othoniel, Bertrand Lavier, Daniel Buren, Christian Boltanski, Pierre et Gilles, Alain Bublex, Pierre Soulages, Ben, Fabrice Hybert, Raymond Hains, Arman, Marie-Ange Guilleminot, Annette Messager. Le choix se porte massivement sur la peinture de bonne facture : un tableau de Balthus et une œuvre décorative de Jean-Michel Othoniel créée pour une entrée de la station de métro Louvre.

Comme en 1992, ce public dit s'intéresser majoritairement à l'art ancien, XIXe siècle inclus : 44 % ; et à l'art moderne jusqu'à 1960 : 20 %. 14 % seulement admettent s'intéresser à l'art depuis 1960, identifié à l'art conceptuel.

L'enquête de 2007

L'enquête de 2007 donne des résultats contradictoires et difficiles à interpréter. La revue *Beaux-Arts*, qui en est la commanditaire, n'hésite pas cependant à titrer : « Les Français aiment l'art contemporain[1] ! » Nous sommes en période électorale et Fabrice Bousteau de conclure :

> « C'est un message que les candidats à la présidentielle devraient prendre en ligne de compte ainsi que les directeurs de chaîne de télévision puisque l'art contemporain y demeure quasi absent. »

---

1. *Beaux-Arts*, mars 2007.

Ce qui lui fait dire cela est le résultat suivant : 67 % des sondés disent avoir une « curiosité pour l'art contemporain » et 32 % « de l'enthousiasme ». De façon concomitante l'« art ancien » serait en recul avec 29 %, contre 44 % en 2001. De même, 21 % disent « s'intéresser à l'art d'aujourd'hui » contre 14 % en 2001. On peut se demander quelle peut être la différence entre avoir de la curiosité et s'intéresser…

L'enquête a été faite « face à face », selon la méthode des quotas. Les ambiguïtés du langage permettent de ne pas perdre la face devant l'enquêteur. Pour ne pas avoir l'air gêné ou ridicule, on préfère dire : « Cela m'intéresse », plutôt que : « Je n'aime pas ».

Mais ce qui est plus troublant, c'est que d'autres aspects de l'enquête contredisent ce constat. Il semblerait que 66 % des personnes interrogées avouent leur incompréhension de l'art contemporain et 39 % leur indifférence.

Et si l'intérêt de l'AC progresse, il reste loin derrière l'« art moderne » et l'« art ancien » qui totalisent 48 % des suffrages. Par ailleurs, les artistes plébiscités semblent ne pas varier : Van Gogh, Léonard de Vinci, Monet ; alors que les contemporains sont toujours en queue du peloton : Robert Filliou et Mark Rothko.

Il est de bon ton d'ironiser sur le goût du Français moyen, mais il est troublant de s'apercevoir que l'on ne peut pas attribuer plus spécialement les opinions citées à un milieu social ou à une classe d'âge plutôt qu'à un autre. Il est aussi étonnant de constater que le temps et l'habitude ne modifient pas les mentalités. Ce n'est pas faute, de la part des institutions, d'avoir tenté d'initier les Français par mille moyens pédagogiques : visites organisées en car des centres d'art contemporain pour les enfants des écoles et les vieillards, introduction massive d'art conceptuel dans les cathédrales et monuments historiques, inclusion d'installations au milieu des salles d'art ancien des musées et enfin création du métier de médiateur pour expliquer l'AC aux braves gens.

13

L'expérience inverse des peintres

> « *La beauté jamais atteinte n'est que désignée, c'est ce geste de l'artiste qui constitue l'œuvre d'art. Ce geste, modification de sa propre personne, n'appartient qu'à lui, il est essentiellement singulier, comme chaque artiste, comme chaque homme. Ainsi, tous nous décrivons la même chose en des termes nouveaux et cette nouveauté prend le nom de création artistique.* »
>
> Philippe L<small>EJEUNE</small>

À l'ombre de l'AC, l'art continue sa course dans les ateliers. Ses artistes sont absents des institutions, ignorés des médias, n'ont pas accès à la commande publique et sont exclus des filières de consécration, ils vivent difficilement. Ils sont confrontés quotidiennement aux méthodes stupéfiantes, aliénantes et culpabilisantes de l'« art contemporain », seul art légitime. Beaucoup d'entre eux n'ont pas reçu un grand héritage de connaissances et sont privés de la confiance que peut donner la maîtrise d'un art. Ils n'ont pas non plus les arguments intellectuels pour faire face à l'intimidation qu'ils subissent.

À partir des années 1990, lorsque devient manifeste la crise de l'« AC », le questionnement et le doute gagnent les artistes. Ils commencent à comprendre le « jeu » et à se réapproprier progressivement une pensée, un jugement personnel, libérant le travail de la main et l'inspiration.

Au début, entre 1960 et la fin des années 1980, les artistes persistaient dans leur pratique « délinquante » de la peinture ou de la sculpture sans se poser de questions, sans se soucier du nouveau discours totalitaire de l'avant-garde conceptuelle. Ils ne prenaient pas la mesure du phénomène qu'ils traitaient par le mépris. C'était, selon eux, une mode si absurde qu'elle s'épuiserait tôt ou tard. Il leur semblait inutile de se remettre en cause ou de réfléchir.

Puis l'AC ayant pris toute la place et se prolongeant indéfiniment, leur situation devint intenable. L'autisme, le déni des faits, l'indifférence étaient devenus impossibles. Il fallait affronter la situation, comprendre l'adversaire mais aussi sortir des labyrinthes et des impasses de la modernité dans lesquels ils étaient très souvent eux-mêmes perdus. Il leur fallait justifier leur art vis-à-vis d'eux-mêmes et des autres. C'est ainsi qu'une réflexion approfondie a commencé à s'élaborer à partir de la pratique quotidienne dans l'atelier. C'était la condition de leur survie. C'est ainsi que ce demi-siècle a produit en secret toute une réflexion sur l'art interdit, celui qui se fait avec les mains, notée au jour le jour dans les carnets d'atelier et les correspondances entre artistes.

Le samizdat des ateliers

La persécution des peintres a sévi en Chine de façon violente et radicale pendant la Révolution culturelle ; elle a aussi eu lieu en France par l'exclusion des peintres et leur condamnation idéologique, elle n'a pas été sanglante mais elle a duré trois fois plus longtemps ! Il existe à nouveau une peinture reconnue en Chine, ce n'est pas le cas en France.

Un phénomène s'est produit tout au long de ces décennies de prohibition de la peinture : beaucoup de photocopies se sont mises à circuler entre les artistes, sortes de « samizdats » spontanés. Le moindre texte, livre, article ayant un point de vue critique non conformiste sur ces sujets était immédiatement repéré et diffusé. Ce fut le cas des livres de Jean Clair et des premiers écrits de Jean-Philippe Domecq dans *Esprit*, mais pas seulement.

Les points de vue non conformistes ne se trouvent pas facilement. Ils n'apparaissent pas dans les grands médias comme *Le Monde*, *Le Figaro*, *Libération*, *L'Express*, *Le Point*, *Le Nouvel Obs*. Il faut chercher dans les revues savantes qui font bien leur travail de recension des livres boudés. Il y a dans ce pays une grande effervescence de la pensée et des lecteurs passionnés. Puis Internet a relayé la photocopieuse, ce qui a rendu ces revues moins confidentielles.

Que disent les livres d'artistes ?

Qu'est-ce que l'art ? Qu'est-ce que la création ? Qu'est-ce que l'« art contemporain » ? Qu'est-ce que l'esthétique ? Qu'est-ce que la forme ? Qu'est-ce que la beauté ? Qu'est-ce qu'un artiste ?

Partant de la table rase qu'ils ont connue, affrontant jusqu'au changement du sens des mots, les artistes sentent le besoin de tout revoir comme si c'étaient des notions nouvelles. Ils reprennent tout à partir de leur expérience, de la nécessité intérieure qu'ils éprouvent, de la réalité qu'ils constatent. Ils se réapproprient la pensée, tournent le dos à l'obligation de la rupture et suivent la voie d'une modernité naturelle, d'une adaptation au temps.

Ces dernières années, beaucoup d'artistes, jusqu'alors extrêmement solitaires, connaissent à nouveau un échange des idées sur des sujets jusque-là tabous. Ces reconnaissances, correspondances, affinités s'intensifient et créent des courants contraires à l'idéologie dominante de l'AC, un fait nouveau.

La pratique de l'atelier dément la théorie de l'AC

Que dit-on dans ces carnets d'ateliers, conversations, articles, livres, correspondances ? On y constate l'immense décalage qui existe entre la pratique de l'AC, qui se veut activité de rupture et de détournement, et les processus naturels de la création avec ses apprentissages, assimilations, maturations, élaborations mystérieuses.

On constate aussi la grande contradiction entre la finalité énoncée par l'AC de déstabiliser, déranger, critiquer, et le mouvement naturel de l'artiste qui cherche à mettre de l'ordre dans le chaos, à harmoniser ce qui est dissonant, à donner une unité à ce qui est épars. Comme si le cerveau était fait pour apporter de nouvelles solutions à des situations formelles qui se transforment, allant dans le sens de la vie, réparant en permanence ce qui se défait, comme le corps produit des anticorps contre les microbes et comme les tissus cicatrisent lorsqu'ils sont blessés.

Le destin des hors-l'histoire

L'artiste en exil s'interroge sur son destin, son choix étrange... Pourquoi répondre à une vocation ? Cette notion n'existe plus et pourtant on l'éprouve. C'est là que chacun s'affronte à son propre mystère. Pourquoi ce sentiment de nécessité ? Pourquoi le besoin d'y répondre librement ?

Il est dur pour un artiste d'appartenir à une basse époque. Elles sont pourtant récurrentes dans l'histoire. Un artiste sans fonction ou utilité sociale peut-il justifier sa création, vouée à l'ombre ? Imparfaite ou accomplie, qui désormais peut en juger ?

Beaucoup ont compris confusément qu'il fallait continuer envers et contre tout. Pourquoi ? La réponse n'est pas claire... Peut-être parce que réunifier ce qui est épars est inscrit dans la nature humaine. Il faut essayer, risquer de mal faire, mais obéir à la nécessité. L'important n'est pas de réussir, mais de relever le défi, c'est ainsi que l'on accomplit un destin. L'impulsion intérieure est la source naturelle du nouveau.

Christine Sourgins, écrire pour retrouver la peinture

Lorsque Christine Sourgins veut entrer aux Beaux-Arts en 1980, elle y renonce en constatant que l'enseignement y est purement conceptuel. Sa vocation est contrariée, elle étudiera donc l'histoire et l'histoire de l'art en Sorbonne, et parallèlement à l'École du Louvre où la muséologie retient son intérêt. Ses études finies, elle devient conférencière au Louvre, puis responsable d'une association culturelle. Elle travaille à mi-temps afin de pouvoir revenir à sa vocation première de peintre. Quelques années passent, elle se sent de plus en plus gênée dans son travail de création par l'omniprésence du discours de l'AC qui renie la peinture. Au milieu des années 1990, elle est si consciente du phénomène perturbateur qu'elle décide d'arrêter sa création pour tirer au clair tous les mécanismes de cette pensée aliénante.

Esprit éminemment clair et cultivé, Christine Sourgins va observer cet « art contemporain » sous tous ses aspects. Elle est de tous les événements et expositions, elle a la patience d'arpenter les centres d'art, de décortiquer les catalogues, d'ausculter les œuvres et leurs textes théoriques, elle analyse les « concepts » sur pièces, faisant l'effort de regarder les œuvres d'AC sous l'éclairage de leur propre discours. Elle est historienne formée à l'étude des documents, alors que nombre d'« experts » parlent d'art en maniant l'idée de l'art, sans exemples concrets.

Elle a une connaissance, probablement unique aujourd'hui, de ce qu'elle nomme l'AC puisque c'est, non pas un art, ni même un genre, comme le pense Nathalie Heinich, mais une idéologie aux contours précis : une transgression de l'art devenu un art de la transgression.

Cette recherche conduira Christine Sourgins à écrire dans de nombreuses revues puis *Les Mirages de l'art contemporain*, livre qui marque une étape dans l'histoire de sa critique. Dans ce livre elle se range résolument du côté des « analystes critiques » plutôt que des théoriciens. Elle aborde le problème de façon inédite en critiquant l'AC de l'intérieur, selon ses propres critères. Elle déconstruit la déconstruction.

Ce livre va connaître un grand succès parmi les artistes qui y reconnaissent d'emblée leurs expériences, inquiétudes et perplexités, car l'« art contemporain » est un concept dont le contenu, inverse de celui de l'art, pose d'immenses problèmes d'identité aux artistes.

Curieusement, pendant les quinze années de débats théoriques sur la définition et les critères de l'« art contemporain » entre 1990 et 2005, peu d'artistes sont intervenus. Par ailleurs, aucun sociologue ou théoricien n'a analysé le contenu du discours de l'AC en se posant le problème d'un choc en retour sur la société. Seule une artiste pouvait comprendre l'importance de cette démarche, seule une historienne pouvait la mener à bien. À cela s'ajoutent ses talents d'écrivain lui permettant de déjouer les stratégies sémantiques qui fondent l'AC.

La tâche est énorme. Il y a cinquante ans de production d'AC à examiner, c'est un travail d'inventaire pour un historien d'art ! De l'établissement d'une typologie, à l'analyse du contenu du label, tout est à faire !

Le livre de Christine Sourgins dévoile le fonctionnement subtil des machines conceptuelles et leurs façons d'agir sur le « regardeur ». Elle montre l'efficacité redoutable d'un art qui, par vocation, use de tous les ressorts de la subversion, agit sur le for intérieur, soumet les esprits non par force mais par ruse. Le formatage des jeunes générations est en marche. À terme, la peinture, même la meilleure, risque de devenir invisible car le travail de sape de l'AC aura détruit ou gravement endommagé les capacités de réception. L'ouvrage révèle l'omniprésence cachée de l'AC dans la société (y compris religieuse), fait dont très peu ont conscience.

Outre sa grande érudition et la précision de toutes les données dûment référencées, ce livre se lit d'un trait et ne manque pas de nous faire rire comme à la comédie. Il comprend une leçon d'optimisme en démontrant que l'AC n'opprime pas tout seul, il a besoin de nous pour nous opprimer. Le connaître en libère, démystifier le discours le rend inopérant. L'ironie change de camp, elle scelle la démonstration du livre.

Kostas Mavrakis, le peintre philosophe

Kostas Mavrakis est à la fois philosophe et peintre, et il est un des rares artistes à avoir participé au débat de l'AC en 1997. Dans sa jeunesse, il fut un théoricien maoïste, animateur de la revue *Théorie et Politique*. Maître de conférences à Paris-VIII, il enseigne la philosophie. Son domaine est l'esthétique mais aussi la philosophie politique, la critique de la société actuelle. Pour lui, les enjeux de l'art ne sont pas seulement esthétiques mais sociaux, politiques et de civilisation.

Il entreprend le voyage à l'envers, se détache des utopies marxistes et trouve dans une pratique de la peinture une expérience forte du réel et de l'imaginaire, le sortant d'une démarche intellectuelle totalitaire. Il mène de front, au quotidien, le travail de l'atelier et du studio.

Il présentera deux thèses de doctorat. La première en 1984 à la Sorbonne est une thèse de philosophie : « L'Éclipse de l'art au XXe siècle ». La seconde en 1993 à Paris-VIII est une thèse d'arts plastiques : « La signifiance picturale ». Il aborde l'analyse philosophique de l'idéologie de l'AC. Les esprits sont échauffés, Jean-Philippe Domecq vient de faire scandale avec un article critique sur l'AC dans *Esprit*, c'est le début de la fameuse crise de l'AC. Le point de vue non conformiste de la thèse de Mavrakis crée l'événement dans le grand amphithéâtre où se déroule sa soutenance de thèse. Comment pouvait-on oser critiquer l'incriticable art contemporain, incriticable parce que critique ? Il lui avait d'ailleurs été très difficile de trouver un professeur pour diriger sa thèse, et des membres pour son jury. La controverse sur ce sujet était alors si difficile à concevoir que les curieux affluèrent, et la salle était comble et houleuse. Il osa même montrer ses tableaux, ce qui porta la confusion à son comble.

Auteur de maints articles, il publie en 2006 un livre, *Pour l'art. Éclipse et renouveau*[1], synthèse de ses recherches. La singularité de ce livre vient de ce que l'on y trouve trois points de vue qui sont rarement réunis chez le même homme : celui de l'historien d'art, du philosophe et de l'artiste. L'alliance des trois donne des propos que l'on ne trouve pas ailleurs.

Il note dans sa première partie, plutôt historique, beaucoup de faits, peu remarqués par les historiens d'art, pour illustrer cette métamorphose constante de la notion d'art et d'esthétique, qui va de l'avènement de la théorie de l'art pour l'art formulée par Théophile Gautier dans la préface de *Mademoiselle de Maupin* en 1830, à l'idée défendue dans les cercles mallarméens, autour de 1900, d'un art pur et autoréférentiel. Il contribue ainsi à une lecture différente de l'histoire de l'art dont nous avons grand besoin tant celle-ci s'est mise à ressembler à une mythologie. Il décrit le grand basculement de l'art juste avant la guerre de 1914 dans les premières manifestations du non-art et tente de mettre en relief l'effet dépressif du capitalisme sur la culture.

Le corps du livre est cependant philosophique. Mavrakis décrit l'idéologie du non-art et examine ses présupposés, c'est-à-dire ses postulats implicites : la création comme liberté absolue, l'art pur et autoréférentiel, le mythe du poète maudit, le fétichisme de la nouveauté. En bon philosophe, il va soumettre ces quatre thèmes à un examen critique et se battre par la même occasion avec les théoriciens contemporains qu'il cite abondamment pour les connaître personnellement puisqu'il a souvent polémiqué avec eux. On fait avec lui le tour des débats et des bretteurs

---

1. Kostas MAVRAKIS, *Pour l'art. Éclipse et renouveau*, Éd. de Paris, Versailles, 2006.

qui ont marqué cette décennie sur ce sujet de l'art. Kostas Mavrakis se fait un plaisir de recenser et d'énumérer les postulats, systèmes de défense, contradictions, affirmations sans fondements des partisans de l'AC, qui n'affûtent d'ailleurs pas beaucoup leurs arguments tant ils ont peu l'habitude d'être contredits, la déclaration duchampienne et l'intimidation semblant suffire jusqu'à présent.

Kostas Mavrakis ne s'arrête pas à l'analyse critique. Il est peintre, il croit à la peinture. Il va donc réfuter les deux axiomes qui fondent l'idéologie de l'AC, la non-définition de l'art et l'impossibilité de faire aujourd'hui un art dans la suite de la tradition.

Alors que l'AC se veut une activité sans définition, sans limites et qui englobe tout, Kostas Mavrakis va s'atteler à donner une définition à l'art et aussi à tout ce qui lui est essentiellement lié : la beauté, l'esthétique, notions, on le sait, devenues éminemment taboues.

S'il reconnaît que l'AC repose sur l'idéologie spontanée des marchands et des technocrates – relativisme, positivisme et pragmatisme –, il ne suit pas ses adversaires dans l'idée que l'art au sens habituel du mot n'est plus possible. Il n'aura de cesse de faire la preuve que

« l'art ne peut vivre sans exprimer des valeurs et surtout celles que la société refoule. L'art ne dissocie pas jugements de valeurs et jugements de réalité. Il n'oppose pas le sujet à l'objet. Il nous apprend que la réalité recèle des potentialités que l'imaginaire poétique pénètre et anticipe mieux que l'investigation technocrate ».

La dernière partie du livre abordera la pratique de l'art. Que faire pour se remettre au travail, sinon reprendre le chemin de la ressemblance créatrice, de la *mimesis* ? Il évoque aussi le travail artistique et l'esthétique picturale. C'est donc d'une façon très concrète qu'il démontre que la peinture est possible et ne disparaîtra pas. Son grand combat dans cette dernière partie de son livre est de souligner tous les dangers de l'abstraction et de défendre la figuration.

En effet Kostas Mavrakis ne fait pas la différence entre art « moderne » et « contemporain », et classe l'abstraction dans le « non-art », ne la considérant pas comme une des polarités possibles de l'art. Son parti pris radical crée la polémique.

Philippe Lejeune, la dernière école de peinture

Né en 1924, élève de Maurice Denis et de Jean Souverbie, Philippe Lejeune a réalisé une œuvre très importante comprenant peinture, fresques et vitraux. Il a fondé un atelier dont sont issus de nombreux peintres. Les peintres figuratifs d'aujourd'hui ayant du métier ont été souvent ses élèves, au point que l'on parle spontanément d'une « école d'Étampes », fait unique dans la seconde moitié du XXe siècle.

Philippe Lejeune a tenu un journal d'atelier dont se sont échappées quelques feuilles qui ont beaucoup circulé parmi les peintres. Nathalie Gobin, une de ses élèves, a pris en note ses commentaires lors des corrections d'atelier et les a également diffusés, selon la formule spontanée du samizdat évoquée plus haut. Plus tard, Francis Gueury, attentif à recueillir les carnets d'ateliers de beaucoup d'artistes, a publié par trois fois les écrits de Philippe Lejeune[1].

Philippe Lejeune est peintre « de naissance », il peint pour être, pour voir et pour comprendre, c'est la seule « scolarité » qu'il ait jamais admise, elle a duré toute la vie. Il avait connu des débuts fulgurants dans les années 1950. L'avènement d'un art officiel conceptuel l'a condamné, comme il a condamné à l'exil intérieur bien d'autres grands talents en France. Dans sa solitude, Philippe Lejeune a transcrit dans le journal d'atelier toute sa redécouverte intérieure de cette peinture accusée et condamnée, cette peinture vivante et changeante depuis Lascaux dont il explorait les moindres facettes, pinceau à la main.

Sa force a été aussi une interrogation philosophique permanente. Plus rien n'était évident, tout posait question. C'est comme si la belle machine de la peinture gisait là en morceaux et qu'il fallait la remonter pièce par pièce. Toutes les fins de semaine, son frère Jérôme Lejeune, le biologiste renommé, passait à l'atelier pour une longue conversation. Le savant et l'artiste croisaient leurs observations sur la réalité qu'ils ne regardaient pas à partir du même promontoire. Quand rien n'est évident, il faut tout reprendre aux origines.

Combien de fois ont-ils évoqué les processus mystérieux de la découverte scientifique et de l'apparition de l'œuvre sur la toile ?

Jérôme Lejeune aimait regarder Philippe Lejeune travailler à l'atelier. Le biologiste, que ces processus créatifs intriguaient fort, lui posait souvent la question : « Mais comment sais-tu que c'est fini ? »

« C'est fini quand ayant fait tout un parcours, je reconnais la réalité telle que je l'ai perçue, telle qu'elle résonne dans ma mémoire. Je connais intuitivement le moment où la tentative devient œuvre. »

---

1. Francis Gueury, aux Éditions Mémoire vivante, publie Philippe LEJEUNE : en 1998, *Carnets d'atelier* ; en 1999, *Via Crucis* » – *Dessins* ; en 2002, *La Vision créatrice*. En 2001, du même auteur paraît, aux Éditions de Paris, *Conseil à un jeune peintre*.

Jérôme s'étonnait de tout... de la perspective sans géométrie, si chère à Philippe, qui propulse l'observateur dans l'espace du tableau, de l'impression de profondeur surgie de l'ordre des couleurs et des états de définition si divers d'une œuvre à l'autre, et de tant de singularités de sa façon. Il ne fait aucun doute que la peinture de Philippe est aussi contemporaine que la science de Jérôme, mais peu nombreux sont ceux qui en ont conscience.

Philippe Lejeune n'a pas eu l'intention claire de faire école, pourtant un échange informel s'est établi pendant quarante ans dans cet atelier mis à sa disposition par la municipalité d'Étampes en 1968. Il a attiré un public venu de Paris et de l'étranger. Quand a-t-on commencé à parler d'une école d'Étampes ? On ne le sait trop... Comment peut-on qualifier ce qu'il a transmis ?

Il semble s'être adapté, au jour le jour, à une situation de table rase. Il a vu arriver des affamés de peinture à qui la pratique du dessin a été interdite dans les écoles d'art, ainsi que la fréquentation des musées et de l'histoire de l'art. Que peut-on faire dans un atelier où l'on n'a pas les moyens de dispenser les savoirs attenants à cette pratique, tels que la perspective, l'anatomie, les techniques anciennes, les préparations savantes ? Comment répondre à une demande aussi disproportionnée ?

Qu'a-t-il pu enseigner pour que surgisse une dernière école de peinture en France ? Il est impossible de résumer en quelques mots la maïeutique de Philippe Lejeune. Il évoque tout ce qui fait l'univers de la peinture : couleur, forme, lumière, beauté, ressemblance, perspective, objet, sujet. Mais comme un homme qui a vécu la table rase et essaye de transmettre des notions qui ne sont plus évidentes pour personne, en les évoquant par des moyens inédits.

Urgence et nécessité obligent. Il ne pouvait pas dispenser à lui tout seul un savoir académique, il fallait donc faire une synthèse où les aspects techniques passaient au second plan.

> « Je ne connais que l'enseignement défectif ! L'enseignement est forcément défectif ! Ne fais pas cela ! Les sots se moquent de la défense, de l'ordre moral, mais en art il n'y a que l'ordre moral, parce que l'art, c'est un respect extraordinaire de l'être. Ce qu'un être doit faire, je ne le sais pas, alors je ne peux lui signaler que les erreurs qu'il commet. »

> « La beauté apparaît dès que nous pensons qu'il peut y avoir faute. Ce qui échappe au risque de faute, n'existe pas. Un art induit le pouvoir de se tromper. »

Ce que Philippe Lejeune s'est appliqué à signaler à ses élèves, c'est ce qu'il appelle « l'erreur commune ». Les erreurs que font immanquablement les débutants, peintres du dimanche et autres autodidactes. Ceux qui n'ont pas encore exercé leur regard et abordé le monde du visible. C'est un préalable pour que la main et l'œil se libèrent.

Marie Sallantin, journal d'une crise

Marie Sallantin est une des rares artistes à être intervenue dans le débat sur l'AC qui a agité les années 1990. Elle a écrit des articles, a été à l'origine d'une enquête avec deux autres artistes, Colin Cyvoct et Gilles Marrey, *Cinq Questions posées par des peintres à des auteurs d'écrits sur l'art*[1]. Elle crée un mouvement de peintres, « Face à l'art[2] ». Elle vit au milieu de ce monde de l'art dont elle connaît les acteurs et s'interroge au quotidien, elle tient un journal d'atelier qui commence en 1993.

> « Ces carnets sont là pour ne pas ajouter l'oubli à l'indifférence et au mépris, comme si tout n'était pas irrémédiablement perdu du côté de la peinture, passion à vivre et à partager avec ceux qui refusent l'art sous contrôle, celui qui sent le bureau. Malencontreusement l'acharnement à liquider la peinture s'est affiché sans vergogne comme une exception française… »

Pour affronter ce temps de doute, Marie Sallantin s'est imposé un défi : faire de grandes compositions avec un sujet, une figuration, un thème, qui la relient à la peinture de tous les temps. Ce sera « la compagnie de Vénus ». Elle ne sera plus seule pour peindre, elle aura la compagnie des peintres inspirés par la déesse. Tout se retrouve au long de ces années consigné dans ses carnets : la dernière visite au Louvre et ses croquis d'après Poussin ou Vouet, son agacement en lisant les dernières amertumes de Philippe Dagen dans *Le Monde*, sa panique devant une toile de 3 m × 2 m commencée le matin, le découragement ou l'enthousiasme, selon les jours.

Écrire est une façon de s'affranchir du carcan de l'AC, c'est respirer, prendre l'air, goûter à la liberté. En 1993, Jean-Philippe Domecq publie son article « Artistes sans art »… Soulagement de Marie Sallantin. Elle se sent moins seule : « À lui merci, cela fait un moment que j'attendais un signal. Enfin quelqu'un d'un peu moins lâche ! Pourquoi cela fut-il si difficile à discerner ? »

---

1. Marie SALLANTIN, Colin CYVOCT et Gilles MARREY, *Cinq Questions posées par des peintres à des auteurs d'écrits sur l'art*, Éditions du Linteau, Paris, 1999.
2. Voir www.face-art-paris.org

Marie Sallantin continue à peindre « sa petite machine offensive », sa suite de Vénus...

16 juillet 1994 :

« Je sais que ma peinture peut déplaire, j'entends les réactions hostiles, je soupçonne les moues de dédain car je ne suis pas dans la ligne admise. Je ne suis pas moderne : je peins un sujet ! »

Il faut du courage... 31 août 1994 :

« Le premier risque que prend un peintre c'est celui du ridicule. Lorsque je compare ma peinture à la peinture contemporaine, je souffre moins du ridicule que si je la compare à celle du Louvre. Il faut donc commencer par un petit ridicule et si l'on progresse, chercher la difficulté au Louvre. »

Passionnément Marie Sallantin tente de sortir de l'enfermement de l'AC. Le 12 décembre 1994 :

« Quand le petit monde de chaque artiste l'emporte, la langue commune disparaît. »

Le 5 février 1995 :

« Non tout n'a pas été dit en peinture ! comme certains le prétendent. Mon idée est que l'on se trouve devant un inconnu qui fait peur. Le peintre est devant une alternative : ou bien fuir le problème ou bien l'affronter. Le tableau, c'est quelque chose qui dérange car c'est prendre un parti. C'est oser se confronter aux autres. C'est oser se tromper et déplaire, mais c'est surtout un acte passionné. »

La confrontation à l'époque est plus destructrice que stimulante. Le 25 janvier 1995 :

« Impossibilité de peindre ! Lire la presse, écouter la radio quand il s'agit de culture et d'art me laisse sans énergie et découragée... »

On mesure l'effet de décomposition qu'exerce le système sur les peintres...

« Je crois que la menace contre l'art ne vient pas de la société dans son ensemble mais de l'intérieur même du milieu de l'art. »

Marie Sallantin éprouve le besoin d'agir :

« 2 janvier 1996 : Je lance avec des artistes une pétition à France-Culture pour que cette radio ouvre le débat au lieu de faire comme si tout allait pour le mieux dans le ronron de l'actualité des arts plastiques. »

En novembre, le débat sur l'AC fait rage... Marie Sallantin met en chantier l'idée du questionnaire. Elle raconte en 1997 la visite à son atelier d'une « inspectrice de la création » :

> « Dès son arrivée elle me dit : "Je suis venue pour des raisons professionnelles." Plus tard elle a ajouté : "Il faudra changer votre problématique. Les figures sont en trop." »

Le 23 août 1998 :

> « Pourquoi s'inquiéter tant de peinture ? Cette inquiétude ne me quitte guère, c'est vrai depuis les Beaux-Arts, à la fin des années 1970, jusqu'à aujourd'hui... D'autres partagent ma préoccupation, donc je ne suis pas folle. L'art compte, c'est tout. La société ne peut pas rayer du champ social la peinture sans faire du mal à l'homme. Or le discours dominant a été jusqu'à très récemment que tout allait pour le mieux dans l'art contemporain, que la France était un modèle et que toute réserve est malvenue ou suspecte. »

En 1999 :

> « Redonner à la peinture une place sans reproduire l'exclusion dont elle a été victime... Le verrai-je ? »

Le 3 septembre 2001 :

> « Pourquoi les fonctionnaires s'y connaîtraient davantage en art que les artistes ? Entendu à France-Culture dans la bouche de Guy Amsellem, délégué général de la Dap : "L'État s'occupe de l'art contemporain dans toutes ses dimensions et dans toute sa richesse"... Prétendre que l'État soutient aussi la peinture alors qu'il la dissuade !
>
> La formule "art nostalgique et dépassé" est devenue une telle rengaine ! J'ai d'ailleurs constaté que les peintres développaient un fort sentiment de culpabilité à force de l'entendre. Mettre la peinture aussi bas, est-ce la mission de l'État ? »

Ces bribes de journal ici relevées témoignent des révoltes, réactions, réflexions et travaux au quotidien d'une artiste qui ne se laisse pas écraser par l'intimidation qu'exerce le système. « La peinture n'est tout de même pas faite pour désespérer l'homme ! » écrit-elle. Marie Sallantin prend les grands moyens pour résister. Peintre envers et contre tout, elle parcourt inlassablement les sentiers multiples qui mènent à l'essence perdue de la peinture. Elle tente aussi les voies royales et délaissées : les grandes compositions à personnages et plans multiples. Sa peinture a pris non pas la forme de ses cauchemars, comme il est séant, mais de ses désirs :

désir de composition monumentale, d'ornement, de mouvement perpétuel. Tout vient à point se poser sur la toile : les tons, chauds ou froids qui créent l'espace et engendrent naturellement les plans… Chacun abrite un thème, une scène qui joue sa partie simultanément avec toutes les autres, à l'intérieur même du grand théâtre de la toile.

Marie Sallantin se moque des interdits, elle nous raconte une histoire, éveille notre imaginaire et nous touche. Elle nous baigne dans une substance lumineuse et nous attire au cœur de la peinture où nous reconnaissons tant d'images et personnages familiers aux peintres. Nous les avons déjà rencontrés chez Poussin, chez Rubens et d'autres encore… Ils sont maintenant, grâce à son art, nos contemporains. Marie Sallantin ne détourne pas la peinture, ne fait pas de citations, ne se prête pas à un jeu conceptuel, elle poursuit avec simplicité et naturel le chemin de la peinture. Elle affronte aussi la pensée de ceux qui nient la peinture pour leur répondre et ne pas laisser le champ de bataille vide. Par là, elle témoigne de cet art caché dans les plis de l'AC, ce feu qui couve sous la cendre.

René-Jean Clot, la peinture est un destin

René-Jean Clot est né en 1913, c'est un écrivain reconnu et glorieux lorsqu'il décide en 1965 de passer à la peinture de façon radicale. Il n'écrira plus pendant vingt ans. « La peinture compte plus », dira-t-il. Il mourra en 1997…

Destin curieux, il rejoint la peinture au moment où la crise devient paroxystique. Il assistera à sa condamnation par le milieu intellectuel et verra s'accomplir sous ses yeux toutes les étapes de l'éradication de la peinture en France par les institutions. *A contrario*, pendant toutes ces années, il perçoit l'immense importance de la peinture.

En 1988 il écrit un livre, *La Peinture aux abois*[1].

> « La peinture n'est pas seulement le don supérieur de voir, elle n'est pas génie particulièrement original, elle n'est pas seulement le métier de l'artisan, elle est le destin. »

L'artiste se fait lui-même en faisant son œuvre. L'époque est démesurée… il faudra donc beaucoup exiger de la peinture pour survivre : dépasser l'esthétique pour elle-même et les bonnes intentions afin de rejoindre la nécessité de la peinture.

---

1. René-Jean CLOT, *La Peinture aux abois*, Julliard, Paris, 1988.

Il quitte l'écriture pour peindre afin que « la plastique adhère à la pensée ». Il cherche la forme sensible et visuelle pour se protéger, en un temps où le concept pur obscurcit l'intelligence et menace la liberté – car accomplir la forme rend libre. Dans un temps marqué par un intellectualisme forcené et totalitaire, la peinture est salvatrice en raison de la nécessité de la forme. Par la forme, s'instaure un rapport avec la réalité qui garde du leurre de l'utopie. René-Jean Clot lui aussi cherche par la peinture à atteindre un réel fort :

> « La notion de forme pour l'artiste est un besoin dont le contenu atteste l'existence objective d'une réalité qu'il doit constamment définir. Transcendant les valeurs matérielles d'un corps, cette réalité deviendra-t-elle beauté ? »

La notion interdite est évoquée :

> « La beauté est tout ce qui prend vie dans la forme et qui poursuit un but désintéressé de contemplation en demeurant rigoureusement structuré. »

> « La juxtaposition du sensible et de l'invisible coïncide parfaitement dans l'organisation de la forme. Cette forme, nous la considérons encore comme l'aspiration essentielle du peintre à prolonger son intuition, à la préciser dans le mouvement qui conduit à la beauté. »

Cette forme élaborée par l'artiste nous fait rejoindre la réalité par la contemplation. C'est l'antidote à la pensée totalitaire. Cette stratégie pour voir la réalité nous laisse libres. Intuitivement, les peintres savent que si l'on élimine cette activité, un rempart contre le totalitarisme tombe. Il faut peindre envers et contre tout. C'est le sentiment éperdu de cette nécessité qui fait la force de l'art caché. Tous les peintres qui ont résisté à la pression de l'AC et continué à peindre parlent de cette nécessité. Grâce à la peinture on peut voir le réel :

> « C'est l'univers tout entier qui devient pouvoir de réflexion et de méditation dans l'œuvre. »

Rejoindre ce réel, c'est rendre l'échange entre les hommes possible.

> « À toutes les époques et depuis les plus primitives, le phénomène producteur d'images dans la conscience des artistes s'efforçait d'éveiller ou de répondre à l'attente du plus grand nombre d'hommes. »

Que fait le peintre, sinon « témoigner intégralement d'une conscience aux prises avec le réel ». La chose est ancienne :

> « L'attrait de ce que nous nommons la beauté, le *kalos* des Grecs, obéissait d'abord au besoin pathétique de réalité. Cette vision de la

réalité accordée avec les sens, avec l'intelligence, avec le cœur, était la seule vraie. »

La peinture est l'antidote contre le mal.

« Comment l'artiste peut-il infailliblement transformer la déchéance qui l'entoure en harmonie intérieure ? En se préoccupant d'une forme, l'artiste n'accepte pas la dégradation du monde, il a sa propre loi qui est une force de refus. Toute écriture est réparation d'un destin hostile. »

René-Jean Clot termine son propos :

« Nous pensons que c'est un effort solitaire, méconnu des officiels, qui parviendra avec le temps à ranimer les courages en vivifiant une culture épuisée. Ce n'est jamais l'art qui doit faire son salut, c'est l'homme lui-même et, quand il est un artiste, sa situation même malheureuse, même humiliée, a quelque chose de fascinant qui prépare toujours un progrès spirituel, car devant tant d'œuvres qui échappent longtemps au flair des marchands, la beauté d'une forme est d'abord transfiguration, à l'image de la solitude déchirante d'un artiste. »

Point par point, les peintres démentent l'idéologie de l'AC et affirment l'existence de la voie contraire. Ce refuge dans la peinture, au moment même où les sociétés libérales ont commencé à développer une idéologie totalitaire à leur insu, n'était peut-être pas chez René-Jean Clot un acte conscient… C'est un instinct que l'on retrouve chez tous ceux qui poursuivent leur déraisonnable vocation de peintre.

Henri Guérin, la main révélatrice

Le peintre et maître verrier Henri Guérin est aussi de ceux qui évoquent le rôle que joue la main dans l'affranchissement de la pensée. Dans de multiples articles et un petit livre, *Patience de la main*[1], il décrit avec subtilité, à une époque qui nie cette réalité, les courants et les liens entre l'œil, le cerveau et la main qui fondent les processus de la création :

« L'art procède d'une exigeante confrontation entre l'esprit et la matière. Les plus doués ont l'intuition que toute cette vie spirituelle qui perce en eux jamais ne pourra éclore s'ils n'ont pas les moyens de lui donner le jour. La pensée du peintre ne peut s'arrêter à l'intention.

---

1. Henri GUÉRIN, *Patience de la main*, Cerf, 1995.

En passant à l'acte, il se risque à la sanction du visible. Congédiant mots et sons, une pensée, indicible en toute autre discipline, parce que spécifique du silence, tente de naître. Elle cherche à se rendre présente uniquement par des formes et des couleurs en un certain ordre assemblées. »

Les vitraux d'Henri Guérin ne peuvent être faits que par lui car il taille chaque morceau de verre pour y sculpter la lumière. L'assemblage et la construction du vitrail se vérifient à l'œil pièce par pièce. Un vitrail d'Henri Guérin ne pourrait pas être fait par un maître verrier sur simple livraison, comme font les conceptuels, de quelques vagues croquis ; c'est un objet d'une tout autre nature...

La dimension artisanale est si honnie par le dogme de l'AC, que l'on comprendra pourquoi ce maître verrier, aux multiples chantiers en France et dans le monde, a été écarté de la commande publique.

Pierre Souchaud, les peintres prennent la parole

Pour le peintre Pierre Souchaud, « on ne résiste que si l'on comprend »... C'est ainsi qu'il s'est lancé dans l'aventure de la création d'une revue d'art. Il fallait

« revenir à l'essentiel, à l'objet même du discours que sont les œuvres, comme repères indispensables pour une nécessaire restauration des valeurs et une réhabilitation du sens ».

Pierre Souchaud est l'auteur de *L'Art contemporain – Territoire de non-sens, état de non-droit*[1]. Ce livre analyse en profondeur les mécanismes à l'œuvre dans l'« art contemporain » dont il connaît tous les paradoxes de l'« exception française » pour avoir participé lui-même à l'effervescence et aux péripéties artistiques des groupuscules « engagés » issus de Mai 68.

Il est le créateur de la revue d'art *Artension* qui a vu le jour en 1984, pour acquérir une diffusion nationale entre 1987 et 1992. Ce fut le seul média de la presse artistique présentant à la fois des œuvres d'artistes et un débat d'opinion, très ouvert. Dès cette époque, Pierre Souchaud, connu par ailleurs pour ses opinions de gauche, signalait l'étrange confusion dont était victime le milieu de l'art en France. Il semblait être un des seuls à voir le *quiproquo* absurde : les intellectuels et artistes de gauche

---

1. Pierre SOUCHAUD, *L'Art contemporain – Territoire de non-sens, état de non-droit*, E. C. Éditions, Campagnan, 1999.

militant pour l'AC qu'ils croyaient porteur d'idées révolutionnaires ! Personne ne semblait comprendre alors la nature mercantile de l'AC, ses liens avec l'argent et les milieux libéraux américains. La revue prospéra aussi longtemps que le marché de l'art, alors en pleine euphorie, et disparut peu après son écroulement. Sa parution, interrompue en 1992, reprit en 2001.

Artension est la seule revue d'art visible et présente dans les kiosques, qui s'efforce de montrer la diversité des tendances dont les grands médias ne rendent pas compte. Ce faisant, elle met en lumière le phénomène de la persistance de la peinture.

C'est la seule revue où apparaît le débat sur l'art devenu souterrain. Sur Internet, on peut consulter l'ensemble impressionnant des articles publiés. Ils font la démonstration que de forts courants, extrêmement divers et éloignés de l'art officiel, existent.

C'est, enfin, la seule revue où s'exprime aujourd'hui le point de vue des artistes.

On peut dire que grâce à l'ampleur de vues de Pierre Souchaud, *Artension* est un des très rares espaces de débat, au sens d'échange intellectuel contradictoire, sur la question de l'art en France. Le fait que Pierre Souchaud soit un artiste n'est sans doute pas fortuit.

Rémy Aron, les artistes au centre de l'art

Rémy Aron est une figure de cette patiente résistance des artistes pour ne pas se laisser écraser par le système. Outre la poursuite de son œuvre de peintre, il enseigne passionnément le dessin dans un cours de la Ville de Paris, ayant eu lui-même une grande formation dans ce domaine.

Par ailleurs, il s'est toujours battu pour sauvegarder les quelques institutions donnant une indépendance aux artistes, les Salons notamment, où l'on peut voir une création non triée selon une ligne idéologique officielle. Les Salons permettent de préserver la diversité de la création car la sélection est faite par la communauté des artistes qui se regroupent par affinités. C'est un lieu de confrontation des tendances et de comparaison.

Rémy Aron a rejoint Jean Monneret, président du salon des Indépendants et fondateur de la fédération des Salons historiques du Grand Palais dont il sera le secrétaire général. En 1995, devant le danger d'une remise en question des Salons, il présidera la « cellule de crise » regroupant les deux grandes fédérations de Salons existantes. Il fallait résister contre leur dépérissement programmé. En effet, les Salons sont minés par le ministère de la Culture qui les considère comme un archaïsme, un « corporatisme » dépassé qui s'oppose à leur gestion rationnelle de l'art.

Lors du congrès de Tours de 1998, rendez-vous annuel du milieu de l'art officiel organisé par le ministère de la Culture et réunissant les représentants des Frac, Fnac, Drac, centres d'art et associations qui fonctionnent en symbiose entre elles, Rémy Aron avait demandé au ministère que quelques associations d'artistes soient aussi présentes. Ce fut accordé à contrecœur car cela ne pouvait que troubler le consensus habituel, les interventions des « artistes » étant en fort décalage avec le ton général du congrès. On raconte qu'un des participants institutionnels aurait répondu à une intervention de Rémy Aron : « Au congrès des médecins, on n'invite pas les malades. »

Rémy Aron essaye grâce à des associations comme l'ONG l'AIAP (Association internationale des arts plastiques), dont il est le trésorier, de contribuer à assurer aux artistes une représentation internationale, en particulier auprès de l'Unesco, indépendamment des associations telles que l'AFAA-Culture France qui sont les porte-drapeaux officiels. Avec beaucoup de systématisme, elles occultent toute une partie de la création française à l'étranger. Rémy Aron constate :

> « Le ministère de la Culture, depuis sa création, a tout fait pour retirer aux artistes, aux associations d'artistes et à l'Académie leur rôle, leur expertise et les choix de la politique culturelle[1]. »

Il déplore par exemple le fait que ce soient aujourd'hui des fonctionnaires, des clercs, des professeurs de philosophie, qui décident du contenu des enseignements des beaux-arts et de la nomination des professeurs qui semblent plus diplômés en idéologie qu'en savoir-faire. Il demande que « la diversité des approches esthétiques soit proposée aux élèves ».

> « Il faut que l'action publique soit au service de la diversité esthétique. Il n'y a pas un sens unique et inéluctable à l'histoire de l'art. »

Les prises de positions de Rémy Aron manifestent une connaissance de la diversité du milieu des artistes et une conscience aiguë des évolutions perverses de ces dernières années, qui gênent la création en France. Les artistes ont peu d'interlocuteurs en dehors de l'État qui concentre toutes les filières de reconnaissance ; les fondations sont rares en France

---

1. Par exemple, Yves Michaud, professeur de philosophie, a dirigé les Beaux-Arts. La plupart du temps, on a affaire à des énarques. Il est intéressant de voir sur Internet la liste des professeurs et des programmes de l'École des beaux-arts.

et le secteur mercantile est peu actif. Ses interventions, articles, prises de position sont toujours fortement argumentées et font référence.

Élu à la tête de la Maison des artistes, qui regroupe tous les artistes professionnels travaillant en France, il a essayé de remettre l'artiste au centre des politiques culturelles.

Interventions d'artistes dans le débat de l'AC

Les rares interventions d'artistes dans la presse lors du débat sur l'AC en 1996-1997 ont été relevées par Patrick Barrer, qui en fait le recensement dans son livre *Tout l'art contemporain est-il nul ?* On trouve les noms, en plus de ceux de Marie Sallantin, de Pierre Souchaud, de Rémy Aron cités plus haut, de Katerine Louineau et de Camille Saint-Jacques.

Les analyses de François Dérivery, artiste également, publiées dans *Artension* confirment leurs points de vue et montrent dans quelle mesure les artistes ont pris conscience de la subtilité de l'aliénation qu'ils subissent. La contestation de l'AC par les artistes eux-mêmes n'obéit plus à un clivage d'opinions de gauche ou de droite. « La marginalisation de l'artiste est un fait institutionnel aussi bien que marchand. » Il décrit la destruction de la communauté des artistes par le système afin de n'avoir face à lui que des artistes isolés, individualistes, autistes, égocentriques et hantés par la culpabilité. Selon lui, l'AC est un des mythes néolibéraux devenu vérité imposée. Il affirme représenter la modernité et la nouveauté en exigeant – par la pression, la manipulation, le dénigrement et au besoin l'invective – la reddition du scepticisme qu'il engendre. La croyance en l'AC, comme autrefois la foi religieuse aidant à supporter les misères d'ici-bas, naît d'une angoisse : l'absence d'alternative au néolibéralisme. Il n'y a pas d'autre justification au discours officiel sur l'art : « C'est celui des professionnels qui en vivent[1]. »

Il y aurait encore à citer ceux qui, pendant la crise ouverte en 1996-1997, ont envoyé des lettres aux courriers des lecteurs, écrit dans les revues savantes peu visibles, publié des livres sans être relayés par la presse... Plus tard apparaîtront aussi les carnets d'ateliers et les correspondances.

Mais déjà on éprouve un immense intérêt à lire en contrepoint de l'art qui domine ce qu'ont écrit les peintres. On est frappé par la profondeur de l'expérience qu'ils tentent de décrire. Citons les écrits de Balthus,

---

1. Cité dans Patrick BARRER, *Tout l'art contemporain est-il nul ?*, Favre, Lausanne, 2000.

Jean Bazaine, Gérard Bignolais, Georges Brunon, Michel Ciry, Juan Luis Cousino, Dermarkarian, Yo Marchand, Georges Mathieu, Pierre Parsus, mais aussi de Jean Onimus qui n'est pas un artiste mais qui semble les avoir beaucoup regardés[1].

Celui qui veut apercevoir cette réalité hors spectacle, non éclairée par les projecteurs médiatiques, est confronté à la difficulté d'avoir à découvrir un à un des êtres singuliers... Ce livre brosse quelques portraits, évoque des caractères d'artistes qui n'ont pas seulement fait une œuvre picturale, mais écrit ou agi et ont ainsi laissé des traces sur la façon dont a été vécue cette époque hors normes. Ce tour d'horizon est une esquisse qui sera complétée progressivement.

---

1. Georges MATHIEU, *Le Massacre de la sensibilité*, Odilon Média, 1996 ; Juan Luis COUSINO, *L'Amoureuse Danse de l'être*, ALTESS, Paris, 1996 ; Georges BRUNON, *La Cité impérieuse*, Les Deux Océans, 2002 ; Michel CIRY, *Journal* (30 tomes) chez divers éditeurs ; Jean BAZAINE, *Exercice de la peinture*, Seuil, Paris, 1973. Alain VIRCONDELET, *Mémoires de Balthus*, Le Rocher, 2001. Pierre PARSUS, *Carnets d'atelier*, Mémoires vivantes, 1998. Et également chez cet éditeur : les écrits de Yo MARCHAND, DERMARKARIAN, Gérard BIGNOLAIS. De Jean ONIMUS, *Étrangeté de l'art*, PUF, Paris, 1992.

Partie IV

LA PERMANENCE DE L'ART

14

Le bruit court qu'il ne se passe plus rien à Paris

> *« Il n'y a rien de plus hermétique que ce qui n'a pas de sens. »*
>
> Patrick Barrer

Entre 1960 et 1980, le milieu artistique en France est extrêmement divers. Si la plupart des artistes américains ont quitté Paris, les artistes du monde entier continuent à venir y travailler. Les courants sont très variés. Il y a tout à Paris : la peinture sous toutes ses formes et expressions, y compris le « grand art », mais aussi des avant-gardes extrêmement différentes. La déferlante de l'art conceptuel gonfle la grande vague de l'avant-garde révolutionnaire figurative et « critique ». Ce sont deux mouvements sans rapport qui se chevauchent.

Paris n'est plus la capitale de l'art

Mais un bruit court, savamment orchestré[1] : « Il ne se passe plus rien à Paris, l'avant-garde est à New York ! » Qui peut le croire ! Après l'école de Paris, l'abstraction lyrique et la jeune peinture, Paris a pris le tournant des années 1960 avec les nouveaux réalistes, la figuration narrative et une infinité de courants et de chapelles. Rien ne semblait pouvoir dépasser alors l'effervescence théorique et artistique qui avait cours à Paris, et personne n'imaginait qu'il pouvait se passer quelque chose de semblable outre-Atlantique... Comment ces Américains qui venaient chercher des

---

1. Voir Frances Stonor-Saunders, *op. cit.*

avant-gardes à Paris pouvaient-ils prétendre supplanter cette capitale de l'art ?

Une telle idée n'aura cours qu'après les années 1990, elle deviendra un leitmotiv martelé par les médias français, une préoccupation des ministères des Affaires étrangères[1] et de la Culture, une platitude partagée par le milieu artistique et intellectuel. Que s'est-il passé ?

La méthode déclarative

Pour le quarantième anniversaire de sa galerie en 2007, Daniel Templon, dont la réussite est due à son intégration dès la fin des années 1960 dans le réseau de « galeries amies[2] » de Leo Castelli, déclarait dans *Libération* :

« L'opinion publique internationale dit qu'il n'y a plus de création en France… Ce marasme est dû à la faiblesse économique de la France et à la sclérose sociale-démocrate dans un univers libéral. Les pays qui dominent économiquement imposent leur culture[3]. »

Si cette opinion, qu'il partage avec les marchands, commissaires-priseurs et analystes économiques, est exacte pour ce qui est du marché, peut-on pour autant faire l'amalgame entre la création et le marché ? La domination économique entraîne-t-elle pour autant création de culture, d'art et de civilisation ? Dans l'Antiquité, les Romains reconnaissaient que, s'ils dominaient le monde, la culture rayonnait néanmoins de la Grèce.

Dire qu'il « ne se passe plus rien à Paris », que création et marché coïncident sont des déclarations médiatiques sans preuves que Daniel Templon formule ainsi : « L'opinion publique internationale dit… » La création et la civilisation peuvent-elles jaillir de nulle part, sans antécédents ?

Art Basel Miami Beach a connu sa quatrième édition en décembre 2006. L'événement a attiré les collectionneurs du monde entier, provoqué une frénésie d'achats à des prix hors de raison, donné lieu à une débauche de spectacles, fêtes et performances… Daniel Templon le remarque bien :

---

1. Rapport Quémin, paru en 2001. Commande d'une étude sur la réception à l'étranger des artistes français par le ministère des Affaires étrangères.
2. Le système des « galeries amies » fonctionne en réseau et œuvre de concert et de façon invisible pour fabriquer les cotes. En économie, on appelle cela des « ententes », combattues dans les systèmes économiques libéraux car elles troublent le fonctionnement des lois du marché.
3. 9 décembre 2006.

« Il faut des cérémonies pour célébrer la passion de l'AC… On va dans les foires comme on va au théâtre ou à l'opéra. »

Les journaux consacrèrent aussitôt Miami, cette ville balnéaire pour riches retraités, « haut lieu culturel » ! Nous sommes dans une société médiatique et il suffit de déclarer les choses pour qu'elles soient.

La foire de Miami est un événement organisé qui n'existe plus si l'organisation cesse, le marché s'écroule ou change de place. Créer un événement capable de rassembler les fortunes du monde entier autour de l'AC n'est pas pour autant créer de l'art, de la civilisation et de la pensée. On mesure là la distance qui existe entre la production d'AC et l'émergence d'art.

Lorsque l'on dit : « Il ne se passe plus rien à Paris, la vie de l'art est à New York, Shanghai ou Miami », il faut comprendre : le spectacle, le marché, les collectionneurs, les artistes d'AC sont présents sur des places financières pour donner à des œuvres incertaines un statut d'œuvres d'art.

La création continue à Paris

La création, la réflexion, la maturation, continuent à Paris et dans tous les lieux de grande culture. Cela ne dépend pas des fluctuations monétaires et des stratégies de communication, ni même de la paix et la prospérité. On sait que Paris sous l'Occupation a connu une grande activité intellectuelle et artistique.

La réelle vie de la pensée et de la création n'est pas de l'ordre de l'économie ou de la communication médiatique. Un tableau n'est pas une marque. Le véritable échange entre les artistes et leurs contemporains est une adhésion mystérieuse qui se fait d'abord dans le cercle des pairs, puis des amateurs et enfin, de proche en proche, d'un large public. Ce climat permettait une reconnaissance qui attirait à Paris les artistes et les amateurs du monde entier.

C'était ainsi jusqu'au moment où les Français sont entrés dans la société médiatique, c'est-à-dire au début des années 1960. Peu à peu, on a vu disparaître les critiques d'art dans les journaux et apparaître des hagiographies sur les artistes. Ainsi, Beuys est lancé à Paris comme « le plus grand artiste allemand contemporain », Broodthaers, « le plus grand artiste belge » ; Buren et Boltanski sont des « monstres sacrés de l'art français ». On se précipite pour lire et comprendre pourquoi. Mais aucune raison n'est avancée… Le contenu des articles est descriptif, le style est publicitaire. La méthode déclarative a ceci de déroutant : elle affirme sans preuves et sans arguments. On ne peut donc exercer son jugement. Un doute subsiste : ai-je bien vu ? Ai-je compris ? Un malaise s'installe. Serais-je manipulé ?

En France, tous les grands « événements » artistiques visibles sont organisés par l'État puisqu'il n'y a ni fondations, ni marchands importants. Les conservateurs de musée, hauts fonctionnaires de grande culture, se sont mis eux aussi à la méthode déclarative pour créer des événements et garantir des entrées. Ce qui n'est pas montré ainsi ne se voit plus en France, mais ne cesse pas d'exister pour autant !

Passions publiques et collections privées

Quelques exemples illustrent ce phénomène. Une exposition sur le thème des collectionneurs, « Passions privées », a eu lieu en décembre 1995 au musée d'Art moderne de la Ville de Paris. Suzanne Pagé a voulu exposer les collections particulières d'art moderne et contemporain des Français. Elle note une grande différence de motivation, de comportement et d'origine entre les collectionneurs d'« art moderne » et ceux d'« art contemporain ».

En considérant la période 1960-2005, si l'on en croit ce que l'on voit en parcourant l'exposition, les Français auraient collectionné exclusivement de l'AC, surtout anglo-saxon et secondairement des artistes français. Pour ces derniers, leur choix semblerait s'aligner sur ceux de l'État. Ce qui peut laisser croire que rien d'autre n'a été acquis pendant cette période par les collectionneurs privés et corroborerait l'idée qu'il ne se passe plus rien d'important à Paris.

Pourtant une étude sociologique de Raymonde Moulin[1], commande du musée d'Art moderne pour l'occasion, signale l'existence d'une pratique française, qui s'accentue à la fin du siècle, consistant à collectionner discrètement, en raison de la peur du fisc, mais aussi du désir de ne pas être moqués et montrés du doigt pour le non-conformisme des œuvres choisies par goût.

La collection d'AC a le plus souvent une fonction liée à la com', mais il existe encore des gens qui collectionnent par goût. Les deux comportements coïncident difficilement à partir des années 1970. Les plus fortunés font les deux. Ainsi, Bernard Arnault et François Pinault montrent ostensiblement leur collection d'AC anglo-saxon pour les nécessités de la

---

1. Raymonde MOULIN, « Les collectionneurs d'art contemporain. La confusion des valeurs », « Passions privées », musée d'Art moderne de la Ville de Paris, 1993.

communication de leurs groupes à l'échelle internationale, mais cachent les collections qu'ils font à titre privé. François Pinault clame dans *Le Monde*[1] qu'il est « contre la tyrannie du goût », mais choisit ce qu'il y a de meilleur sur le marché en matière de marines XVIIIe et XIXe siècle et d'art breton. Bernard Arnault a, quant à lui, des goûts très classiques. Ce sont des faits sans existence médiatique. Les collections des Français restent donc encore à découvrir. Dans cinquante ans, quand les œuvres collectionnées sortiront des maisons de campagne, des boudoirs et chambres à coucher où elles attendent des jours meilleurs, on aura une idée très différente de ce qui s'est passé à Paris lorsque New York brillait par son marché de l'art.

Remarquons aussi qu'en 2006, dix ans après « Passions privées », François Pinault ne montre pas un seul artiste français d'AC dans sa fondation à Venise, parce que la *doxa* est qu'« il ne se passe rien à Paris ».

La disparition de l'objet unique

Le musée des Arts décoratifs récemment rouvert fournit un autre exemple.

La partie « contemporaine » du musée se parcourt en descendant autour d'un puits de cinq étages. On a l'impression en arpentant cet espace de connaître un engouffrement infernal, d'observer la dissolution fulgurante des arts décoratifs dans l'utopie du design, la dématérialisation des objets dont il ne reste à la fin de la chute qu'une vague idée sans chair.

Si l'on croit ce que l'on voit, de 1960 à nos jours, en matière de métiers d'art, les seuls objets ayant retenu l'attention des conservateurs semblent être ceux qui portent l'étiquette « design ». Le phénomène s'accentue à partir de la fin des années 1980, ce qui fait disparaître des collections les objets uniques. Les derniers que l'on peut voir sont quelques vases en céramique et verre, datés de 1981 et 1982. À partir de la fin des années 1980, les créateurs exposés sont uniquement des designers, généralement anglo-saxons. Au début du millénaire, la « nouvelle attitude » du design consiste à créer des prototypes qui n'obéissent plus à l'idée d'une création d'objets ayant une grande qualité formelle et réalisables en série à des prix abordables. L'art contemporain est passé par là ! Désormais l'ambition est autre, il s'agit de créer des objets purs de toute fonctionnalité et de toute esthétique : l'objet total en quelque sorte !

---

1. *Le Monde*, 28 avril 2006.

Le dossier de presse souligne

« le rôle important que ces objets ont joué comme laboratoire d'idées, sans autre possible marché que la communication. Une large place est faite aux productions réalisées grâce à l'aide institutionnelle et à la commande publique et à quelques initiatives privées[1] ».

Un design d'État, en somme ! Pourquoi pas ? Mais pourquoi n'y aurait-il pas aussi des objets uniques faits à la main ?

Ainsi se termine un parcours de mille ans, plein d'objets merveilleux. Le choc est rude. On se remémore soudain un signe prémonitoire de cette catastrophe, observé quelques étages plus haut : la reconstitution d'une exposition tenue en mai 1968, « Les assises du siège contemporain ». On peut admirer au centre du « puits », où se trouvent rassemblées les collections de la seconde partie du XXe siècle, une pyramide de chaises design, toutes différentes, un mémorial de sièges, célébrant sans doute l'effroyable aliénation des intellectuels puisque c'est, enchaînés à cet instrument de torture, qu'ils observent et dominent le monde.

Les conservateurs rendent compte avec objectivité des disputes sanglantes et des tensions fécondes entre l'Union des artistes modernes et la Société des arts décoratifs dans les années 1930, et de l'oscillation entre un « moderne classique » et un « moderne-recherche et expérimentation » jusqu'aux années 1960. Puis soudain les conservateurs dénient l'existence de polarités. Alors pourquoi avoir exclu les œuvres singulières, les objets uniques qui demandent l'habileté de la main et la maîtrise millénaire des savoir-faire ? Pourquoi n'avoir pas par exemple exposé les œuvres du plus grand orfèvre actuel, Goudji, reconnu dans le monde entier, qui travaille à Paris depuis 1974 et n'a créé que des œuvres uniques non reproductibles, toutes sorties de ses mains ? Il est l'auteur, entre tant d'autres choses, du mobilier et des vases liturgiques de plusieurs cathédrales françaises… Mise en perspective avec des chefs-d'œuvre de l'histoire, son œuvre a sa place au plus haut niveau, dans la suite et le renouvellement des formes. Le musée expose cependant un bijou de lui, sans même mentionner son nom, dans une vitrine montrant « les matériaux » de cet art dans un but pédagogique.

S'il n'y avait cet interdit de l'objet précieux, unique et fait à la main, il suffirait aux conservateurs de se promener dans un rayon de trois cents mètres autour de leur « chaise design » et d'ouvrir les yeux. Une création singulière est à découvrir. Il y a en France de grands céramistes, souffleurs

---

1. Dossier de presse. Réouverture du musée des Arts décoratifs, septembre 2006.

de verre, tapissiers créateurs de meubles, orfèvres, ferronniers, verriers, mais seul le design est « contemporain » ! Ce qui s'est passé entre l'art et l'AC, se passe entre l'objet unique et l'objet design. Les créatifs sont admis, les créateurs doivent s'exiler !

Le design est certes adapté à notre époque pour tous les objets fabriqués en série, du TGV au fer à repasser auquel il ressemble, mais toute cette belle création n'est-elle pas partout visible dans la rue et dans nos cuisines ? Pourquoi devrions-nous payer pour les voir dans une vitrine ?

Sont présentées ici, en matière d'ameublement, les donations des collectionneurs permettant à ces objets d'augmenter leur cote, ce qui n'est pas condamnable ! Ce qui l'est davantage, c'est que les fonctionnaires de l'art aient succombé à l'idéologie totalitaire du pôle unique. Cela a une conséquence extrêmement grave. Par un enchaînement fatal de la logique médiatique, les créateurs français disparaissent du devant de la scène à partir des années 1970. Paris s'est autocondamné en condamnant ses artistes.

Ainsi se constitue, avec notre propre complicité et le concours des institutions, l'idée prégnante qu'« il ne se passe plus rien à Paris ».

Paris, refuge secret des artistes d'art

Pourtant, Paris attire toujours des artistes du monde entier. De grands artistes de diverses parties du monde sont là pour la création sans chercher à le faire savoir. Ils vivent concentrés sur l'élaboration de leur œuvre, et par conséquent cachés. Ils ne sont pas obligés comme les « auteurs d'AC » de se rapprocher des institutions et des marchés pour légitimer leurs œuvres, ils viennent chercher à Paris le climat intellectuel et artistique propice à leur création. Ils ne manquent pas de s'étonner parfois que ce Paris qu'ils ont choisi par affinité ne reconnaisse pas leur art et ne les fasse pas vivre. Heureusement, leurs marchands à New York, Londres ou dans leur pays d'origine s'en chargent.

Nous citerons quelques cas remarquables : les artistes d'origine chinoise, Zao Wou-Ki et Chu Teh-Chun, membres de l'Académie des beaux-arts. Zhou Gang, grand peintre novateur dans sa tradition, fort connu en Chine. Les Italiens de Paris : Cremonini, Francisco Marino di Teana, Sergio Birga, Franca Sibilia. Serguei Chepik est d'origine russe, Goudji géorgienne, Emdadian iranienne, Ousseynou Sarr sénégalaise, Moreh israélienne. Hector Saunier, Valladares et Alberto Guzmán sont sud-américains ; Asada, Masao Haijima, Tetsuo Harado, Shoichi Ono, japonais ; William Chattaway et Raymond Mason, anglais ; Sam Szafran et Caroline Lee, américains ; Dietrich Mohr et Axel Cassel, allemands ; Jose Subira Puig, espagnol…

Fait historique ou propagande ?

Au moment même où l'on martèle dans les ouvrages d'histoire de l'art « définitifs » qu'il ne s'est rien passé à Paris, survient l'immense fichier de renseignements que constitue Internet. Et l'on est forcé de rectifier son jugement.

Entre les années 1950 et 1980, et en moindre proportion après, il existait à Paris en gravure, peinture et sculpture, un certain nombre d'ateliers privés où se transmettait un savoir qui attirait des artistes du monde entier. Ils venaient pour quelques mois ou quelques années.

Les ateliers étaient souvent privés. Citons, en gravure, les ateliers de Dadérian, Jean Delpech, Johnny Friedlander, Henri Goetz, S. W. Hayter, Joëlle Serve. En sculpture : l'atelier de Valentina Zeïlé. En dessin : l'atelier Rémy Aron. En peinture : les ateliers de Bertholle, de Philippe Garel, de Philippe Lejeune…

Ces faits qu'Internet rend désormais perceptibles n'ont pas encore intéressé les historiens d'art. En faisant des recherches sur ces ateliers et les artistes qui les ont fréquentés, on constate que ce passage à Paris a été d'une grande importance dans l'élaboration et la valorisation de leurs œuvres par le jeu des transmissions, influences et amitiés.

15

La suppression organisée des savoirs

> « *Il ne faut pas savoir !* »
> Georges ORWELL

En France, la Délégation des arts plastiques du ministère de la Culture a choisi l'AC et exclu systématiquement les autres formes d'expressions qui ont été écartées de la commande publique, des achats et autres faveurs. Ce parti pris n'aurait pas été très grave s'il n'avait été également accompagné d'une éradication de la transmission des savoirs de haut niveau dans les écoles d'art de l'État pendant quarante ans, ce qui est un cas unique au monde. En Chine, cela n'a duré que dix ans ! On peut dire qu'il n'y a pas eu de décadence naturelle de l'art en France, mais une extermination administrative.

Un pouvoir sans contre-pouvoir

À partir des années 1990, il n'y a plus aucun contre-pouvoir digne de ce nom face à l'État culturel. Les galeries et le marché, dernier domaine libre de l'art dans les années 1980, sont en crise à partir de l'effondrement du marché en 1991. Les fondations sont très peu nombreuses, l'Académie est depuis très longtemps dénigrée et jamais consultée ; l'enseignement lui échappe ; la villa Médicis lui a été confisquée par le ministère après 1968. Les consécrations, les élections, les prix importants et nombreux qu'elle accorde, ne sont pas relayés par les médias qui traitent avec mépris les « artistes académiques ». Les Salons dirigés par des artistes ont été systématiquement combattus et minimisés.

Les multiples commissions qui décident dans le domaine de l'art rassemblent des philosophes, des sociologues, des fonctionnaires, des journalistes, des galeristes, des conservateurs… mais pas d'artistes. Seuls les journaux d'art faisant la promotion de l'AC comme *Beaux-Arts* et *Art Press* ont droit à des aides éditoriales très substantielles.

Étrangement, en France, depuis trente ans, le milieu intellectuel, celui plus précisément qui fait opinion dans les médias, ne conteste absolument pas l'« art officiel » et contribue activement à sa suprématie. Il accepte comme normal un système sans polarités, sans contre-pouvoir.

La déconstruction nationale

Cette absence de contre-pouvoir explique peut-être comment les institutions ont pu procéder à l'interruption radicale de la transmission des savoirs. Il fallait que l'AC, unique « art » acheté, défendu et muséifié par les institutions françaises, coïncide avec les enseignements programmés des écoles primaires à la terminale et dans les écoles d'art.

La formation artistique tant désirée, c'est-à-dire l'enseignement de l'histoire de l'art et la pratique du dessin utile à la formation de l'œil, est toujours évoquée et jamais réalisée. Elle est promise en vain à chaque élection présidentielle. Elle ne se fera pas car elle pourrait porter ombrage à l'« initiation à l'AC » en vigueur.

On ne connaît pas dans l'histoire un tel exemple de rupture de la transmission, même dans les époques les plus troublées comme les guerres de religion et la peste au XIVe siècle !

Le mythe de l'artiste sauvage

La justification idéologique qui est donnée à l'interruption de la transmission en art est l'idée admise que le savoir dans ce domaine aliène l'artiste, l'empêche de créer et d'être original.

Le mythe de l'artiste sauvage est aussi lié à l'utopie de l'égalité des talents et des dons. Tout le monde est créateur et génial, à condition d'être libéré de tout savoir et de toute contrainte. Il y a au moins un domaine où l'idéal démocratique se réalise fictivement, c'est dans l'AC, et l'on comprend pourquoi il est devenu un art officiel. Les dégâts collatéraux de cette nouvelle forme de démagogie ont été une persécution de toute virtuosité, de tout talent, de tout savoir, une condamnation morale de l'art.

Aujourd'hui, les étudiants qui entrent aux Beaux-Arts savent qu'ils n'apprendront aucune des disciplines de l'œil et de la main, sauf de façon marginale, comme option. Ils sont sévèrement sélectionnés au concours d'entrée pour leurs aptitudes conceptuelles. Les candidats qui montrent une quelconque maîtrise du dessin ou font état d'une démarche d'art sont systématiquement écartés. Cette précaution permet d'éviter toute révolte, contestation ou mépris des professeurs, une fois admis.

Les professeurs des Beaux-Arts sont presque tous conceptuels. Or le concept n'est pas quelque chose qui s'apprend, d'autant plus qu'il se doit d'être transgressif. Il n'y a donc pas d'enseignement au sens ordinaire de « transmission d'un savoir » dans cette école. Il existe des matières théoriques d'un côté, des matières « techniques » de l'autre, dont la plus importante est enseignée dans le fameux « pôle numérique » où se précipitent tous les élèves parce qu'il y a là au moins un savoir utile et concret. Les autres « techniques » – tels le dessin, le modelage, la fresque ou la mosaïque – sont enseignées comme on délivre des recettes de cuisine et non comme une discipline majeure qui implique une formation du regard et une culture.

L'École des beaux-arts vit de sa réputation séculaire et d'une habile stratégie qui consiste à faire une sélection draconienne et à prendre très peu de candidats[1]. Les artistes conceptuels et institutionnels participent au jury et cooptent une descendance docile qui ne leur fera pas d'ombre. Les élèves élus sont entourés d'une aura et garantis d'un réseau qui assurera leur carrière d'artistes officiels. Jadis l'école était ouverte et beaucoup de personnes extérieures venaient suivre les cours en candidats libres, c'est interdit aujourd'hui. Le contenu de l'enseignement de l'AC est confidentiel et réservé aux élus. Pour devenir un artiste officiel en France, il faut aujourd'hui être passé par cette école et appartenir au sérail. Ce fonctionnement, associé à l'éradication des savoir-faire, permet la survie de l'AC et de ses artistes.

C'est un professeur de philosophie, Yves Michaud, qui dirige l'École des beaux-arts de Paris entre 1989 et 1996. Auteur d'un livre *Enseigner l'art*[2] *?*, il énonce ses théories sur la nécessaire interruption des transmissions millénaires. C'est probablement la première fois dans l'histoire qu'un clerc décrète ce que doit apprendre un artiste et comment. Il y eut des protestations et des résistances, même si elles ont été passées sous silence. Là aussi l'histoire reste à faire. On citera, pour n'évoquer qu'un épisode parmi d'autres, une plaquette d'une vingtaine de pages, publiée aux éditions Sulliver, et qui a beaucoup circulé. *La Pétition à*

---

1. 1 500 candidats pour une centaine de reçus (102, en 2007).
2. Paru chez Jacqueline Chambon, Nîmes, coll. « Rayon art », 1993.

l'Académie des beaux-arts pour les étudiants que l'on empêche de dessiner, qui date de 1996, a été rédigée par Sophie Herszkowicz. Son objet était le maintien des deux séances hebdomadaires de dessin de nu qui subsistaient encore.

> « Nous ne disons pas "l'enseignement" du dessin – ce serait trop demander ! – mais la simple possibilité de dessiner d'après modèle pendant quatre heures par semaine. […] Parce qu'on nous a appris à nous passer de maîtres, on nous fait dire qu'il faudrait nous passer de la nature ! Or il n'y a pas, au grand dam des réformateurs asservis, d'autre façon d'apprendre à dessiner que de regarder. L'esprit s'éduque appliqué au monde réel, sinon il devient fou. »

> « Rien n'est plus pénible que de désirer peindre et sculpter avec des mains qui ne font rien comme on veut… Un esprit, aussi libre fût-il, privé du service de ses mains, ne peut engendrer un art qui est réalité, il ne peut que rêver. Aujourd'hui nous avons bien du mal à rêver et nous disons d'un tel esprit qu'il ne peut que réciter… On voudrait faire des artistes mais on ne veut pas qu'ils apprennent un art. On ne veut ni qu'ils possèdent leur passé par la connaissance de l'histoire, ni l'actualité d'un savoir-faire. Dans ce carcan l'expérience individuelle est impossible et la tradition interdite. Il faudrait expérimenter en l'air et ne produire que du nouveau ; réduits à la récitation de ce qui a été appris sans conscience, il faudrait faire l'exploit d'inventer encore. »

Elle décrit à la fois l'utopie et l'aliénation qu'elle sécrète. Elle voit, dans cette éradication

> « le perfectionnement du moule idéologique qui ne tolère rien qui lui soit différent car l'existence même obscure d'un exercice libre de dessin d'après modèle vivant menace l'esprit totalitaire ».

Cette vision des choses est partagée par l'Éducation nationale qui, depuis un quart de siècle, interdit elle aussi l'enseignement du dessin, au sens académique du terme, en primaire, au collège et au lycée. Les circulaires imposent un contenu très précis à ces « cours d'arts plastiques » et disent clairement que tout enseignement du dessin est formellement exclu. Les contrevenants sont lourdement sanctionnés par l'inspection qui veille à leur application scrupuleuse. Les cours sont rigoureusement conçus comme une « animation », un éveil de la « créativité », une initiation à l'AC[1].

---

1. Christine SOURGINS dans la revue *Commentaire*, printemps 2007.

La quête du savoir perdu

Il est assez étrange dans ce contexte de voir des jeunes gens de vingt ans se découvrir une vocation très précise de peintre, de sculpteur ou de graveur, malgré la dissuasion subie dès l'enfance de pratiquer un art avec les mains, un art qui impliquerait un savoir-faire. Lorsqu'on les questionne sur leurs motivations, on est surpris... Il n'y a pas d'explication sociologique ou économique à ce genre d'ambition. Ce n'est pas l'apanage d'une classe sociale, ce n'est pas un type d'activité valorisé. On se trouve confronté à un sentiment de nécessité. C'est ainsi et non pas autrement qu'ils accompliront un destin. Cela s'appelait jadis une vocation.

Alors que peuvent-ils faire ? Certains font malgré tout l'École des beaux-arts car la sagesse est d'avoir un diplôme prestigieux et reconnu. Ils souhaitent aussi bénéficier de l'équipement d'une école pour travailler. Ils se soumettent donc aux codes et rusent pour tromper les jurys sur leurs véritables intentions. Quand ils sont admis, il leur faut rester camouflés et garder une distance intérieure, ce qui est réservé à peu car la culpabilisation est forte. Aller contre un conformisme si puissant est presque impossible à vingt ans. Par ailleurs, il leur faut compléter leur formation dans des ateliers extérieurs afin de se former aux savoirs dits « académiques ». Certains n'y parviennent qu'à la fin de leur parcours à l'École des beaux-arts, à la faveur d'un stage dans une école d'art étrangère comme cela se pratique aujourd'hui. C'est ainsi que les élèves français finissent par apprendre le dessin à New York ou à Cracovie.

D'autres adoptent la solution qui consiste à se prémunir d'une licence d'arts plastiques. Cette formation, essentiellement intellectuelle, présente l'avantage de donner un diplôme reconnu par l'État. Elle permet, grâce à Erasmus, de partir un an dans des écoles des beaux-arts du reste de l'Europe, qui ont mieux préservé la transmission des techniques et des savoirs. Pour beaucoup d'étudiants, c'est le premier contact avec un apprentissage sérieux.

Les plus fortunés partent dès la première année dans des écoles payantes, souvent chères. Londres est la destination la plus courante parce que la langue n'est pas un obstacle et le monde entier s'y donne rendez-vous. Bruxelles a bonne réputation également. Pour les moins fortunés, la destination des pays d'Europe de l'Est attire ceux qui ont le courage de surmonter l'obstacle de la langue.

D'autres encore choisissent des domaines connexes : arts graphiques, arts décoratifs, métiers d'art, taille de pierre, restauration de tableaux, etc. Cela leur garantit un métier et un diplôme mais ne leur donne pas pour autant la formation à laquelle ils aspirent.

Ce fut cependant le cas pendant quelques décennies. On trouvait, entre les années 1970 et 1990, dans les écoles d'arts appliqués, des enseignements autrefois délivrés aux Beaux-Arts. Beaucoup de professeurs « académiques », d'artistes soudain privés de commandes et rejetés par le conceptualisme triomphant, ont survécu financièrement dans ces écoles et se sont estimés heureux de transmettre leurs savoirs.

Les ateliers de la Ville de Paris

Les cours du soir de la Ville de Paris ont été pendant les quarante ans de crise un refuge des savoirs qui a joué un rôle important. De grands artistes y ont formé d'autres artistes. Citons, dans les années 1960-1970, l'atelier de Jean Delpech qui a été une pépinière d'excellents graveurs français et étrangers. En 1983, Jean Cardot, élève de Janniot, a été chargé par Jean Musy de l'Inspection des ateliers de beaux-arts de la Ville de Paris. Il a ainsi été responsable jusqu'en 2007 de la nomination des enseignants dans ce cadre. Il s'est beaucoup battu afin de perpétuer des disciplines artistiques très menacées en choisissant des artistes de haut niveau, aux sensibilités très diverses, à qui il a assuré une indépendance dans leur façon d'enseigner. Certains savoirs tels l'anatomie, la perspective, le dessin d'après modèle vivant n'ont été accessibles pour beaucoup d'étudiants des Beaux-Arts, des écoles d'architecture et des licences d'arts plastiques, que grâce à ces cours municipaux où ils venaient compléter secrètement leur formation.

Cet enseignement de la Ville de Paris est aujourd'hui à son tour remis en question. Jean Cardot n'est plus suivi. Jugé « trop élitiste », la mairie de Paris veut faire évoluer cet enseignement professionnel de haut niveau, gratuit au XIXe siècle – aujourd'hui à prix réduit –, vers les « pratiques amateurs ». Cet enseignement était dirigé par des artistes, il sera désormais géré par des fonctionnaires.

L'ADAC est une autre organisation patronnée par la Ville de Paris, créée en 1977. Son but était de continuer à transmettre les enseignements interrompus par Mai 68. Les organisateurs avaient récupéré le matériel abandonné à la suite du démantèlement des ateliers des écoles d'art : presses lithographiques, presses taille-douce, sellettes et plâtres. Ils avaient embauché des artistes capables d'enseigner ces techniques et attiré des élèves désireux d'apprendre. Là aussi, la démarche est aujourd'hui remise en cause et sera remplacée par l'« animation ». Là aussi, il n'est plus question que les artistes eux-mêmes dirigent. L'association disparaîtra et la gestion sera assurée par des fonctionnaires.

Ce sont les derniers ateliers gérés par des artistes pour des artistes qui disparaissent. Restent les ateliers privés.

Les ateliers secrets de Paris

Les ateliers privés sont le dernier carré de la transmission des savoirs. Un artiste reçoit dans son atelier des élèves, choisis par lui. On peut citer les plus connus, fréquentés jusqu'aux années 1980 par de nombreux artistes, notamment étrangers, souvent venus de loin : ce sont les ateliers de Mac Avoy, de Brayer, de Bertholle pour la peinture, de Goetz, de Friedlander, de Hayter, de Serve pour la gravure, de Coutelle pour la taille de pierre. On peut citer aussi les artistes qui ont eu exceptionnellement quelques élèves, dont Fenosa qui a été le maître du sculpteur japonais Shinya Nakamura, considéré comme « un trésor vivant » dans son pays.

En 2007, quelques ateliers de haut niveau existent encore... Valentina Zeïlé donne un grand enseignement de sculpture à quelques élèves de son choix auxquels elle transmet la formation qu'elle a reçue de Théodore Zalkalus, élève de Rodin. Son origine lettonne et sa formation aux Beaux-arts de Riga lui ont permis d'avoir une formation académique qui n'existe plus en France. Elle initie des jeunes gens qui ont remué ciel et terre pour trouver une formation exigeante et sont conscients d'être parmi les derniers à y avoir accès.

L'atelier de Philippe Lejeune a eu un rayonnement hors normes sur deux générations de peintres. Sans préméditation ni intention de faire école, sans organisation quelconque, il a donné naissance à ce qui a été spontanément appelé *a posteriori* l'« école d'Étampes[1] ». Philippe Lejeune s'est formé dans l'atelier de Maurice Denis, dont il est un des derniers élèves. Étrangement, aucun de ses élèves ne fait une peinture qui ressemble à la sienne. Il est un peintre de l'imaginaire et ses élèves sont plutôt des peintres de la réalité. Il a su entre autres faire passer une connaissance dans le domaine du portrait, dont la pratique s'est pour ainsi dire totalement perdue. Comme il était impossible de reconstituer tous les enseignements complémentaires d'une École des beaux-arts, il a contourné cet obstacle en imaginant une approche synthétique d'une grande finesse et complexité.

Les ateliers de gravure de Delpech, de Friedlander, de Goetz, de Hayter, de Serve ont attiré pendant plusieurs décennies des artistes du monde entier. L'enseignement était très divers par l'esprit et les techniques pratiquées. Il y a aujourd'hui un nombre très important de

---

1. La première génération est composée des artistes Christophe de Buschère, Geneviève Decroix, Joel Giraud, Nathalie Gobin, Jean-Marc Idir, François Legrand, Roger Piquet, Jacques Rohaut, Franc Senaud, Robert Verluca. L'atelier de la Vigne a formé par la suite un grand nombre d'artistes.

graveurs d'un haut niveau travaillant en France et dans le monde, sortis de ces ateliers privés parisiens. L'atelier de Hayter et celui de Joëlle Serve subsistent encore aujourd'hui.

Les ateliers ont été et sont encore les lieux privilégiés de la transmission des savoirs parce que s'y rencontrent à la fois ceux qui cherchent une initiation et ceux qui peuvent encore la donner. Pour que la transmission existe, il faut réunir ces deux conditions, aussi rares l'une que l'autre.

Comment les savoirs de l'art disparaissent en cinquante ans

Paris avait connu entre les deux guerres et jusqu'aux années 1970 une époque extrêmement féconde et créative. Dans le domaine qui exige un grand métier comme la sculpture monumentale, les élèves de Rodin, de Bourdelle, de Despiau, sont encore actifs pendant la seconde moitié du siècle. Ils ont pour noms : Henri Bouchard (1875-1960), Chana Orloff (1888-1968), Sarrabezolles (1888-1971), Alfred Janniot (1889-1969), Raymond Delamarre (1890-1986), Jacques Lipshitz (1891-1973), Gilbert Privat (1892-1969), Marcel Gimond (1894-1961), Jean Belmondo (1898-1982), René Letourneur (1898-1990), Jean Ousouf (1898-1993), Fenosa (1899-1988), Hubert Yencesse (1900-1987), Georges Muguet (1903-1988), Ulysse Germignani (1906-1973), Gabriel Coquelin (1907-1996), Jacques Gestalder (1918-2006).

Certains d'entre eux ont attiré des élèves du monde entier jusqu'aux années 1950. La loi sur le 1 % adoptée en 1951 leur a encore permis la création de beaucoup d'œuvres sculptées pendant une dizaine d'années.

La rupture est intervenue après 1958. Elle est complète en 1970. Beaucoup de ces sculpteurs hors pair vivront le dernier tiers de leur vie dans l'ombre, peu réussiront à transmettre à partir de cette date l'héritage dont ils étaient les dépositaires.

La création du ministère de la Culture par le général de Gaulle provoque immédiatement une centralisation du pouvoir culturel. Bernard Antonioz, nommé en 1958 par André Malraux directeur de la création artistique, sera le fondateur du Centre d'art contemporain et le premier organisateur du système. Il va « gérer » la création jusqu'en 1969 depuis son bureau, rue de Valois. Il s'occupe tout particulièrement de la politique patrimoniale et architecturale, et joue un grand rôle dans le domaine de la commande publique. Il est passionné d'art abstrait et s'applique à ne plus faire de commandes de sculptures figuratives, ce qui d'un jour à l'autre va précipiter la fin des sculpteurs.

Au même moment, les architectes furent soumis au dogme implacable qui condamne tout décor dans les bâtiments. Le changement de polarité est chose normale, mais cette fois-ci, il ne s'agissait pas d'une évolution du goût mais de la négation radicale de toute figure et donc de son éradication pure et simple. La pratique de la sculpture représentant le corps humain demande un savoir qui n'est pas inné et ne s'improvise pas. Peu de civilisations la maîtrisent. Si elle s'interrompt, elle disparaît.

Ce rejet de la sculpture imposé par les intellectuels prescripteurs d'idéologie, et relayé par un fonctionnaire systématique, priva du jour au lendemain les sculpteurs de commandes et les empêcha de former des successeurs. Ils durent se contenter de faire de petits formats dont ils remplirent leurs ateliers car les galeries ne s'y intéressaient pas. La vie devint rapidement difficile. L'enseignement les sauva pour un temps. Jusqu'en 1968, l'École des beaux-arts a encore besoin d'eux ; à partir des années 1970, le principe est de ne pas remplacer les professeurs de sculpture partant à la retraite par des professeurs ayant un réel savoir classique. Après Mai 68, la plupart d'entre eux enseigneront dans les écoles d'art appliqué et les cours organisés par la Ville de Paris.

On ne peut pas parler d'une décadence de la sculpture mais d'une décision administrative de la supprimer.

La conversion de Pierre Restany

Le dernier livre écrit par Pierre Restany[1], à qui l'on doit pourtant d'avoir imposé le conceptualisme en France, concerne curieusement l'œuvre d'un de ces sculpteurs relevant de la sculpture cachée. René Letourneur (1898-1990), qui a connu la grande formation classique, a été prix de Rome et hôte de la villa Médicis. Il a beaucoup travaillé pour la commande publique, participé à de multiples chantiers, étant essentiellement attiré par le monumental et l'intégration dans l'architecture. Le tournant des années 1960 lui fut fatal ; il survécut grâce aux cours de dessin donnés à l'École supérieure de l'enseignement technique (Enset) jusqu'en 1982. Son œuvre, désormais limitée à de petits formats, se développe d'une façon plus souterraine. Travaillant en dehors de tout circuit mercantile, il oriente son œuvre dans une direction profondément originale, sans abandonner pour autant son unique source d'inspiration, le corps de la femme.

---

1. Pierre RESTANY, *Letourneur*, Éditions Cercle d'art, Paris, 1999, p. 182-184.

Pierre Restany, en 1999, après avoir déclaré quarante ans plus tôt à la planète entière que « l'art n'était plus légitime », évoque René Letourneur en ces termes :

> « Les sculptures de Letourneur possèdent ce surplus de spiritualité organique qui les projette au-delà du seuil de la modernité. Et à ce titre, j'aime croire qu'elles pourraient aisément s'intégrer dans l'espace domestique ou les sites extérieurs de l'architecture postmoderne, dans la pure logique de l'éclectisme cher à ses protagonistes. Une chose est sûre, René Letourneur a placé délibérément son art en réserve de l'histoire, il ne serait jamais allé au-devant de l'histoire, c'est à l'histoire d'aller à sa rencontre. »

> « Il n'est pas dit que l'avenir de l'art contemporain réside encore longtemps dans l'idéologie pure et dure de la rupture cyclique avec la tradition, au nom d'un progrès technologique qui ne connaît comme limites que celles du défi humaniste envers la machine intelligente. Car ce défi lui-même peut prendre une tournure plus traditionnelle, celle de la transcendance. »

Ce retournement d'un des prescripteurs les plus importants du « milieu de l'art » montre bien que l'aveuglement idéologique du système français peut cesser du jour au lendemain… Ce ne fut cependant pas le cas. Sa démarche fut entourée d'un grand silence, et Pierre Restany mourut peu après.

En attendant, l'histoire de René Letourneur est typique d'autres histoires semblables d'artistes tout aussi excellents.

Ces sculpteurs ont eu malgré tout quelques élèves… Les générations suivantes existent avec des œuvres aux tendances très diverses : Claude Abeille, Nicolas Alquin, Jean Anguera, Daphné du Barry, Françoise Bissara, François Cacheux, Jean Cardot, François Chapelain-Midy, William Chattaway, Robert Couturier, Parvine Curie, Lisbeth Delisle, Judith Devaux, Eugène Dodeigne, Daniel Druet, Pierre Édouard, Maria de Faikhod, Albert Féraud, Alix des Francs, Quentin Garel, Roseline Granet, Philippe Hiquily, Philippe Kaepplin, Gérard Lanvin, Robert Le Lagadec, Jean Letourneur, Martine Martine, Claude Mary, Antoine Poncet, Gérard Ramon, Marine de Soos, Brigitte Terziev, Roch Vandromme, Bernard Vié, Valentina Zeïlé… Pour la plupart d'entre eux, les occasions de faire des œuvres monumentales sont rares. Leurs ateliers ne s'y prêtent pas, ils ne disposent plus d'élèves ni d'équipes, et doivent se débrouiller seuls. Les commandes publiques sont réservées pour la majorité aux conceptuels en cour. Lors des appels d'offres et concours, leurs projets ne sont pas décachetés. L'essentiel de leurs œuvres est réduit à la sphère de l'intime et s'adresse à des collectionneurs privés.

Cinquante ans ont passé, et il s'est reproduit un phénomène qui pourrait être comparé à celui de la disparition de la sculpture à Rome entre l'an 350 et 400. La sculpture romaine n'a pas connu non plus une décadence mais une disparition soudaine due à des circonstances complexes que décrit Paul Veyne dans *L'Empire gréco-romain*[1]. La pression fiscale appliquée par une bureaucratie féroce a découragé les signes extérieurs de richesse aussi visibles que la sculpture. Cette intervention administrative a amplifié un changement de goût, qui n'aurait pu causer en si peu de temps une disparition aussi radicale. Plus tard seulement, les temps troublés ont achevé le processus.

Nous avons connu en France, entre 1958 et aujourd'hui, un phénomène bureaucratique semblable qui, s'il n'a pas empêché la pratique de la sculpture, a interrompu radicalement la transmission des techniques difficiles et des savoirs très subtils de l'œil qui président à la représentation du corps humain et à la création monumentale, à l'intégration du décor dans l'architecture.

Portrait d'un fonctionnaire de l'art

L'évocation d'un de ces fonctionnaires peut nous éclairer sur les processus en apparence bénins et pleins de bonnes intentions.

Au cours des années 1990, le monde sinistré et obscur des graveurs bénéficiait au ministère de la Culture d'un « chargé de mission à la gravure », Jean de Bengy. Personnage sympathique et dévoué, qui régnait dans un placard à balais transformé en bureau, de l'annexe de l'avenue de l'Opéra. Pas de fenêtre, une table minuscule, une chaise. Lorsqu'il avait un rendez-vous, le bistrot d'en face offrait la deuxième chaise essentielle pour poursuivre un entretien.

Il fut à l'origine d'une commande publique en 1996 pour soutenir cet art qui, après avoir eu un grand succès dans les années 1980, connaissait une grave désaffection, mettant en danger les ateliers parisiens procédant aux tirages. Leur métier exceptionnel était pourtant reconnu et sollicité dans le monde entier.

Il va procéder au choix de 40 graveurs pour la création de 40 gravures, exécutées par 30 ateliers d'imprimeurs.

---

1. Paul Veyne, *op. cit.*, chap. 13, « Pourquoi l'Empire gréco-romain a-t-il pris fin ? », p. 749-866.

Dans cette démarche, il a eu soin d'écarter les techniques traditionnelles et s'est attaché à tout ce qui pouvait ressembler à une innovation. Pour ce faire, il a demandé à des artistes conceptuels en mal de commandes, ne pratiquant que peu ou pas la gravure, d'improviser dans ce domaine.

Grâce à Jean de Bengy, la gravure allait enfin connaître sa révolution conceptuelle et accéder à toutes sortes de « techniques créatives ». En réalité, leur ignorance de tout métier a obligé les trois quarts des heureux élus à adopter des procédés à base photographique : phototypie, « lithographies », sérigraphies.

Un catalogue est édité par le Centre national des arts plastiques pour accompagner la série d'expositions organisées en France et à l'étranger autour de l'événement. Il s'intitule *Heureux le visionnaire dont la seule arme est le stylet du graveur...* Le titre est assez romantique car pas un des lauréats n'a utilisé le burin ni la pointe sèche, cela ne s'improvise pas ! Une dizaine d'entre eux s'est risquée à travailler à l'eau-forte dans un genre prudemment minimaliste, inexpérience oblige[1] ! Quant à l'inspiration, elle est plutôt « critique » que « visionnaire ».

Une chose est remarquable dans cette commande : tous les graveurs en ont été écartés, par principe, parce qu'ils l'étaient ! Ils connaissaient leur métier, ce qui est absolument contraire à la *doxa* de l'AC.

La gravure en France connaît pourtant dans ces années-là une de ses grandes époques par la quantité, la qualité et la diversité des talents. On peut la mettre en perspective avec les plus grands graveurs du passé sans crainte.

Imaginons dans quelques années une grande « exposition *blockbuster* » dans l'esprit de celle que fit Robert Rosenblum au Guggenheim à New York en 2000, « Art at crossroads »...

On y verrait à la fois les 40 « graveurs conceptuels » de la commande publique de 1996 et 40 graveurs non officiels œuvrant au même moment. Ce serait une exposition qui permettrait de mieux comprendre ce qui s'est vraiment passé à la fin du XXe siècle.

---

1. À l'exception de Dado qui a la pratique du métier.

« Graveurs contemporains en 1996 »

Les 40 du ministère
ou le « grand bon en avant » de la gravure

Martine Aballéa, Kenneth Alfred, Ghada Amer, Michel Aubry, Albert Ayme, Gilles Barbier, Carole Benzaken, José Manuel Broto, Damien Cabanes, Philippe Cognée, Christine Crozat, Dado, Éric Dalbis, Hervé Di Rosa, Noël Dolla, Philippe Favier, Wolfgang Gäfgen, Michel Haas, Shirley Jaffe, Laurent Joubert, Pascal Kern, Dominique Labauvie, Jean Larivière, Marc Le Méné, Léa Lublin, Frédéric Luci, Philippe Mayaux, Yan Pei Ming, Bernard Moninot, Jean-Pierre Pincemin, Daniel Pommereulle, Bernard Rancillac, Judith Reigl, Edda Renouf, Alain Séchas, Djamel Tatah, Gérard Traquandi, Jacques Villéglé, Bertrand Vivin, Jan Voss.

Les 40 hors-l'histoire
ou la gravure cachée de la fin du XXe siècle

Ils pratiquent le burin, l'eau-forte, la pointe sèche, des techniques mixtes, de la gravure sur bois. Les formes et inspirations sont très variées.

L'art visionnaire : Jean-Martin Bontoux, Albin Brunovsky, Hélène Cesch, Érik Desmazières, Cyril Desmet, Gérard Diaz, Doaré, Nathalie Gall, Luc Gerbier, Houplin, Houtin, Étienne Lodhéo, Mathieux Marie, Francis Mockel, Mohlitz, Moreh, Franca Sibilia, Trignac, Troïl.

Le trait : Trémois.

La gravure sur bois : Alain Delpech, Le Blaise.

Les abstraits : Boisgallais, Dadérian, Darmon, Granier, Sam Szafran, Quillevic, Vieille.

Les singuliers : Alfera, George Ball, Berge, De Bus, Maxime Préaud, Joël Roche, Saunier, Joëlle Serve, Solveig, Valladares, Bruno Yvonnet.

Cette gravure non officielle est un art bien caché. Il n'existe plus en France, depuis une quinzaine d'années, de marché de la gravure. Paradoxalement, ces artistes qui vivent hors du circuit médiatique et officiel sont néanmoins reconnus par des amateurs du monde entier, collectionneurs et initiés, tout aussi invisibles qu'eux. Les galeries qui les défendent sont souvent hors des frontières. C'est le sort des grands artistes dépourvus du label AC, ils bénéficient d'une secrète renommée ! Marché ou pas, ministère ou pas, ils existent.

Pour l'heure, l'obstination à détruire l'art et à faire de la ville de tous les savoirs la capitale inégalée de l'ignorance en matière d'art est une ambition qui est menée à bien, avec méticulosité, tant par les fonctionnaires de la culture que par ceux de l'Éducation nationale et plus récemment de la Ville de Paris. Ce processus en marche depuis près d'un demi-siècle met très gravement en danger tout avenir.

16

L'art caché

> « *On a l'impression que les peintres, comme d'ailleurs tous les artistes, continuent instinctivement à créer au milieu de la catastrophe, comme des fourmis dans la fourmilière à demi détruite.* »
>
> Ernst JÜNGER

À partir des années 1960 et plus encore dans les décennies qui suivront, s'inscrire dans la voie de l'art va devenir pour les artistes une aventure périlleuse et un choix délibéré qui exigeront d'eux la reconquête solitaire des sources et de l'héritage.

Entre 1960 et 2005, quatre générations d'artistes ne correspondant pas à la définition historiciste, sociologique ou conceptuelle, vont continuer à faire leur œuvre.

Morts vivants

Première génération

La première génération de l'art caché est celle des artistes reconnus avant la Seconde Guerre mondiale et ayant atteint leur pleine maturité après celle-ci. On trouve là, par exemple, la plupart des grands sculpteurs que nous avons évoqués plus haut, les derniers à avoir reçu la grande formation académique les rendant capables de réaliser un art monumental. Ils étaient détenteurs d'un savoir si rare et précieux, fruit de deux millénaires de pratique continue, que le monde entier venait le chercher à Paris dans leurs ateliers.

Déniés pendant la seconde moitié du XXe siècle, les derniers d'entre eux disparaissent dans les années 1990. Aujourd'hui, c'est leur œuvre qui est en danger. Les conservateurs chargés du XXe siècle les effacent de l'histoire de l'art en les interdisant de séjour à Beaubourg. Leurs fonds d'atelier sont massivement vendus sur les places étrangères où ils sont appréciés.

Il y a aussi toute une tendance longue de la peinture qui commence au début des années 1930 et se prolonge jusqu'aux années 1950, que l'on pourrait qualifier de « classiques modernes », très divers dans leurs expressions mais ayant en commun un grand attachement à la figuration, à des formes simples mais accomplies, à des sujets liés à la beauté des choses quotidiennes. Cet aspect optimiste malgré un sens du tragique très perceptible, le goût de l'authentique, du terroir, a rendu cet art éminemment suspect pour les idéologues qui ont vu là, *a posteriori*, une pensée dangereuse généralement sans rapport avec les préoccupations de ces peintres.

Certains d'entre eux ont commencé dans les mouvements d'avant-garde et ont accompli le « chemin à l'envers » vers la peinture, et cela sans manifeste ni esprit d'école, ni opposition au reste de la modernité. C'était leur voie, voilà tout. Émile Bernard, André Derain, Giacometti et bien d'autres avaient avant eux ouvert les chemins de cette remontée aux sources.

Le malheur pour cette génération fut que, dans les livres d'histoire, ils furent mentionnés par des historiens de l'art de la fin du XXe siècle sous le vocable de « retour à l'ordre » et associés à la « montée des fascismes », ce qui régla leur compte. Ils ont pour nom : Aujame, Chapelain-Midy, Bertholle…

Seul Balthus a échappé au bannissement grâce à Malraux, qui lui confia la direction de la villa Médicis et qui fut protégé par ses collectionneurs.

Deuxième génération

Ils ont entre vingt et trente ans après la guerre et acquièrent une notoriété au cours des années 1950. On a peine à imaginer la passion et l'engouement pour la peinture pendant ces années-là. Jamais on avait tant collectionné en France. Les critiques d'art et les galeries en place, qui avaient connu l'ambiance assez sceptique de l'avant-garde de l'entre-deux-guerres, étaient immensément perplexes devant l'arrivée de ces jeunes gens de vingt ans pratiquant passionnément la peinture avec une sorte de naïveté et d'innocence tant à l'égard de l'Académie que de l'avant-garde.

Tous se côtoient, se disputent, s'influencent ; il existe encore une société d'artistes. Des discussions intenses ont lieu entre les tenants de l'abstraction et de la figuration. Si elles tournent parfois aux arguments politiques, la préoccupation des artistes demeure essentiellement picturale.

L'ambiance a changé, la guerre a marqué tout le monde et l'art est redevenu sérieux. Le surréalisme et André Breton semblent dépassés en France, le néodadaïsme est un phénomène purement new-yorkais des années 1950 ; Marcel Duchamp qui en est l'inspirateur est encore très absent de Paris. Les courants provocateurs et dérisoires de l'avant-garde ne resurgissent de façon significative en France qu'à partir de 1958, avec les situationnistes de Guy Debord et Pierre Restany.

Un grand nombre de peintres de cette deuxième génération ont connu une forte reconnaissance dans ces années-là. Elle sera suivie d'un effacement concomitant à l'organisation bureaucratique du ministère de la Culture et à l'installation d'un art officiel qui en résulte. 1958 est un tournant significatif. Beaucoup de ces peintres sont encore vivants aujourd'hui mais l'œuvre de leur maturité est restée confidentielle.

Elle sera découverte un jour comme la polarité cachée de la seconde moitié du XXe siècle. René Huyghe évoque l'effervescence de l'après-guerre dans *L'Art et l'Homme*[1]. Il note la singularité des œuvres, tout comme le font Jacques Thuillier dans son *Histoire de l'art*[2] et Lydia Harambourg[3] dans son dictionnaire de l'école de Paris et ses nombreuses monographies.

Cependant, l'histoire officielle de l'art de la seconde moitié du XXe siècle ignore purement et simplement la suite de la peinture, déclarant qu'après 1960 ces artistes n'ont plus rien à dire. Ils seront classés « années 1950 » sans jamais considérer ce qu'ils ont fait par la suite. Cela a été le sort de Georges Mathieu par exemple.

Le jour viendra forcément où Christie's et Sotheby's décideront d'exploiter ce gisement en réserve. Ils acquerront les fonds d'ateliers et engageront d'autres historiens pour raconter autrement l'histoire. Ils recréeront une aura autour de la « peinture cachée de la fin du siècle »…

Ces artistes[4] ont vécu cependant de leur art grâce au cercle de leurs collectionneurs. Les années 1960 ont été encore bonnes ; la crise commença à se faire sentir pendant les années 1970 ; tout s'améliora pendant les années 1980 où même la peinture se vendit bien. Les difficultés se manifestèrent à nouveau après 1990. Beaucoup vécurent grâce à leur notoriété

---

1. René HUYGHE, *L'Art et l'Homme*, tome III, Larousse, Paris, 1961.
2. *Op. cit.*
3. Lydia HARAMBOURG, *L'École de Paris 1945-1965 – Dictionnaire des peintres*, Ides et Calendes, Neuchâtel, 1999.
4. Quelques noms : Paul Ambille, Arcabas, André Brasilier, Pierre Carron, Michel Ciry, Jean Cortot, Juan Luis Cousino, Arnaud d'Hauterives, Philippe Lejeune, Pierre Parsus, André Vignoles…

à l'étranger où la situation était moins fermée, en particulier au Japon[1] et en Amérique. Ce fut le cas du plus emblématique des peintres d'après la guerre, Bernard Buffet, qui, rejeté à Paris, a connu un grand accueil au Japon où il a son musée, c'est le cas d'André Brasilier et de bien d'autres.

En France, il est presque impossible à des artistes, ayant connu la célébrité dans ces années-là et ayant continué à travailler dans l'ombre, de léguer aujourd'hui, avant leur mort, leurs tableaux les plus importants à un musée, fût-il de province. Le ministère de la Culture se mobilise pour faire échouer ce genre de projets. Ses « inspecteurs de la création » interviennent et découragent fortement les conservateurs d'accepter ces donations.

Il y eut quelques polémiques autour de musées municipaux désirant mettre en valeur l'œuvre de ces artistes en accueillant leurs legs. Devant l'opposition de l'État, ces affaires devinrent publiques, et *Le Monde*[2] ne manqua pas d'intimider les porteurs de ces projets en qualifiant les donateurs d'« habiles artistes de second plan », afin de faire échouer ces initiatives différentes de la voie officielle.

Pierre-Yves Trémois et Jean Carzou ont fait les frais de ce genre de pression sur les décideurs, ridiculisés dans les médias[3] afin de les décourager. Les initiatives privées ou municipales n'allant pas dans le sens de l'AC sont en permanence soit dénigrées soit passées sous silence dans les médias.

Enfants de la table rase

Deux autres générations suivent. Encore proches, elles sont plus difficiles à discerner. Elles ont en commun le fait marquant de n'avoir pas bénéficié de la transmission du métier. La rupture visible a lieu en mai 1968.

En l'espace d'une décennie, la « société des artistes » a disparu. Depuis plusieurs siècles en Europe, cette société regroupait des gens aux modes de vie différents : artistes, intellectuels, amateurs de tous milieux et origines. Ils partageaient des valeurs, des comportements non conformistes, favorables à la création et au mouvement des idées. Ce tissu essentiel fournissait à l'artiste un soutien et une première reconnaissance, celle de ses

---

1. Cet intérêt pour la peinture au Japon s'explique parce qu'il existe aujourd'hui une peinture japonaise reconnue, collectionnée et défendue. Voir « L'âme actuelle du Japon – Étonnants peintres Inten », catalogue Mitsukoshi Étoile. Exposition avril 2007, Paris.
2. Sur Trémois : article de Michel Guerrin dans *Le Monde* du 2 février 1993. Voir aussi *Le Monde* du 16 octobre 1998.
3. Sur Carzou : *Le Monde* des 17-18 avril 1994, article de Geneviève Brérette et réponse le 26 avril 1994.

pairs et celle de ses amateurs. Les marchands en faisaient partie mais n'en étaient pas le cœur. Sa disparition laisse l'artiste isolé face aux marchands qui ont en main collectionneurs et institutions en mesure de constituer le réseau nécessaire à fabriquer de la valeur. Le monde des artistes est désormais marginalisé et divisé.

Par ailleurs, il est devenu très difficile à un peintre, un graveur et un sculpteur de se former. Son absence de maîtrise le rend dépendant.

La troisième génération

Les artistes de cette génération avaient vingt ans en 1968. Leur maturation artistique s'est produite au milieu de la confusion produite par cette tempête. Ils ont mis très longtemps à y voir clair. Ils ont souffert d'un manque de formation mais ils ont néanmoins connu l'amitié de leurs aînés et ont appris à leur contact. Ils ont bénéficié de l'époque favorable des années 1980 pour se faire connaître avant de souffrir du durcissement sectaire des années 1990. Ils ont vu le schisme se produire sous leurs yeux.

La quatrième génération

Ils avaient vingt ans dans les années 1990. Ils ont appris l'AC aux Beaux-arts et ils ont découvert l'art par hasard comme une *terra incognita*. Le « chemin à l'envers » vers la peinture a été difficile car les enseignements étaient devenus rares. En revanche, ils n'ont pas vécu l'usure de la peinture et les impasses de la modernité, ils ont un regard neuf. Ils n'ont pas été rongés par la culpabilité mais ont subi la solitude, l'absence d'intérêt du milieu intellectuel et artistique, l'indifférence du public. Ils ne font pas carrière, c'est impossible ! Ils vivent leur vocation à la fois comme une découverte du réel et une aventure spirituelle.

Ainsi les quatre générations d'artistes destitués par le schisme ont eu des expériences et des évolutions très diverses. Ils sont singuliers, ils n'appartiennent généralement pas à des écoles ou des mouvements qui les conforteraient. Leur unique point commun est le sentiment d'une nécessité intérieure, d'une « vocation » – le mot est tabou et sonne comme l'évocation d'un lointain obscurantisme idéaliste.

Les frontières de l'art et du non-art

Il est bien évident que les frontières entre art et « art contemporain » ne sauraient être si nettes. Beaucoup d'artistes ne se résolvent pas à accepter le schisme.

Pour survivre à la réprobation et à l'isolement, les peintres tentent d'accommoder dans leur art les exigences contraires de l'art et de l'AC.

La solution est donc de faire une incursion dans l'AC, d'en adopter un aspect pour légitimer leur œuvre, par ailleurs picturale. Plusieurs possibilités s'offrent à eux :
- habiller l'œuvre d'un discours ;
- adopter des sujets liés à la transgression ;
- choisir des sujets négatifs, nuls, ou violents ;
- gâcher le beau travail pour écarter le soupçon d'esthétisme ;
- créer un événement médiatique.

Les auteurs d'AC cherchent, quant à eux, à échapper aux limites austères de l'AC et se laissent aller à la fascination de l'art défendu. Ils passent subrepticement du côté de l'art, osant la peinture ou la sculpture en l'accompagnant d'un discours conceptuel pour écarter les soupçons et échapper au bannissement.

Le premier à pratiquer cet exercice fut Le Gac. Il a inventé l'association « installation-discours-tableau » dès les années 1970. La plupart des artistes de Support-surface ont inventé des stratégies analogues : Cane, Bioulès, Buraglio ont tenté peu à peu de faire un retour à la peinture en tenue de camouflage. Garouste leur a emboîté le pas dans les années 1980. Extrêmement prudent, il déclare toujours qu'il ne fait pas de la peinture, soigne la présentation conceptuelle de ses œuvres et les entoure d'un rideau de fumée pour faire tranquillement son travail, oh combien pictural ! Ce, sans quitter les protectrices institutions qui pourraient lui faire payer cher sa trahison.

Grande est l'ingéniosité des artistes du non-art pour transgresser le plus grand tabou existant aujourd'hui : la beauté, le sens positif de la vie, malgré la mort et le mal.

« Les marécages du conceptualisme peint »

Ces trafiquants franchissent les frontières dans les deux sens à la recherche de ce qui leur manque. Les peintres veulent le label « contemporain », l'image valorisante afin de sortir de leur relégation. Les conceptuels veulent échapper à la dureté de leur mission de « dénonciateurs » et se laisser aller aux douceurs du monde sensible. Schizophrènes, ils refusent le schisme. Ils exigent tout et ne veulent renoncer à rien.

Cela donne une production hybride que l'on pourrait nommer le « conceptualisme peint » : c'est de la peinture par son support et ses pigments, mais sans démarche picturale. L'unité intellectuelle et physique qui caractérise l'art, selon Vasari, est absente. C'est un détournement duchampien de la peinture, un prétexte à concept sans souci d'accomplissement de la forme. Cela donne lieu à des « procédures », pour employer le jargon conceptuel, infiniment diverses : détournement, manipulation de ses images, citation, coupé-collé, etc. C'est un discours, un schéma mental déposé sur un support traditionnel en raison de sa commodité et de sa négociabilité.

Dans cette catégorie d'œuvres, il en est d'authentiquement conceptuelles comme celles de Carole Benzaken, parfaitement claire lorsqu'elle dit qu'« il n'y a aucune essentialité dans sa peinture ». Il n'est pas question pour elle d'exprimer une « présence », une quelconque harmonie entre le fond et la forme. Elle n'a pas d'ambition expressive ou esthétique. Sa démarche est sans ambiguïté et elle a mérité le prix Marcel-Duchamp qui lui a été décerné en 2006.

En revanche, n'y a-t-il pas quelque ambiguïté dans la démarche d'Anselm Kiefer au Grand Palais en juin 2007 ? Pour montrer quelques œuvres qui relèvent indubitablement de la peinture, il a été obligé d'occuper de façon éphémère l'immense espace et de créer une mise en scène apocalyptique… Sans spectacle comment montrer de la peinture pour qu'elle soit vue et relayée par les médias ?

Le conceptualisme naïf

Il y a aussi des formes moins pures de « conceptualisme peint »… Il y a tous ceux qui font du concept parce qu'ils ne peuvent pas faire autrement. Ils ignorent tout de la peinture et n'ont pas même la notion de picturalité. Ils ne peuvent pas la concevoir car il n'est pas idéologiquement acceptable de dire que toute personne qui écrit ne fait pas forcément de la littérature, et toute personne qui peint de la peinture. Tout le monde se vaut, tout est égal. Ils sont donc enfermés dans le conceptualisme simplement parce qu'ils n'ont aucune connaissance de la nature des liens existant entre le fond et la forme.

Autoproclamés « artistes », ils sont duchampiens sans le savoir.

Les courants de l'art caché

En raison de ces transferts et infiltrations frontalières entre art et AC, l'« art caché » est donc un vaste continent où tout n'est pas de l'art… On distingue d'abord l'immense cohorte des peintres autodidactes travaillant le dimanche, avec enthousiasme et sans états d'âme ; ils traversent aujourd'hui la frontière de l'amateurisme pour se déclarer artistes et envahir les galeries dont ils louent les murs. Ayant un autre métier, ils peuvent s'offrir ce luxe. Il est vrai que, dès leur prime enfance, ils ont perdu toute inhibition. Ils peignent comme ils respirent, sans complexe. Leur absence de culture les empêche de voir la différence entre peinture et autothérapie. Ils trouvent que leurs œuvres valent bien celles qui atteignent des cotes fabuleuses sur le marché de l'art et ils n'ont pas tort. Ils pratiquent une sorte d'art néonaïf, entre le kitch et le pastiche, ils revisitent l'art avec innocence : la Renaissance, l'impressionnisme, l'expressionnisme, l'abstraction, le surréalisme, etc.

Il y a aussi le monde à part de l'*art brut*. Quelques personnalités hors normes, saisies par une pulsion de peindre, un état de transe, peignent leur vision de l'entre-deux-mondes. Ils sont comme des chamans mystérieusement plantés au milieu de la modernité.

L'art caché dans l'art caché

L'interdit de la peinture a provoqué un défoulement de peinture, une surproduction d'art comme on n'en a jamais connu. Les producteurs de matériel « beaux-arts » ont fait fortune !

Au milieu de ce foisonnement on distingue parfois de la « peinture ». Elle est difficile à voir tant les expressions sont diverses, non soudées par un style. On peut distinguer cependant quelques voies.

Il y a celle des *peintres visionnaires*[1]. C'est un courant très important, il met en image la démesure de notre époque, sa dimension fantastique. C'est le revers de l'art contemporain, son image intérieure. Généralement, ces peintres ont un métier assuré, ce qui donne puissance et force à ces mondes imaginaires refoulés par la modernité.

Il y a celle des *peintres ayant une démarche classique par la forme et l'inspiration*[2]. Le réel leur offre la source d'inspiration sans limite de leur art. Ils sont le petit nombre, le conservatoire du métier dont ils maîtrisent encore les savoir-faire, mais pour combien de temps ?

---

1. Le courant visionnaire, quelques noms, sans prétention à l'exaustivité : Fabrice Balossini, François-Xavier de Boissoudy, Roland Cat, Serguei Chepik, Fabrizio Clerici, René-Jean Clot, Laurent de Commines, Érik Desmazières, Yves Doaré, Luc Gerbier, Michel Henricot, Jacques Le Maréchal, Enrique Marin, Didier Mazuru, Francis Mockel, Philippe Mohlitz, Parsus, Dana Roman, Colette Rosselli, Georges Rubel-Moreh, Franca Sibilia, Gérard Trignac, Jean-Pierre Velly…
2. Le courant « moderne classique » : Arcabas, Marie-Laurence Gaudrat, Didier Lapene, Gilles Sacksick, Van Hove, Max Vauquelin, Jean-Marc Winckler…

Le temps des « voies singulières »

Il y a enfin les *peintres « singuliers*[1] », et c'est la partie la plus emblématique de l'art de ce temps, sans doute la plus difficile à voir. Ils ont conquis péniblement leur métier en glanant un savoir non transmis par les écoles, ils ont perdu le soutien de la communauté des artistes, et en même temps ils ont été confrontés à l'art de tous les lieux et de tous les temps, au musée imaginaire dont parle Malraux. Il leur a fallu affronter l'immense héritage et ne pas se laisser gagner par l'étrange idée, partout répandue, que tout a déjà été fait. Seul un sentiment de nécessité et une très grande fécondité peuvent leur permettre de continuer à créer, sans statut, ni prestige, à affronter un public gavé d'images mouvantes et parlantes, et qui a perdu le regard contemplatif. Ces artistes explorent les « finisterres ».

Ils empruntent des voies uniques, souvent sans postérité. Nous touchons là à l'une des conséquences de l'effondrement du style, amorcé dès la période romantique. Le style était le sceau formel qui liait une communauté et lui permettait de « voir ». Cette disparition est pleine de périls pour l'artiste car il devient moins perceptible par le public et donc solitaire ; dans son acte créateur il vit sur le fil du rasoir entre kitch et pastiche ; seule sa vision singulière l'en protège. C'est le prix élevé à payer de la liberté et de l'ouverture du champ de conscience. Ces artistes « singuliers » ont vécu d'une façon dramatique, comme un destin, l'immense liberté mais aussi le désarroi de ceux qui arrivent après la table rase, le passage des bombardiers.

Il en résulte chez eux un sentiment de grande solitude, d'être les derniers ou les premiers, on ne sait trop. Ils ont comme seule certitude d'avoir quelque chose de plus en plus démesuré à exprimer et de moins en moins de moyens pour le faire. Ils font l'expérience initiatique de la pauvreté. C'est dans cet état d'esprit qu'ils sont entrés dans la clandestinité. L'exclusion des circuits officiels, l'absence de renommée ont pour conséquence positive de libérer leur temps pour créer leur œuvre, et de les protéger de la logique implacable du mercantilisme. Ils comprennent que la seule voie restée ouverte est celle des profondeurs, chemin exceptionnel, dû à ce temps particulier, non encore advenu dans l'histoire.

---

1. Le courant « singulier » : Gilles Alfera, Bollo, Marc Boutrais, Jean-Louis Cliville, Yves Crenn, Philippe Cazanova, De Bus, Emdadian, Michel Faublé, Louis Gagez, Philippe Garel, Patrice Giorda, Jean-Sébastien de Halleux, Hervé Heuzé, Ben-Ami Koller, Marc Lemoine, Rodolphe Mabille, Yo Marchand, Cecile Marie, Gilles Marrey, Catherine de Mitry, Sophie Morisse, Olivier Ponchut, Paul Rebeyrolle, Jérôme Tisserand, Christophe Tissot…

Ils comprennent que l'art « absolu », l'« art pur » des utopies totalitaires n'existe pas, qu'être libre, c'est prendre un parti, assumer sa limite et en faire le terreau de sa création. Le formidable fait nouveau, pour eux, est que l'art de tous les temps et de tous les lieux se présente désormais comme un grand corps où il n'est pas question de progrès. Malraux disait que

> « le XXe siècle s'affirme comme une civilisation qui inclut toutes les autres. Rappelons-nous que le monde de l'art, c'est la présence de la vie dans ce qui devrait appartenir à la mort ».

Ce grand corps sera désormais la référence de l'artiste « singulier » avec son infinie diversité, sa permanente métamorphose, son oscillation entre les polarités de l'être. Ainsi chacun aura le choix de sa « famille » en art : c'est cela qui est vraiment nouveau.

Le tri

Le jour où dans les esprits la distinction sémantique sera faite entre « art » et AC, on pourra commencer un essai d'évaluation de l'art non conceptuel.

En retrouvant le domaine de l'art, on retrouve l'échelle qui va du médiocre à l'exceptionnel et tout le problème de l'évaluation. Le jugement de valeur n'est pas une évidence. Il est le fruit d'une distanciation que donnent le temps et la comparaison, c'est un exercice très élaboré. Il n'y a pas de jugement sans risque de se tromper et ce risque existe tant pour l'artiste que pour l'amateur.

La double épreuve affrontée, celle du conceptualisme et celle de la confrontation avec le musée imaginaire, n'auront pas manqué de changer notre regard. Dans l'imaginaire des hommes existe désormais le grand corps vivant de l'art, sans limites temporelles ou spatiales, enfantant chaque jour la création. Les bonnes intentions et les discours théoriques pourront alors s'effacer devant l'évaluation de l'œil. L'œuvre nouvelle, malgré sa nouveauté, tiendra ou ne tiendra pas la comparaison… Regardée « en perspective », mise en relation avec sa lignée, l'œuvre deviendra visible, apparaîtra dans sa singularité, à sa place, dans la suite de l'art. Le nouveau de l'œuvre ne procédera plus uniquement de la rupture, du blasphème ou du choc. La critique regardera désormais l'œuvre non par rapport à son époque et son contexte, empiétant sur le travail du sociologue, mais comme émergeant de la profondeur du temps. La difficulté pour le critique sera d'oser prononcer un jugement de valeur, au cas par cas, avec le risque de se tromper.

17

Les marchés cachés de l'art d'aujourd'hui

> « *Ce qui sépare l'art contemporain de l'art au sens historique du terme est que ce dernier relève d'une économie du don et non pas d'une économie spéculative et marchande.* »
>
> François Dérivery

Le marché des « chromos »

Il existe un art dans l'ombre de l'AC, ainsi qu'un marché. La réalité est là, recouverte d'un voile, en l'occurrence d'un mot, le « marché des chromos ». Pour monétiser l'AC, il faut démonétiser l'art.

Le « marché des chromos » est l'expression communément admise dans le milieu de l'art officiel pour désigner l'obscur commerce de l'art qui leur échappe. Ce terme péjoratif est un concept de sociologues. On le doit à Raymonde Moulin notamment, qui a beaucoup écrit entre 1962 et 2000 sur l'artiste, la valeur, le marché, les collectionneurs et les institutions. Elle établit une typologie de l'art actuel avec l'« art contemporain » d'un côté et « l'art des chromos » de l'autre, pour expliquer l'existence de deux marchés sans rapport entre eux. L'un est « contemporain » et l'autre non, pourtant les deux sont faits au même moment. Voilà qui est plus idéologique que logique, ces concepts manquent de la plus élémentaire neutralité nécessaire à la pratique de la sociologie. Telles sont pourtant les définitions reprises couramment dans les livres d'analyse économique de ce marché :

> « Le marché des chromos rassemble des œuvres homogènes et substituables, l'"artiste chromo" ne respecte pas le critère d'originalité, il

produit un art de facture traditionnelle : œuvres à la manière des impressionnistes, cubistes, fauves, œuvres définies par leur sujet, marines, portraits. *A contrario*, le marché de l'art contemporain est celui des œuvres marquées par la créativité, la rupture, le nouveau[1] *(sic).* »

Pierre Bourdieu, qui a participé à l'élaboration de cette vision, quitte souvent le domaine de l'analyse pour pratiquer le jugement de valeur : le marché des « chromos » est selon lui sans noblesse parce que hors-l'histoire et anachronique.

> « Si nous pouvons dire que les peintures d'avant-garde sont supérieures aux chromos des marchés de banlieue, c'est entre autres choses parce que ces dernières sont un produit sans histoire (ou le produit d'une histoire négative, celle de la divulgation d'un grand art de la période précédente), tandis que les premières ne deviennent accessibles que si l'on maîtrise l'histoire relativement cumulative de la production artistique antérieure, c'est-à-dire la série sans fin des dépassements qui ont conduit à l'état présent de l'art[2]. »

Les présupposés historicistes et matérialistes de ces auteurs font qu'à leurs yeux, l'art ne vaut que comme expression d'une époque et comme nouveauté, ce qui fausse le regard. Pour eux, l'art chromo, c'est l'art de la représentation, il a une fonction purement « décorative » et ne connaît ni rupture ni innovation. Ils ne font pas de différence entre l'œuvre médiocre et l'œuvre d'exception, ils ne perçoivent ni leur originalité, ni leur sens, ni leur rayonnement.

Il est vrai qu'une observation fine de l'art n'est pas leur métier et qu'ils n'ont pas l'entraînement de l'historien d'art pour noter les métamorphoses. Ils sont néanmoins les inventeurs du terme confusionnel et péjoratif de « chromo », qui a été repris indéfiniment par les ouvrages d'histoire de l'art ou dans les livres d'analyse des marchés de l'art.

Nathalie Heinich, sociologue de la génération post-Bourdieu, a plus de distance dans son observation des faits. Elle essaye de ne pas prendre parti et subodore le piège sémantique[3]. Elle rompt avec la vision historiciste de ses prédécesseurs. On est en 1999 ; dans son analyse des œuvres et des discours sur l'art, elle constate que l'« art contemporain » ressemble plutôt à un genre

---

1. Nathalie Moureau et Dominique Sagot-Duvauroux, *op. cit.*, p. 23.
2. Pierre Bourdieu, *Les Règles de l'art*, Seuil, Paris, 1992.
3. Nathalie Heinich, *Le Triple Jeu de l'art contemporain, sociologie des arts plastiques*, Les Éditions de Minuit, Paris, 1998. *Idem, Le Statut de l'artiste*, Gallimard, Paris, 2005.

parmi d'autres. Selon elle, trois « genres » sont d'ailleurs toujours présents sur la scène de l'art d'aujourd'hui : le « genre classique », qui observe un certain nombre de canons esthétiques ; le « genre moderne », où ces canons sont remis en cause mais qui reste une démarche essentiellement esthétique alliée à une expression singulière de l'intériorité de l'artiste ; enfin, le « genre contemporain » est fondé sur la transgression des frontières qui définissent l'art, et c'est en même temps l'art valorisé par les institutions et le marché. Les deux premiers genres sont rejetés et appelés « artisanat ».

Quoi qu'il en soit, cette expression d'« art chromo » désigne une énorme production protéiforme et hétéroclite qui, dans sa plus grande partie, oscille entre deux extrêmes, l'art naïf et le « conceptualisme peint ». C'est une énorme production, à base de désir de s'exprimer et de créativité convulsive, qui a pris le statut d'art parce que les critères d'évaluation ont disparu. Comment en serait-il autrement puisque ce sont pour la plupart, eux aussi, des artistes autoproclamés ?

Cette peinture autrefois dite « du dimanche » est apparue sur le marché de façon massive durant cette dernière décennie. Nathalie Heinich, dans son étude de l'évolution du statut de l'artiste, note l'accroissement formidable de cette population. Entre 1954 et 1982, Raymonde Moulin notait déjà un accroissement de 50 %[1] ; de 1982 à 2002 les chiffres du recensement de la population française sont pour les plasticiens de 14 020 à 22 000. Un phénomène identique se produit aux États-Unis. C'est un phénomène de société dont on peut mesurer l'ampleur en observant l'explosion des ventes des produits « beaux-arts »…

De même que la population ne connaît plus d'inhibitions sexuelles en raison de la libération des mœurs, elle n'en connaît pas davantage face à la création. De la maternelle aux clubs du troisième âge, elle est encouragée à « s'exprimer », à « se lâcher ». L'enseignement d'une discipline artistique est jugé traumatisant. Ainsi, dès qu'une dame en retour d'âge ou un monsieur au chômage font leurs trois premières aquarelles, ils songent à exposer et à vendre. Leurs œuvres leur semblent bien meilleures que tout ce qu'ils voient dans les musées d'art contemporain, alors pourquoi pas ? Leurs prix sont imbattables. Leur culture défaillante en matière d'art, leur médiocre fréquentation des musées leur enlève tout complexe… Tout le monde a le droit de s'exprimer et de connaître un quart d'heure de célébrité, dirait Warhol. Comme il n'existe aucune filière, ni institution, ni référence, rien ne les ramènera à la réalité. Pire encore, ils sont encouragés dans leur incommensurable médiocrité quand

---

1. Raymonde MOULIN, *L'Artiste, les Institutions et le Marché, op. cit.* ; *La Construction de la valeur artistique*, Flammarion, 1995.

ils s'aperçoivent avec soulagement que les artistes virtuoses de leur art sont très mal vus… Non seulement, c'est bien-pensant d'être nul, mais celui qui ne l'est pas est moralement condamnable. Les nuls prospèrent parce qu'il est interdit de les discriminer.

Interrogé sur la disparition de la critique d'art au profit d'une hagiographie insipide, le directeur d'une revue d'art répondit : « Mais vous n'y êtes pas ! Ce n'est plus pensable aujourd'hui ! Nous pourrions avoir des procès en diffamation ! »

Comment font ces milliers de nouveaux artistes pour survivre alors que cette production n'a aucune reconnaissance des institutions et des médias importants ? Ils y arrivent parce qu'ils sont leurs propres mécènes. Ils ont d'autres métiers ou sources de revenus qu'ils investissent ainsi. Ils louent les galeries, financent leur catalogue et achètent deux pages en couleur sur papier glacé dans une revue d'art qui ne peut survivre qu'avec ce genre d'apport financier. Le public est là pour acheter. Les amis d'abord, mais aussi ceux qui se reconnaissent dans cette peinture qui trouvera plus facilement sa place dans le salon que l'encombrant cheval empaillé de Catellan ou les rayures de Buren un peu fatigantes pour l'œil et hors de prix.

L'ancien délégué à la tête de la Délégation aux arts plastiques, Jean-François de Canchy, constatait déjà lors d'un colloque à la Fondation Cartier, vers le milieu des années 1990, que si l'État était le principal acheteur d'art en France, estimant à 60 % sa part de marché, il n'en demeurait pas moins que les 40 % restants du montant des ventes d'art déclarées en France échappaient généralement au registre « art contemporain ». Il avouait que c'était une *terra incognita* pour lui. La seule connaissance qu'il en avait était la somme qu'elle représentait ! Cette ignorance est à la mesure du phénomène d'exclusion et de la radicalité des choix esthétiques de la Dap.

L'art caché dans le marché des chromos

Si l'on admet que l'art est une démarche qui dépasse la créativité convulsive et l'expression de soi, il est évident qu'il est devenu une activité rare et extrêmement cachée, noyée dans la grande masse de la production dite de « chromos ».

Contrairement à l'art autoproclamé, il obéit à des critères, il s'insère dans une histoire de l'art, il entretient des filiations, un dialogue avec l'art de tous les temps. Cette histoire très cachée n'en existe pas moins. René Huyghe, grand connaisseur du XXe siècle, n'a jamais cessé de montrer tous ces liens et filiations, la lecture de ses livres donne les clefs de cet art caché. Jacques Thuillier montre dans son *Histoire de l'art*[1] un certain nombre de ces grands peintres de la fin du XXe siècle et n'y inclut pas l'« art contemporain » pour la raison simple que ce n'est pas de l'art. On imagine le scandale provoqué ! Et la mise au ban qui en a résulté. Toutes les provocations ne sont pas, décidément, considérées comme bonnes !

L'artiste se trouve dans une situation sans pareille : il accepte le risque d'être évalué car il admet les catégories du médiocre, du bon ou de l'excellent, mais il lui manque souvent des amateurs éclairés. En fait, il est désormais indiscernable. L'idéologie du temps rend la chose très difficile. Il faut un œil et une culture pour le découvrir et le distinguer de la masse. Les vraies nouveautés en art ne sont pas spectaculaires comme on le croit. Le nouveau ne se perçoit qu'avec du recul. Il faut avoir vu beaucoup de peinture pour dire devant une œuvre : « Je n'ai jamais encore vu cela. » Cette différence se situe au-delà du sujet, de la technique, du genre, etc. C'est un tout, un univers lié à l'être. On se trouve devant l'unique et c'est cela qui produit le nouveau.

Cet art est très caché parce que peu de personnes s'y adonnent et peu d'amateurs le recherchent. Depuis peu de temps, son marché ne se distingue pas beaucoup de celui des « chromos » ; il y est totalement mélangé, ce qui efface complètement l'identité particulière de ces artistes.

La règle américaine

Cependant la situation décrite en France est particulièrement contrastée parce que l'État joue un rôle dominant dans le domaine artistique et que, par ailleurs, les interdits et intimidations idéologiques pèsent d'un grand poids.

En Amérique, il existe simultanément plusieurs marchés de l'art. L'AC est celui qui atteint les plus grands prix et un rayonnement international, mais de grands marchands se sont aussi fait une spécialité dans ce qui est considéré comme celui des genres divers : la très bonne peinture au sens classique du terme, la peinture « créative », la peinture paraconceptuelle, la peinture naïve, l'art figuratif, abstrait, fantastique, les abstraits afro-américains, etc. Chacun joue dans sa catégorie, pour répondre à un marché aux goûts très divers, centré d'une part sur le goût individuel plutôt que sur la « communication » et l'image, d'autre part sur les goûts propres aux multiples minorités et cultures présentes en Amérique.

---

1. *Op. cit.*

Mais toute une partie de ce marché peut acquérir cependant une légitimité plus large en étant soutenu par une multitude de fondations américaines défendant les identités les plus diverses et leurs expressions artistiques. Elles soutiennent les galeries, alimentent les musées.

Ainsi tous les marchés sont à New York sans exclusive : l'art ancien et moderne, l'art et l'AC. Les galeries attirent des artistes de toute la planète, correspondant aux goûts divers d'une population multiculturelle. Certains marchands ne dédaignent pas les artistes français, italiens ou espagnols. On voit fréquemment des Italo-Américains ayant connu une réussite sociale acheter plutôt des œuvres d'artistes italiens. En permettant leur consécration aux États-Unis, ils assurent leur succès dans leur propre pays. La même chose se produit pour les artistes du monde entier.

Depuis les années 1980, ce marché que l'on veut ignorer en France est essentiel pour l'Amérique. C'est à travers lui qu'il invite toutes les expressions artistiques du monde sans exclusive à venir se faire reconnaître et consacrer. L'Amérique, en misant sur la diversité culturelle, en ayant cette image de « mère des arts », assure son développement économique et son hégémonie dans le monde. Le fait qu'il y ait des minorités du monde entier permet à une multitude de galeries de vivre de leur soutien à leurs artistes. Ainsi, on peut voir à New York une galerie consacrée entièrement à l'abstraction noire américaine, une autre promouvoir les sculpteurs du Dahomey ou les naïfs de Haïti, etc.

La coupure idéologique entre art et AC n'impressionne pas les Américains, les tabous n'ont aucune efficacité tant qu'il y a des affaires à faire et un marché. L'AC est un marché parmi d'autres, même s'il pèse beaucoup plus lourd parce qu'il est le seul à avoir une visibilité mondiale et que c'est sa fonction. Cela ne choque pas les Américains qui voient dans l'AC une marchandise un peu spéciale, adaptée à une diffusion planétaire non identitaire, dont la valeur est le fruit d'un montage financier professionnel, Tout le monde le sait et personne n'y trouve à redire puisque tout le reste est légitime aussi.

En France, pour des raisons historiques, on voit la dimension idéale et sacrée de l'art, et on a du mal à la réduire dans nos esprits à une marchandise comme une autre. On ne veut pas voir cette double stratégie américaine qui va dans le sens de leurs intérêts bien compris. En attendant, notre pays agit dans le sens de sa propre extermination. En effet, comme l'a si bien décrit le rapport Quémin en 2001, les artistes d'AC soutenus par l'État français dépendent du réseau anglo-saxon, formé par l'Amérique, l'Allemagne et l'Angleterre, pour accéder à la consécration internationale, et celui-ci les boude. Or dans le domaine de l'AC, en dehors d'une reconnaissance internationale, il ne peut y avoir ni cote ni valeur.

En revanche, l'État français, par les achats massifs de ses institutions culturelles, dans des galeries situées très souvent à New York, contribue puissamment à parachever la consécration d'artistes anglo-saxons au niveau international sans aucune réciprocité.

Le dénigrement permanent et institutionnel de tout art autre qu'AC en France a eu pour conséquence, à l'heure de la mondialisation, de rendre ce pays invisible dans le monde en matière d'art. Il a institué un monde sans polarités, sans concurrence, sans différences, qui dépérit et meurt.

En matière de marchés de niveau international, la France n'a que deux marchés : les « arts premiers » et le marché du dessin. Un os à ronger sur la place mondiale où chaque pays a droit à sa petite spécialité.

18

Les perspectives du temps long

*« Probablement, la stupidité du peintre
a été surévaluée… »*
Francesco LAURETTA

*« La preuve ontologique par le beau
est toujours applicable car le beau, c'est le réel. »*
Simone WEIL

*« Si l'artiste lui-même démissionne, c'en est fait de cette
ultime barrière qui a retenu jusqu'alors la dissolution totale
de l'être, c'est-à-dire que c'en est fait aussi de l'ensemble
des formes que constitue la civilisation. »*
Georges MATHIEU

L'AC s'inscrit dans la durée

L'AC n'est pas une mode, ni le résultat d'un mouvement de balancier. L'AC n'est pas de l'art au sens originel du terme, il a une nature hybride : produit à la fois financier, institutionnel et intellectuel. Son appartenance à ces mondes divers lui donne force et en fait un *phénomène de longue durée*.

Son existence est planétaire, le centre de ses marchés est à la Foire de Bâle, les nations et les institutions qui lui confèrent la légitimité se rassemblent à la Biennale de Venise et à la Documenta de Kassel, et enfin partout se célèbre le grand culte conceptuel grâce au clergé intellectuel qui entretient dans les médias la flamme de l'illusion critique.

L'AC vit de sa créativité monétaire, c'est un produit de haute technicité financière, un laboratoire de recherches en stratégies fiduciaires.

L'AC perdure grâce à sa capacité à fournir de l'événement à la demande et sur mesure aux médias. Il s'est pleinement adapté aux techniques médiatiques et de communication.

N'étant pas de même nature que l'art, l'AC ne se transformera pas avec la génération qui suit. Même un retour de la peinture ne le fera pas disparaître.

L'AC ne disparaîtra pas par excès de transgression car son énergie et son pouvoir de stupéfaction en procèdent.

L'AC ne sera pas rejeté en raison du dégoût qu'il suscite. Machine à mots, broyeur d'identités, d'habitudes et de normes, il remplit sa mission en isolant les êtres, en effaçant leurs différences, en les manipulant et en les poussant à la consommation convulsive.

L'AC ne succombera pas à notre déception : machine à ruiner toute perfection, harmonie et équilibre, il élabore savamment de l'insatisfaisant, de l'éphémère. Il veille à empêcher la création de l'objet unique et beau, susceptible de combler attentes et désirs, d'être gardé. Il sert le mercantilisme en assurant le renouvellement des produits.

Où est sa faille ? L'AC s'inscrit dans le temps, et seule une observation sur une longue période permet de comprendre de quelle façon l'entropie le ronge.

Un processus de dissolution ?

L'AC, par nature conceptuel, est menacé par diverses formes de dissolution.

Dissolution par dématérialisation

La disparition de tout objet ou matière au profit du concept, l'évaporation du monde, sa disparition dans les mots, ressemblent étrangement au processus inverse de la création divine. Il serait à l'image du renversement luciférien de la création du monde : l'involution dans l'indifférencié originel.

Jean-François Lyotard, qui rêvait de faire une œuvre en rupture avec toute idée d'ontologie, écrit :

« L'immatérialité est une des caractéristiques fondamentales de l'âge postmoderne.[1] »

Yves Michaud termine son livre *L'Art à l'état gazeux* dans une sorte d'euphorie :

« De l'œuvre… il ne reste plus qu'un parfum, une atmosphère, un gaz[2]… »

Dissolution par confusion

La dissolution se fait aussi par confusion avec toutes sortes d'autres choses. Nicolas Bourriaud souligne que « l'art [contemporain] est un mimétisme de la société de consommation ». En effet, l'AC n'est plus une critique, une métanoïa… mais le « mixage du haut, du bas » et des diverses cultures pour créer de l'indifférencié, pour aboutir à un « éclectisme kitch, à un alexandrinisme cool, excluant tout jugement critique[3] ». C'est ainsi que l'AC peut désormais se fondre dans la publicité, la communication, l'objet design. Une signature d'artiste devient une marque. La frontière a disparu récemment entre œuvre d'art et objet culte, tel le sac à main Louis Vuitton, icône de marketing.

Nicolas Bourriaud trouve à l'AC de multiples fonctions nouvelles, créant un désordre créatif et utile à la société mercantile qui, pour rien au monde, ne doit arrêter son mouvement. L'art est « surface de stockage d'informations », « moyen de re-programmation des formes sociales », « piratage » des produits, « mixage culturel », « DJ culturel », « moteur relationnel[4] ».

De même, l'AC se dissout dans l'information et l'événementiel médiatique. Nombre d'artistes créent des vrais-faux événements ou faits sociaux. Cela prend la forme de pseudo-documents, comme ceux de Jean Bigot, auteur d'une vidéo pour l'espace muséographique de la Caverne du dragon, situé sur les champs de bataille de la guerre de 1914-1918 où a eu lieu en 2006 une exposition sur les fusillés, mutins de la Grande Guerre. Cet artiste a fait un film qui ressemble à un document d'époque montrant l'exécution de déserteurs. Le concept de l'œuvre est d'effacer les frontières

---

1. Jean-François LYOTARD, *La Condition postmoderne – Rapport sur le savoir*, Les Éditions de Minuit, Paris, 1979.
2. Dans sa conclusion de *L'Art à l'état gazeux*, op. cit.
3. *Postproduction*, op. cit., p. 87.
4. *Ibid.*, p. 83.

entre le réel et sa représentation, entre l'art et la vie, en présentant cette vidéo comme une pièce à conviction historique[1].

L'AC se dissout aussi dans les arts expérimentaux parascientifiques… L'exposition de Gunther von Hagens, consistant à couper en tranches, éplucher et présenter de vrais cadavres humains « plastinés », a fait le tour du monde et a touché des millions de spectateurs. L'auteur déclare :

> « Je montre un vrai spécimen, je crée une vraie discipline, c'est de la science, de la technique, de l'art à portée de tous, je montre l'esthétique. »

Montreur de foire ? Artiste ? Son statut est ambigu mais sa démarche de « présentation » de la réalité est si conforme à l'AC que foires internationales et musées l'accueillent comme tel.

Dissolution de l'AC dans la réalité elle-même

Après l'attentat du 11 septembre 2001 au World Trade Center, *Le Monde* du 22 septembre titre « Artistes et photographes sur la ligne de fracture entre réel et fiction », et commente le choc provoqué par l'événement dans les milieux de l'« art contemporain ». Les artistes ont reconnu devant le spectacle de l'effondrement, de la poussière, de la désolation, du déchet, des corps mutilés, du gris, du noir, du chaos, tout un vocabulaire formel familier, tout le répertoire de leurs thèmes. *Le Monde* commente : « Les images de l'attentat télescopent l'œuvre de nombreux artistes contemporains », et de citer entre autres artistes Patrick et Anne Poirier : « Cela ne rime à rien de travailler si la réalité est encore plus catastrophique que ce que nous faisons ! »

Philippe Dagen, signataire de l'un des articles, souligne la ressemblance entre cette catastrophe et l'« art contemporain », et rappelle que la grande mission de l'artiste est de « faire voir l'absence ». Le célèbre compositeur Stockhausen a déclaré le 12 septembre à Hambourg, à l'occasion d'une conférence de presse, qu'il regrettait de n'avoir pas accompli une œuvre d'art de cette dimension… Les artistes contemporains en ont rêvé, Al Qaïda l'a fait !

---

1. Christine SOURGINS dans le n° 113 de *Commentaire* sur « L'art contemporain, un nouveau révisionnisme ».

La dissolution de l'art dans l'artiste

L'AC se dissout aussi dans l'artiste concepteur, qui est le théoricien, le critique et l'historien de son œuvre, il est l'œuvre… Sans parler de l'artiste qui prétend de plus en plus faire œuvre de sociologue à la place du sociologue, de philosophe à la place du philosophe, d'historien à la place de l'historien.

Inversement, on voit beaucoup d'universitaires tentés par l'AC, au point que l'on a du mal à discerner entre leur « œuvre conceptuelle » et leur discipline intellectuelle[1]… Par mimétisme, les clercs se prennent pour des artistes et pratiquent la déclaration duchampienne. Sociologues, philosophes et historiens d'art en vogue accordent plus d'importance à l'énoncé de concepts qu'à une quelconque réalité.

La dissolution dans le présent

L'AC est menacé de disparition en raison de son rapport utopique au temps. Son idolâtrie de la rupture arrête le temps en le rendant répétitif. La rupture de la rupture de la rupture fonctionne comme un disque rayé. La transgression dit toujours la même chose. La destruction ne produit pas de nouveau. Une chose ne devient caduque que lorsqu'elle est remplacée… C'est comme si nous étions pris dans un temps circulaire, un recommencement sans fin, comme dans les sociétés primitives.

L'artiste est enfermé dans le présent dont il est à la fois le contestataire et le témoin. Les théories historicistes le piègent dans l'histoire. Ils n'intéresseront que les spécialistes de la décennie dans laquelle ils auront été classés et n'atteindront pas des publics éloignés dans le temps. Le caractère éphémère d'une œuvre d'AC, le manque de traces matérielles, le fait de n'avoir ni lignée, ni descendance, de n'avoir ni hérité, ni transmis, a pour conséquences de l'isoler et de l'effacer de la mémoire des hommes.

Or nous savons que les historiens eux aussi ne se fondent que sur des preuves ayant quelque matérialité. L'AC risque donc de disparaître de la mémoire des hommes…

Le retour du réel met en danger L'AC

Il a été évoqué précédemment comment les tribunaux étaient encombrés de multiples affaires provenant d'actions déposées par les victimes de

---

1. Christine SOURGINS, « L'université et l'art contemporain », *Conflits actuels*, n° 17, Paris, 2006.

l'AC. Peu enclines à voir de l'« art » dans le préjudice qu'elles subissent, elles réclament aux juges la condamnation d'un « délit ». Quelque chose d'analogue se produit avec les compagnies d'assurances qui font des calculs très précis sur la valeur des œuvres d'art qu'elles assurent.

Le 23 octobre 2003, à Londres, AXA Art organise, à la Royal Society of Arts, une conférence intitulée « Avant que l'art ne s'effondre », au cours de laquelle ont été décrites les difficultés rencontrées par musées et collectionneurs d'AC devant des œuvres dont les matériaux se dégradent. Un cas de figure a servi d'exemple : une série de deux cents tableaux de Damian Hirst, l'artiste vivant le plus cher du monde, nommés *Spot paintings*, toiles recouvertes de ronds de couleurs vives. L'un d'entre eux venait d'être adjugé par Sotheby's 366 400 dollars alors même qu'à la Biennale de Venise en était exposé un autre, similaire, dangereusement craquelé. La crainte immédiate fut la chute de la cote pour les deux cents exemplaires restants en circulation, peints de la même façon, à la même période.

Devant la fréquence du problème, que faire ? Les assureurs discutèrent des solutions adaptées au caractère de plus en plus éphémère des œuvres.

Par exemple, des contrats d'assurances à durée limitée, allant de dix à trente ans. Ce qui a fait dire à Jean-Philippe Domecq :

« Aujourd'hui ce sont les compagnies d'assurances et non les critiques d'art qui évaluent la valeur et la pérennité de l'art. »

L'attitude réaliste des compagnies d'assurances est un danger très sérieux pour les œuvres d'AC car leur valeur ne se fonde que sur leur cote.

Dissolution dans « la vie »

C'est la « fusion de l'art et de la vie », si souvent évoquée par la doxa de l'AC comme finalité suprême. Cette dissolution totale de l'art dans la réalité accomplit l'avènement de la fin de l'art, du terme de l'histoire et de la mort de Dieu, instaurant une sorte de présent éternel et absolu.

« L'art, c'est la vie » est leur formule, comme elle fut celle de dada, des surréalistes, de Beuys et de Duchamp qui avait ainsi nommé son double féminin, Rose Sélavy. Elle fut reprise et radicalisée dans les années 1960 par les actionnistes, qui ont aboli la distance entre l'acte symbolique et le réel. Leurs œuvres consistaient à procéder publiquement à des mutilations, copulations, et agressions.

Comment disparaîtra l'AC ?

Nous avons déjà assisté à la disparition d'idéologies sous le choc de la réalité. Nous avons vu, en une nuit, en direct à la télévision, une utopie s'écrouler sous nos yeux sous la forme d'un mur le 9 novembre 1989 à Berlin. Cette utopie fondée sur la primauté de l'économie est morte de pauvreté ; née de l'affirmation de la lutte des classes, elle est tombée sous le coup de l'affirmation des identités nationales.

Poursuivant son utopie de la valeur totale, du concept créateur de réalité, de la pureté immatérielle, l'AC s'évanouira, fondu dans la vie, impossible à distinguer du reste du monde.

Tout comme jadis les propagandes totalitaires ont engendré le scepticisme, le spectacle médiatique s'use aussi. Après avoir cédé à la fascination, le public finit par apercevoir l'écart entre la réalité et son spectacle. Le pouvoir de séduction de ces techniques et de l'AC s'émousse, l'intimidation n'opère plus. La liberté qui se limite au choix entre les marques et les concepts laisse insatisfait, l'étourdissante quantité de tout fait désirer en secret la rencontre avec l'unique et l'essentiel.

Les systèmes totalitaires, si subtils soient-ils, ont leur limite. Chacun finit par comprendre que ce qui est singulier, complexe et fin ne se saisit pas du premier coup d'œil. Le temps, la contemplation, le désir, la quête, sont nécessaires. Il faut une qualité humaine pour comprendre la réalité, pour recevoir sensiblement une œuvre.

Soudain, il se produira que l'AC n'inspirera plus l'effroi. Il sera perçu comme une animation médiatique.

Le temps du discernement sémantique

La confusion sémantique cessera. L'amateur, l'intellectuel ou l'artiste verront comme une évidence la différence entre l'art et l'AC.

L'AC continuera à exister en remplissant son service financier, médiatique et idéologique, mais à sa place, et non pas à la place de l'art. Chaque artiste choisira en pleine connaissance de cause sa vocation : peintre, sculpteur, graveur ou publicitaire, théoricien, stratège, monteur d'événements, etc. L'amateur selon ses goûts, ses moyens, ses objectifs choisira d'acheter de l'AC, ce produit financier haut de gamme, ou s'attachera à découvrir par lui-même, à ses risques et périls, l'œuvre à laquelle il aspire intimement.

Chacun retrouvera son libre arbitre et l'art qui n'a jamais disparu malgré son invisibilité médiatique réapparaîtra. Ainsi tout ce qui aura échappé à la dissolution, à la confusion et à l'usure du temps surgira simplement parce que des regards à nouveau attentifs se poseront sur ces œuvres. Il n'est pas nécessaire que ce soit tous les regards... quelques-uns suffiront.

Le paradigme perdu ou la preuve de l'existence de l'art

La mort de l'art a été sans cesse proclamée depuis cinquante ans mais en même temps les théoriciens, tels Walter Benjamin[1] et Yves Michaud, n'ont jamais nié l'existence passée du « grand art ». Ils nous renseignent parfaitement sur la nature de cette entité mystérieuse. Ils disent même qu'ils savent le reconnaître à l'aura qui l'entoure... « Une lumière entoure le "grand art[2]" », écrira ce dernier, qui déclare, sans donner de preuves, que les œuvres d'art contemporain ont définitivement perdu leur aura...

De son propre aveu, l'absence d'aura fonde l'AC, et la présence d'aura est le signe infaillible du « grand art ».

N'est-ce pas l'« éclat » dont parlaient les Grecs, censé parer d'une gloire les chefs-d'œuvre ? La présence de ce rayonnement que le rationnel n'explique pas, que l'obéissance aux lois de l'esthétique ou la perfection technique ne produisent pas forcément, était pour eux le critère de la beauté.

Nous savons donc maintenant, grâce aux Grecs et à nos théoriciens de l'AC, que chaque fois que nous percevons une aura, nous sommes devant une œuvre d'art accomplie et non pas devant une œuvre ratée ou devant, ce qui est différent, une œuvre conceptuelle. La frontière entre un art qui a atteint son but, un art qui l'a manqué, et une œuvre à finalité conceptuelle se trouve là... Elle est définie par Yves Michaud lui-même.

La preuve par l'aura

Ainsi grâce à l'image inverse de l'AC, un artiste d'art peut percevoir à nouveau clairement l'essence de son travail. Philippe Lejeune notait :

> « La beauté, c'est le visible. La lumière, l'éclat qui s'en dégage est la frontière avec l'invisible... Tout l'art de la peinture est transsubs-

---

1. Walter BENJAMIN, « L'œuvre d'art à l'époque de sa reproduction mécanisée », 1936, in *Écrits français*, trad. fr., Gallimard, coll. « Bibliothèque des idées », Paris, 1991.
2. Yves Michaud emploie l'expression « grand art » pour parler de l'art et pour le distinguer de l'AC.

tantiation. Alors tout ce qui échappe à ce phénomène n'est pas de la peinture[1]. »

On commence à voir plus clair sur les frontières de l'art... Mais le moins que l'on puisse dire, c'est que faire la différence demande beaucoup de subtilité.

Yves Michaud affirme que l'aura est perdue parce que la société dans laquelle nous vivons ne la permet pas. Peut-on le croire ? La question se pose : ce paradigme est-il perdu ou exclu ? Qui peut imaginer que nul ne résiste ?

Il a fallu tout ce temps aux protagonistes de cette histoire pour comprendre ce qui était arrivé. Dire que « seul l'AC est de l'art » n'est rien de plus qu'une déclaration duchampienne.

Ainsi Bernard Venet, artiste conceptuel de réputation internationale, au cours d'une émission télévisée de Guillaume Durand, a-t-il pu dire sans susciter aucune observation dans l'assemblée : « Aujourd'hui, un peintre n'est pas un artiste[2]. » Au même moment, l'évêque de Lyon, Mgr Barbarin, était traîné devant les tribunaux, coupable d'« atteinte à l'honneur » des artistes d'AC. En effet, dans le *Progrès de Lyon*[3], il avait dit, en évoquant la fameuse *Maison du chaos*, œuvre du P-DG du groupe Serveur, Thierry Hermann, conçue en association avec 70 artistes d'AC, auteurs de 2 700 œuvres : « Ce n'est pas de l'art mais la négation de l'art. » Cette insulte mérite dommages et intérêts. Deux poids, deux mesures !

En France, la confusion sémantique est encore en vigueur !

Qu'y a-t-il face au concept ?

Au concept, on ne peut opposer que *la forme accomplie*, seule capable de délivrer la pensée de son abstraction. L'art surgit donc chaque fois qu'un artiste réussit à conjuguer deux mouvements inverses : incarner l'idée et transfigurer la matière.

Ce labeur a pour vertu de déclencher une chaîne de phénomènes paradoxaux que décrit un peintre peu connu, Jean-Marie Tézé[4], dans un texte sans prétention, publié en 1970. Sans que l'on sache très bien pourquoi ni comment, ce texte a été sans cesse photocopié et a beaucoup circulé pendant plusieurs décennies parmi les artistes...

---

1. Walter BENJAMIN, *op. cit.*
2. Émission « Esprits Libres » de Guillaume Durand du 17 juin 2007 sur France 2.
3. *Le Progrès de Lyon*, 7 mai 2007.
4. « La gloire du sensible », revue *Christus*, Paris, 1970.

La gloire du sensible

« Le beau n'apparaît qu'avec la forme et la matière[1]. »

« Plus le sensible existe dans une œuvre moins il renvoie à ce monde... »

« L'œuvre d'art ne demande pas d'explications, son sens est livré immédiatement dans le sensible. Le point de vue logique a toujours tendance à laisser tomber le caractère sensible, dès qu'il en a saisi le sens. C'est le problème de tout art d'intention : il est superflu et vite caduc. On ne retient que le message. Par contre une forme dans sa gloire sensible existe en soi, rayonne de quelque chose qui s'apparente à l'être. »

« Le beau saisi dans sa splendeur échappe à la causalité. Il est sans antécédent, commencement pur, exercice pur de la liberté, non localisable dans l'espace et dans le temps. »

« Le sensible apparu dans sa gloire résiste à l'urgence du désir et à l'abstraction de la pensée. Cette présence irréductible du sensible ne renvoie à rien d'autre qu'à elle-même et s'identifie à l'être. »

Ce sont des propos de praticien qu'un pur philosophe ne peut déduire d'un raisonnement. Cette expérience rejoint celle de bien des peintres de la seconde moitié du XXe siècle. Philippe Lejeune remarquait :

« Si la découverte est un progrès sans nouveauté, la création artistique est une nouveauté sans progrès. »

La métamorphose du IIIe siècle et celle du XXe

En cinquante ans, au IIIe siècle, la sculpture classique disparut du monde antique. Entre 1960 et aujourd'hui, cinquante ans viennent de s'écouler, à peine le temps d'une vie humaine ; la sculpture, la peinture, la gravure ne sont plus enseignées à Paris, sinon en secret. Naissances et morts sont toujours des moments fulgurants...

Comment interpréter cet événement dont nous avons été acteurs et témoins ? Les théoriciens de l'AC déclarent que le « grand art » est mort comme une fatalité à laquelle personne n'échappe parce qu'il ne peut plus être perçu ni compris par la masse et à travers les mass-médias

---

1. *Ibid.*, pour toutes les citations.

« qui développent un mode de perception flottant, instantané, sans mémoire, voué à opérer dans un perpétuel et foisonnement présent[1] ».

Mais avez-vous jamais rencontré « la masse » ? Pourquoi le concept de « masse » serait-il plus réel que l'idée contestée par les théoriciens de l'AC de « nature humaine » ? De quel côté est l'utopie ? Pourquoi serait abolie dans le cerveau la faculté de concevoir des images, et à la main directement reliée au cerveau de les former ? Comment peut-on imaginer un seul instant que, pour des raisons de changements techniques ou économiques, la nécessité de créer des œuvres d'art sans but utile et la capacité de les contempler disparaîtraient ?

Cette époque gagnée par un esprit morbide, par l'angoisse, le désir de destruction et de transgression pour elle-même, est paradoxalement aussi un moment de liberté.

Rien n'est déterminé, l'art de tous les temps et de tous les lieux est sous nos yeux. Tout est à portée de la main et de l'esprit pour celui qui cherche sa voie. Le retour à l'indéterminé libère aussi des déterminismes. La désagrégation et l'entropie d'une société plongent les êtres dans une solitude qui peut être mortelle ou féconde. La crise met les hommes au pied du mur : la liberté et la solitude peuvent leur faire désirer l'essentiel et les pousser à se dépasser. Que faire quand il n'y a plus de lois, plus de certitudes, plus d'habitudes ? Celui qui a en lui le besoin de créer, quelque chose à dire, un éblouissement, une vision à incarner, trouve les moyens. La nature humaine est ainsi faite. Les yeux, le cerveau et la main fonctionnent ainsi : ensemble ils réparent, rassemblent, recomposent, unifient, harmonisent et re-signifient.

Curieusement, face à la vision terrifiante du mal qui semble abolir le bien, la beauté résiste !

À Rome, peu après la disparition de l'art classique, on a vu un art des temps cruels germer sur les décombres... Un art du for intérieur, une vision du ciel, celle d'un monde qui échappe à la catastrophe. C'est ainsi que les artistes imaginèrent une concavité tapissée d'or et parsemée de gemmes... Une mutation de l'art des mosaïques !

Pendant la métamorphose de la fin du XXe siècle, les artistes d'art ont vécu cachés. Ils ont résisté à l'enfermement contextuel, échappé à la prison du présent, cherché l'espace aux six dimensions, refusé de fabriquer des idoles en détournant la réalité pour les présenter comme la réalité elle-même.

---

1. Yves MICHAUD, *La Crise de l'art contemporain*, op. cit.

Ils ont compris que *la seule véritable transgression vise à contredire la fatalité de l'entropie et de la mort* en travaillant à rendre visible la ressemblance originelle avec le divin.

Contrairement à ce qui s'est produit après la crise du IIIe siècle, aucun « style » ne semble encore apparaître. C'est le temps des « voies singulières ».

Cet art encore caché sera jugé plus tard. On ne pourra le voir et l'apprécier qu'en le regardant dans la perspective de l'art de tous les temps.

On ne cherchera plus le nouveau à tout prix mais le singulier et l'unique. On regardera l'aura. On éprouvera la présence.

Il faut donc trouver les moyens de survie par ailleurs, accepter la banalisation du travail de l'artiste, sa perte de statut et son existence désormais cachée. Les artistes d'art ont compris, au terme de ce long parcours, que la réalisation jour après jour de l'œuvre, qui est leur vocation et leur destin, ne peut se faire que soutenue par l'intime conviction de sa nécessité en assumant le doute permanent de sa légitimité et de sa valeur.

Au milieu d'une infinité d'œuvres vouées à la répétition, à l'expression obsessionnelle de l'ego, symptômes pathologiques, d'œuvres moralisatrices et critiques, existent des œuvres qui ne se révèlent qu'à l'attention de ceux qui ont survécu à la solitude, à l'isolement et à la grande vague qui uniformise tout. Elles ne sont pas faites pour le spectacle mais pour la contemplation.

« La beauté, jamais atteinte, n'est que désignée et c'est ce geste de l'artiste qui constitue l'œuvre d'art… travail d'approximation d'une beauté qui nous échappe[1]. »

---

1. Philippe Lejeune.

19

Signes des temps

> « *Truqué jusqu'à l'os et mystifié, j'écrivais joyeusement sur notre malheureuse condition. Dogmatique je doutais de tout, sauf d'être l'élu du doute. Je rétablissais d'une main ce que je détruisais de l'autre et je tenais l'inquiétude pour la garantie de ma sécurité. J'étais heureux !* »
>
> Jean-Paul SARTRE

> « *Mais violence étalée ne forcera le ciel.* »
>
> HÖLDERLIN

Contrairement à ce que l'on pourrait penser, le krach financier de 2008 a provoqué un grand changement dans la vie artistique en France. La mondialisation accélérée a dévolu un nouveau rôle à Paris dans le jeu de la « globalisation » de l'art contemporain. Par ailleurs la crise a permis une prise de conscience, par un large public, de la nature platement financière de l'AC. Enfin, grâce à Internet, les artistes ont accès à des sources d'information indépendantes des grands médias et jugent en meilleure connaissance de cause la situation de l'art. Ils communiquent entre eux et sortent d'un isolement de plusieurs décennies.

La tutelle étatique dans le domaine de l'art est aujourd'hui perçue avec plus d'acuité, et bien moins supportée. Les pratiques arbitraires des fonctionnaires de l'art, leur jeu en réseau avec des collectionneurs internationaux et les conflits d'intérêts qu'ils génèrent en permanence, suscitent une critique de plus en plus prégnante.

L'analyse de cette nouvelle donne sera l'objet d'une suite à l'histoire de *L'Art caché* qui s'attachera à décrire ce qui foisonne dans l'invisible. En revanche, ce dernier chapitre complétant cette nouvelle édition s'attache à évoquer l'ambiance de la vie artistique française après 2008, grâce à quelques récits paradoxaux. Événements, opérations de communication, farandoles carnavalesques, danses macabres et « *happenings people* » sont une occasion de méditer sur notre temps.

Comment le Tout-Paris est devenu « *arty* »

Les bourgeois ne sont pas tous morts étranglés avec les tripes des derniers ecclésiastiques, ils sont devenus artistes. On peut dire que les prophéties marxistes-léninistes concernant l'art se sont incontestablement accomplies au début du XXIe siècle. Tout le monde est sommé de devenir artiste.

Un épisode récent de la vie parisienne illustre ce fait et donne une idée de cette métamorphose. À l'occasion de la vente à l'émir quatari du célèbre hôtel « Royal Monceau », une fête eut lieu en juin 2008, après la vente aux enchères de tout son mobilier par le commissaire priseur Pierre Cornette de Saint-Cyr. Inauguré en 1928, avenue Hoche, décor et objets étaient une belle illustration du style des années 1920. Tout, de la moulure des plafonds aux poignées de porte, en passant par les meubles, la vaisselle et les couverts formait une unité harmonique. Cet hôtel a été le décor de bien des événements historiques, littéraires et politiques de la capitale.

Après la vente aux enchères, l'immeuble devint pendant quelques jours un haut lieu de l'art contemporain. Des artistes émergeants pleins d'avenir vinrent édifier d'impressionnantes installations. Un somptueux cocktail rassembla les réseaux utiles à l'élaboration d'une cote à Paris : les princes de la bureaucratie culturelle et leurs amis, les célébrités de l'oligarchie médiatique, les avocats accompagnés de leurs riches clients. La fête avait pour thème la célébration funèbre de ce lieu d'élégance et de luxe. Les invités étaient conviés à faire de l'art eux aussi, à déconstruire et à détourner ce lieu de mémoire. Le champagne coula à flots, la drogue circula et ce fut une mémorable bacchanale. À chaque étage était organisée une distribution de marteaux et de maillets. Les convives étaient invités à briser ce qui pouvait l'être. Tout devait disparaître ! Ils devenaient artistes contemporains en commettant ce meurtre rituel. Dans une ambiance frénétique on cassa, cassa toute la nuit. La fête fut violente et orgiaque... À quelques semaines du déclenchement du premier krach mondial planétaire, le « Tout-Paris », jadis si universellement connu pour son raffinement, avait enfin compris ce qu'il fallait faire pour entrer dans le riche cercle des globalisés : il était devenu « *arty* » !

Comment l'on démocratisa la déconstruction

Toute valeur fiduciaire s'écroula en septembre 2008. Effet mimétique ? Dans cette ambiance d'Apocalypse financière tout le monde fut pris par le prurit de la déconstruction... Nicolas Sarkozy osa même imaginer, pendant son mandat de Président de la République, de déconstruire le sanctuaire que représente le ministère de la Culture. Après avoir été élu, il fit la chose dans les règles du processus administratif auquel il avait soumis tous les ministères : il donna l'ordre de « RGPPiser ». Même rue de Valois, un audit constata l'état des lieux et proposa des solutions pour économiser l'argent public en rationalisant. On n'en connut pas, en dehors d'un cercle administratif restreint, le bilan mais seulement sa conséquence : la Dap[1], qui était une officine où tout se passait en secret, fut fusionnée avec les directions de la musique, de la danse et du spectacle vivant. C'était certes un changement, mais il ne produisit pas une révolution. Sarkozy eut une autre idée pour secouer un peu ce système culturel devenu clos et hors du monde. Il nomma un contre-ministre, le dota d'un budget et l'incita à la créativité culturelle. Ce fut Marin Karmitz[2], homme ayant fait fortune dans l'exploitation du cinéma. Sa mission était de déconstruire le ministère de la Culture. En juillet 2009, Nicolas Sarkozy lui demanda de présider à un « conseil de la création » qui aurait la fonction d'être à la fois un *think tank*, un laboratoire d'idées et de recherches qui aurait aussi les moyens de les réaliser afin de fournir des exemples à suivre. Marin Karmitz déclarait à ce sujet : « Je suis quelqu'un de la marge, c'est là que l'on peut créer ! » Cela, les artistes libres le savent mais le fait que « la marge » soit subventionnée et institutionnalisée pour stimuler une administration sur la défensive est une démarche assez complexe. Mais comment faire pour taquiner trente ans de Révolution culturelle institutionnelle et bureaucratique ? Ainsi donc on observa avec amusement l'utilisation des dix millions d'euros mis à sa disposition. En juin 2010 eut lieu le dévoilement d'une année de cogitation : l'ambition était là. Une théorie très pensée fut exposée au public. L'objectif était de mettre en valeur la jeune création des moins de trente-cinq ans. Les principes : transversalité, multiculturalisme, pluridisciplinarité... Tout est art tout le monde est artiste. Les moyens ? Le patrimoine, les lieux éminemment symboliques furent mis à disposition de ces jeunes créateurs afin qu'ils soient détournés, déconstruits et déprogrammés.

---

1. Direction des arts plastiques.
2. Créateur de la société MK2.

Le projet ? « Imaginez maintenant », un événement avec de multiples manifestations à New York, en province, dans les banlieues. Le bouquet final accomplissant la haute mission du contre-ministre et délivrant son message eut lieu à Paris, sur la colline de Chaillot conçue comme une « colline des arts ». Il fallait d'urgence éloigner la création de son cœur, la rue de Valois, pour le recentrer dans le quartier des affaires, des médias et des grands hôtels. L'apothéose eut lieu entre le 1er et le 4 juillet 2010, lors d'une grand'messe à la gloire de la diversité, du métissage et du nomadisme créatif, au sommet de la colline, au Palais de Chaillot, là même où fut proclamée la Déclaration universelle des droits de l'homme le 10 décembre 1948. On rappela à l'occasion les nouveaux traités sur les droits culturels proclamés par l'UNESCO que l'exception culturelle française signe mais n'applique pas… C'était à n'en pas douter une critique à l'adresse du ministère, leçon qui couta 10 millions d'euros !

Au cours de cette cérémonie grandiose fut consacrée l'utopie de combat, chère au « *soft power* » américain : abolir les réalités géographiques et culturelles, « constituer des territoires existentiels », accéder à la mondialisation culturelle, « réinventer la démocratie grâce à l'art et à l'urbanisme », comprendre que « l'impermanent et le nomade sont les moteurs du changement ». Marin Karmitz voulut incarner cette pensée majeure par une œuvre magistrale dans un lieu hautement symbolique. Il voulait une œuvre qui résumerait toutes les œuvres faites en France pour le *happening* géant de « Imaginez maintenant » qui se déroulait au même moment dans neuf villes françaises : de jeunes créateurs « émergeants » devaient « déconstruire, questionner et mettre en abyme » les lieux prestigieux du patrimoine mis à leur disposition à cette occasion.

Le musée des Monuments français, mitoyen du théâtre national de Chaillot où se déroulait la grande cérémonie, fut choisi pour réaliser cette apothéose. Sa célèbre Galerie des moulages[1], qui réunissait les plus grands chefs-d'œuvre de l'art roman, gothique, renaissant et classique, convenait parfaitement à ce grand projet d'ingénierie créative et sociale. L'œuvre devait être à la fois transversale, pluridisciplinaire et multiculturelle afin d'illustrer au mieux la pensée de Marin Karmitz. Dans ce but il réunit deux architectes : Salem Mostefaoui et Jean Bocabeille ; un designer : Julien Pinard ; un pâtissier : Jordan Bischoff ; un ingénieur : Mario Poirier ; un éclairagiste : Frank Hélaine. Le chef cuisinier Gilles Stassart en élabora le concept : « La tour sans faim », un gâteau de 7,82 mètres de

---

1. Musée unique au monde, exposant les moulages faits au XIXe siècle de monuments, dont certains ont aujourd'hui disparu.

haut, avec 350 œufs, 628 kilos de farine, 508 kilos de sucre, 18 kilos de beurre et beaucoup de Carambars. Il devait « concilier cuisine et architecture dans une performance de la verticalité ».

Les conservateurs affolés essayèrent de s'y opposer car il est une règle absolue dans un musée : interdire tout apport de nourriture en raison des moisissures, insectes et autres parasites qui sont une menace pour les œuvres. Sans succès ! Ils réussirent seulement à la confiner au fond de la galerie, dans la salle Viollet-le-Duc.

Ainsi fut édifiée cette œuvre d'« art contemporain ». La canicule hélas mit un certain désordre dans les procédures du concept qui visait à déprogrammer un si prestigieux patrimoine. Mais, dans la nuit du 8 au 9 juillet, après le vernissage, le beurre fondit, le caramel dégoulina et la tour pencha si dangereusement que l'on appela d'urgence l'huissier attaché au célèbre *Guinness des records*. Ainsi fut constaté à temps le record mondial du plus grand gâteau du monde. Après quoi, le gâteau s'effondra et les « artistes » s'attelèrent à la déconstruction de ce qu'il en restait. Les conservateurs constatèrent, atterrés, qu'il s'était écroulé à deux doigts d'un vitrail récemment restauré.

L'histoire amusa les Parisiens, mais il faut se rendre à l'évidence, le message humanitaire de Marin Karmitz échappa complètement au public qui se scandalisa. En pleine crise, on demande au peuple des sacrifices et on gâche de la nourriture avec ses impôts ! Le gâteau ne pouvait pas être distribué aux indigents car il n'obéissait pas aux normes européennes d'hygiène. La direction de la communication de « Imaginez maintenant » annonça, pour apaiser l'opinion, le recyclage écologique du gâteau en engrais biologique haut de gamme. En vain.

Noces mystiques des arts archaïques et contemporains

Au printemps 2012, toujours sur la colline de Chaillot, mais au Palais de Tokyo[1] eut lieu la « Triennale » de l'« art contemporain ». Le commissaire-inspecteur de la création, Jean de Loisy, fut doté d'une « mission d'intérêt général » consistant à « inviter public et artistes à partager l'aventure de l'émergence ». Il fait découvrir « une scène française mondialisée » sur le thème de « l'hybridité, l'ensauvagement, le primitif salvateur ». Les visiteurs de la première « Biennale d'art contemporain » qui eut lieu,

---

1. L'inauguration des nouvelles salles eut lieu fin avril 2012. L'exposition de la « Triennale » dura jusqu'à fin août 2012.

en ces lieux même, au cours des années 1970, eurent l'impression, en parcourant cette « Triennale » quarante ans plus tard, de ne pas avoir vieilli tant les œuvres ressemblaient à celles de leur lointaine jeunesse... D'évidence, il n'y avait pas d'évolution notable dans les formes ni dans la transgression de l'art ! Cependant l'amateur cultivé d'AC pouvait constater quelques nuances : les œuvres de la « Triennale 2012 » étaient nettement moins violentes et moins politiques que celles de l'ancienne « Biennale ». L'AC est devenu « cool » puisque l'art est devenu officiellement transgressif. Soudain, quelque chose sautait aux yeux : l'« art contemporain » semblait avoir quitté la modernité sur la pointe des pieds... pour rejoindre le temps circulaire des mythes.

Un art sacré et total

C'est d'ailleurs le thème d'une autre exposition du même commissaire-inspecteur qui avait également lieu en ce printemps 2012 sur l'autre rive, au musée du Quai Branly[1] : « Les Maîtres du désordre ». Jean de Loisy y fait « dialoguer » 350 objets ethniques liés aux pratiques des sorciers et chamans avec 20 installations d'artistes contemporains. « Les Maîtres du désordre » sont l'exposition *blockbuster* de ce printemps, la dernière théorie officielle de l'art ! Le décor est un labyrinthe initiatique. Le néophyte, c'est-à-dire le visiteur, est comme ingurgité, digéré dans un semblant de circuit intestinal et serpentin, et expulsé quelques circonvolutions plus tard à son point de départ. Tout ici est métaphore, et veut évoquer à la fois l'envers et l'endroit du monde en affirmant une ambivalence universelle. En franchissant le seuil, l'impétrant abandonnera la raison occidentale pour entrer dans le temps circulaire des mondes archaïques.

Le néophyte se verra délivrer un message : les grandes religions, le grand art, la civilisation ont échoué. Le salut de l'humanité réside désormais dans la pratique d'« hommes-limite », de transgresseurs, d'êtres ambivalents, véritables médiateurs capables de maîtriser les puissances du mal. L'artiste contemporain actualise cet « art » jadis pratiqué par les chamans et les sorciers. Bienfaiteur de l'humanité, il rétablit l'équilibre du monde.

La preuve en est fournie par un *happening* inédit. Pour la première fois dans l'histoire d'un musée d'ethnographie, un sorcier est exposé, activant et entretenant un autel vaudou. Là aussi « l'œuvre » créa une

---

1. Musée des arts premiers. Exposition jusqu'au 29 juillet 2012, musée du Quai Branly.

certaine panique chez les conservateurs… Activer les « esprits » dans un musée rassemblant la plus grande collection du monde d'idoles et d'objets magiques, est-ce bien raisonnable ? Sans parler de la présence en ce même lieu, au même moment, d'une autre exposition, « Exhibition – L'invention du sauvage » décrivant et dénonçant précisément cette pratique « colonialiste », qui donne au public occidental des « sauvages » en spectacle[1] ! Mais là encore ils durent se soumettre… On ne résiste pas aux oukases de l'AC !

Contradiction ou révolution ? Nous sommes ici dans le vif du sujet. La théorie développée par Jean de Loisy, illustrée par sa mise en scène, part du constat de l'échec des grandes religions, du « grand art », de la raison et de la civilisation. Le monde idéal où le bien, le vrai, le beau seraient gagnants *in fine*, est désigné comme illusoire.

Mais alors comment résoudre le problème du mal omniprésent ? Jean de Loisy rassure le visiteur, la solution est « en marge des grands panthéons[2] ». Il faut avoir recours aux pouvoirs des médiateurs, des « hommes-limite », à des marginaux et impurs, qui pour cela même seront d'efficaces intercesseurs. Jadis, ils étaient sorciers, aujourd'hui ils sont « artistes contemporains ». Leur rôle relève désormais du service public ! Par la vertu de cette exposition, le sorcier togolais Azé Kokovivina est devenu « intermittent du spectacle », moyennant quoi les « artistes contemporains » acquièrent la dimension chamanique.

L'exposition se termine par un char triomphal aux roues couleur arc-en-ciel. Il porte en gloire « le Propagandiste », un Priape androgyne et difforme, entouré d'un cortège de monstres[3]. Un écriteau signé Ben conclut cette initiation aux mystères de l'AC : « Pas d'art sans désordre ! » Ainsi les arts premiers rive gauche répondent aux arts derniers de la rive droite. Si tous les transgresseurs voulaient se donner la main, la planète serait sauvée !

Ainsi se rejoignent rituels magiques et « procédures » de l'AC. L'« art contemporain » devient une synthèse indépassable, de l'artiste, du prêtre, du sorcier, du savant et du fonctionnaire de l'art. C'est l'apothéose de l'art, sa nouvelle définition.

---

1. « Exhibition – L'invention du sauvage » du 29 novembre 2011 au 3 mai 2012, musée du Quai Branly.
2. En bref, les grandes religions monothéistes, le christianisme et le judaïsme ont échoué et sont obsolètes.
3. Œuvre collective dirigée par Arnaud Labelle-Rojoux. *Der Propagandist*, bronze, 2005, de George Condo.

Changement de paradigme et d'époque

Nous avons quitté l'art à vocation révolutionnaire du XXe siècle finissant pour aborder un art magique en ce début du XXIe. Le côté sauvage et sacré de l'AC apparaît dès les années 1960, mais ce n'est qu'au tournant du millénaire que l'« art contemporain » devient massivement du « sacré » à la place des grandes religions. La pratique jadis « politique » est devenue incantation rituelle.

Jean de Loisy, référence révérée au collège des Bernardins, directeur du Palais de Tokyo, célèbre commissaire d'expositions *blockbusters*, nous dit : « Le rôle de l'artiste est de nous donner accès à la turbulence, d'être au service de la perturbation et non d'une institution et d'un marché. » Pourtant il représente au plus haut grade l'institution elle-même, ainsi chaque œuvre muséifiée par lui voit sa cote augmenter. Il consacre les espèces en quelque sorte... On comprendra pourquoi un étrange « art sacré d'État » a vu le jour depuis trente ans et a envahi, par la commande publique, les églises de notre patrimoine.

L'AC aux Bernardins
Bain de mousse dans la sacristie

Le collège des Bernardins, nouveau « *show case* » de la pensée catholique ne manque pas de fournir dans cette ambiance de catastrophe financière et de fin de civilisation quelques divertissements dignes du *Satyricon*. De mai à juillet 2012, la chapelle gothique des Bernardins accueillit « Bouquet Final », exposition de l'artiste officiel Michel Blazy, maître de la matière organique en décomposition et des arts pourrissants. Dans une interview, il explique : « J'ai réfléchi à ce lieu froid aux murs épais. Rapidement j'ai compris que je voulais le confronter à la légèreté[1] », et c'est à la mousse qu'il pensa. Il produisit donc sa plus grande installation de mousse en cascades permettant au spectateur de s'engloutir voluptueusement dans un bain de bulles. Vingt ans plus tôt à Paris ce procédé avait animé les nuits folles des boîtes du Marais. Il permettait de cacher tous les excès sous un manteau d'écume. La pratique évolua plus tard en divertissement forain circulant l'été d'un village à l'autre pour amuser les enfants. Aux Bernardins, le message est différent. Malgré une très grande défiance de l'artiste pour tout discours politique ou écologique,

---

1. Entretien du 28 juin 2012 avec Léa Chauvel-Lévy, www.slash.fr/articles/entretiens-michel-blazy.

le « concept » de la mousse fut présenté dans le dossier de presse comme une œuvre critique de la société de surconsommation qui menace l'avenir de la planète. On y vanta la « pauvreté » comme la grande vertu de l'œuvre, on fit l'éloge de sa « fragilité », de son caractère « éphémère ». On y vit une admirable « Vanité », nous rappelant que nous sommes mortels. Michel Blazy se qualifia d'artiste baroque et même rococo en raison des festons de mousse qui dégringolaient de la voûte de pierre. La « christianisation » forcée de Michel Blazy dans le dossier de presse agaça l'artiste… ce qui lui fit dire lors d'un entretien avec Léa Chauvel-Lévy : « Je voulais mettre en présence le spectateur avec une matière qui le domine : c'est Dieu – un monstre – chacun y verra ce qu'il voudra[1]. »

L'art total des commissaires

Aurait-on atteint le stade de l'art total, pour ne pas dire totalitaire ? Un art de commissaires. On a vu apparaître à chaque siècle de nouveaux types d'artistes : les « chefs d'orchestre » à la fin du XIXe siècle, les « metteurs en scène » de théâtre à la fin du XXe, au XXIe on connaît l'apothéose du « commissaire d'expositions ». Celui-ci crée du concept, de l'histoire, du dogme, de l'événement et de la cote, et commande aux artistes de faire les œuvres qui vont avec. C'est le prince des artistes, tout à la fois homme de pouvoir[2], ordonnateur de cérémonies, prêtre des grandes messes de l'art. Jean de Loisy est l'archétype de ce nouveau type de surhomme : il est à la fois directeur du Palais de Tokyo, créateur d'expositions, en l'occurrence de la « Triennale » et des « Maîtres du désordre », haut fonctionnaire, inspecteur de la création, expert de l'AC au collège des Bernardins. C'est l'artiste total. Tout est AC, tout est sacré.

Banquet funèbre – « Le repas sous l'herbe »

Les milieux scientifiques ne sont pas en reste. Entre le 29 mai 2011 et le 10 juin 2012 l'archéologue Jean-Paul Jacob procède à une fouille scientifique et déterre l'œuvre conceptuelle de Daniel Spoerri qui consistait en un pique-nique, réunissant 120 personnes, ayant eu lieu le 23 janvier 1983. Les reliefs après le festin ont été enfouis dans une tranchée de 60 mètres de long, creusée dans la pelouse de la propriété du collectionneur Jean Hamon. Les résultats de la fouille sont examinés vingt-sept

---

1. *Ibid.*
2. Haut fonctionnaire, inspecteur de la création, maître des subventions, des budgets et des distinctions.

ans après les faits, lors d'un colloque réunissant l'archéologue Jean-Paul Demoule, l'anthropologue Bernard Muller, des ethnologues et sociologues. Sont là aussi les institutionnels Claude Mollard, Bernard Blistène, l'historienne d'art Anne Tronche, la critique d'art Françoise Gaillard. Le colloque a été organisé sous l'égide de l'artiste par la « Société du déterrement du tableau piège[1] », l'université de Paris I, de l'EHESS, de l'Institut de recherches interdisciplinaires sur les enjeux sociaux du CNRS et de l'INRAP.

Daniel Spoerri, créateur du concept de « tableau piège » au cours des années 1970, a pratiqué pendant presque deux décennies, au cours des années 1970-1980, les installations *happenings* sous forme de banquets organisées dans les galeries. Joyeuses assemblées d'amateurs et d'artistes, servis par les critiques d'art, dont la mission était de « passer les plats ». Ce qui était une façon de faire la critique de la critique. Après le repas chaque table se métamorphosait en tableau. Une fois les reliefs collés, ils étaient suspendus aux cimaises.

Le colloque « Regard sur la première fouille archéologique de l'art contemporain[2] » a réuni des savants de disciplines diverses pour tirer les conclusions de ce travail accompli avec toute la rigueur scientifique. Cet événement concerne-t-il l'archéologie des détritus contemporains dite « *garbage archeology* », science anglo-saxonne examinant les restes de la société de consommation ? L'histoire de l'art ? L'ethnologie ? La sociologie ? La technique ? L'analyse de la résistance des matériaux et des matières organiques ? Toutes ces questions furent abordées.

Les questions théoriques sur l'« art contemporain » furent aussi un important sujet de débat. Stephen Wrigth et Félix Guattary posèrent la question fondamentale : les reliefs déterrés sont-ils toujours de l'art ? La question embarrassa et resta sans réponse car très contradictoire : une exposition de la « première fouille d'art contemporain » a eu lieu à Beaubourg en octobre 2010, et Daniel Spoerri n'a pas résisté, après la fouille, à la tentation commerciale de faire un moulage et tirer trois bronzes d'un fragment de l'œuvre exhumée. Cet art qui se voulait éphémère, dont le concept majeur était la gratuité et l'immatérialité, a pris la forme d'une « sculpture » ce qui représentait pour les artistes d'alors l'essence même du mal. Anne Tronche ne manqua pas de voir en cela « une faiblesse » de l'artiste : une installation coulée dans du bronze est une terrible transgression de l'AC. Serait-ce un signe de son involution ?

---

1. SDTP est un collectif qui rassemble artistes, chercheurs, cuisiniers, bouchers et tripiers, croque-morts et pince-sans-rires. C'est une association Loi 1901.
2. Colloque du 23 mars 2012, au musée du Quai Branly.

Les experts institutionnels réunis autour du cadavre de l'AC constatèrent cependant de façon unanime, et non sans regrets, que l'AC vertueux était mort. L'ambiance du colloque donnait une vive impression de mélancolie.

Spoerri était là au milieu des fonctionnaires, amis, théoriciens, critiques et amateurs qui l'avaient consacré : les survivants tels que Claude Mollard, Anne Tronche, Bernard Blistène et bien d'autres plus anonymes… Cela ressemblait à l'enterrement d'une utopie. Heureux temps où l'art n'était pas seulement financier ! Il existait une amitié entre eux, ils faisaient en s'amusant la pluie et le beau temps ! Sans que l'argent ne rentre en ligne de compte. L'État prenait tout en charge et les collectionneurs ne se ruinaient pas en s'amusant. C'était la douce France des « *eighties* » !

Les sociologues firent quelques remarques pertinentes : ayant travaillé sur la documentation existant sur le banquet à l'origine de l'œuvre, ils avaient même lancé un appel à témoins pour recueillir leurs récits. Ceux-ci n'ont pas reconnu dans les reliefs du repas, la magnificence du *happening*. D'évidence, l'âme de l'œuvre avait quitté la forme. Les restes sont devenus strictement documentaires. On ne saura rien de la fête. On rêve du « concert champêtre » du Titien ou du *Déjeuner sur l'herbe* de Manet, mais ici rien de tel. Une œuvre d'art classique, même ruinée, aurait conservé l'essence, mais d'évidence le concept du banquet-piège spoerrien ne réussit pas à ressusciter l'œuvre. Tant que Daniel Spoerri et ses convives sont vivants le récit nous fera encore vibrer, mais l'œuvre connaîtra une mort définitive avec leur disparition. La fouille n'a pas exhumé une « œuvre d'art », le constat fit en définitive une sorte d'unanimité. On assista à la reconnaissance implicite du statut particulier de « l'œuvre d'art contemporain », de sa différence avec ce que l'on nomme par ailleurs « œuvre d'art ». Ce qu'exhume un archéologue à Lascaux ne peut se comparer avec ce qui a été sorti de terre à Jouy-en-Josas. D'ailleurs le ministère de la Culture, sollicité pour subventionner en partie la fouille, a été clair sur ce point et a répondu négativement en évoquant le Code du patrimoine LS.10-1 : l'objet invoqué n'est pas du domaine de l'histoire de l'art.

Fin de partie ?

En mai 2006, la célèbre revue *Art Press* cesse de paraître mensuellement sur papier pour une diffusion sur Internet : ArtPress.com. Cependant tous les trimestres paraît un numéro thématique. Serait-ce la fin d'*Art*

Press ? Cette revue a consacré l'« art contemporain » en France, enseigné et développé sa théorie, joué le rôle d'arbitre pendant quarante ans. Catherine Millet en a été la prestigieuse fondatrice en 1972 avec Daniel Templon. Son projet était de « briser les attitudes xénophobes de l'information culturelle en France ». Comment expliquer un tel succès sans le soutien des réseaux de la Galerie Templon[1], première « galerie amie » de Leo Castelli en France ? Les moyens furent trouvés pour que la revue soit bilingue donc « internationale » afin de jouer pleinement son rôle de prescripteur de l'AC en voie de consécration à New York, tout en diabolisant le « grand art » français, si « arrogant » !

En 1983, quand le ministère de la Culture se transforma en ministère de la Création, la revue profita aussi du soutien de l'État. En pleine victoire de l'alliance socialiste et communiste en France, *Art Press* a produit de la théorie pour faire de l'AC un art hybride : à la fois vertueux, politiquement « révolutionnaire », quoique référencé à New York et financiarisé à Manhattan.

La lecture attentive de cette revue permet de retracer l'histoire de la synchronisation des tendances, des idées et des théories circulant entre Paris et New York : New York prescrit, Paris théorise. Comment alors interpréter son déclin actuel ? À la Bibliothèque nationale de France, du 13 au 15 décembre 2012, ont étés fêtés « les quarante ans d'*Art Press* – Art, littérature et philosophie ». Un mémorial… Qu'est-ce sinon une sorte d'enterrement de première classe ? La revue *Art Press* aurait-elle rempli sa mission d'influence ? Est-elle encore nécessaire dans le grand jeu de la globalisation de l'AC et de son apothéose financière ? Son côté si français, si intellectuel, si politique, si lucide, si critique déplaît. Cette exception française-là a bien servi mais doit sans doute aussi disparaître.

Ainsi le monde a changé et Catherine Millet aussi. De l'AC, elle a versé dans la littérature. Du *happening* elle a fait un roman, de la procédure un style. Comment cela a-t-il été possible ? C'est sans doute parce que le roman aussi a commencé à ressembler à un *happening* d'« art contemporain ». Un article du *Monde* du 29 mai 2012 à l'occasion des Assises

---

1. Galerie créée en 1966 à Paris par Daniel Templon avec l'appui du célèbre galeriste new-yorkais Leo Castelli dont la caractéristique était de travailler en réseau pour consacrer financièrement ses artistes dans l'international. Daniel Templon fit la promotion des artistes américains et de leurs amis en France, et mit en valeur quelques artistes français.

internationales du roman[1] est un signe révélateur. Une page entière de ce journal, organisateur du colloque, célèbre et commémore Catherine Millet. En effet, son best-seller *La Vie sexuelle de Catherine M.,* paru en 2001 a dix ans. Depuis il a été traduit en 45 langues et deux ans après sa parution avait atteint les 2,5 millions d'exemplaires. *Le Monde* avait déjà ovationné ce livre « fondateur d'une nouvelle littérature » au moment de sa parution en 2001 par trois articles élogieux de Philippe Sollers, Josiane Savigneau et Philippe Dagen[2]. Ce dernier montrait à quel point cette œuvre était en tous points conforme au modèle le plus pur de l'« art contemporain », la comparant notamment à celles des *activistes viennois* et du *body art*.

Le critique du *Monde* en 2012 en fait sa consécration définitive : « Ce récit rend compte de la sexualité avec une telle précision qu'il est à la fois un témoignage et une œuvre littéraire à part entière. » Un modèle exemplaire à suivre ! Il vante avant tout sa qualité morale, voire héroïque dans la quête de la vérité : l'imaginaire est condamné, seul le pur réel compte. Les Assises 2012 avaient, il est vrai, choisi le thème : « Quelle est la définition du vrai en littérature ? » Question à laquelle Catherine Millet répondit : « J'ai conçu ce livre comme une démarche presque scientifique. […] Mon écriture est un travail de l'ordre de l'enquête[3]. »

Ainsi, Catherine Millet a enfin gagné grâce à son best-seller son indépendance financière et ne dépend plus ni des réseaux ni de l'État. *Art Press* peut disparaître. Le monde a changé. Catherine Millet est passée avec armes et bagages à la « littérature ». Avec toute la lucidité dont elle est capable elle saura la réduire elle aussi à l'état de concept. Mais le signal est donné, il est temps aussi pour tous de quitter le bateau de l'« art contemporain » et de passer à autre chose.

---

1. VIe Assises internationales du roman, organisées par le journal *Le Monde*, le 3 juin 2012 à Lyon.
2. *Le Monde* du 7 avril 2001.
3. Propos recueillis pour une interview par Raphaëlle Rérolle. Consultable sur Internet : LeMonde.fr du 23 mai 2012.

Bibliographie

T. W. Adorno, *Théorie esthétique*, Klincksieck, Paris, 1995.

Jean-Paul Aron, *Les Modernes*, Gallimard, Paris, 1984.

Patrick Barrer, *Tout l'art contemporain est-il nul ?*, Favre, Lausanne, 2000.

Jean Bazaine, *Exercice de la peinture*, Seuil, Paris, 1973.

Hans Belting, *L'histoire de l'art est-elle finie ?*, Jacqueline Chambon, Nîmes, 1989.

Walter Benjamin, « L'œuvre d'art à l'époque de sa reproduction mécanisée », in Écrits français, Gallimard, Paris, 1991.

Alain Besançon, *L'Image interdite. Une histoire intellectuelle de l'iconoclasme*, Éditions de la Cité, Fayard, Paris, 1994.

Pierre Bourdieu, *Les Règles de l'art*, Seuil, Paris, 1992.

Nicolas Bourriaud, *L'Esthétique relationnelle*, Presses du Réel, Dijon, 2003.

Nicolas Bourriaud, *Postproduction*, Presses du Réel, Dijon, 2003.

Georges Brunon, *La Cité impérieuse*, Les Deux Océans, Paris, 2002.

Michel Ciry, *Journal*, 30 tomes chez divers éditeurs.

Jean Clair, *Considération sur l'état des beaux-arts*, Gallimard, Paris, 1983.

Jean Clair, *Du surréalisme considéré dans son rapport au totalitarisme et aux tables tournantes*, Mille et Une Nuits, Paris, 2003.

René-Jean Clot, *La Peinture aux abois*, Julliard, Paris, 1988.

Juan Luis Cousino, *L'Amoureuse Danse de l'être*, ALTESS, Paris, 1996.

Arthur Danto, « Art World », *Journal of Philosophy*, 1964. *La Transfiguration du banal. Une philosophie de l'art*, Seuil, Paris, 1989.

François Dérivery, *Le système de l'art*, E. C. Éditions, Campagnan, 2004.

Jean-Philippe Domecq, *Artistes sans art ?*, Éd. Esprit, Paris, 1994.

Jean-Philippe Domecq, *Misère de l'art*, Calmann-Lévy, Paris, 1999.

Jean-Philippe Domecq, *Une nouvelle introduction à l'art du xxe siècle*, Flammarion, Paris, 2004.

Benoît Duteurtre, *Requiem pour une avant-garde*, Robert Laffont, Paris, 1995.

Fred Forest, *Fonctionnements et dysfonctionnements de l'art contemporain : un procès pour l'exemple*, L'Harmattan, Paris, 2000.

Marc Fumaroli, *L'État culturel : une religion moderne*, Éditions de Fallois, Paris, 1991.

Gérard Genette, *L'œuvre de l'art*, tomes I et II, Seuil, Paris, 1994, 1997.

Clement Greenberd, *Modernist Painting*, Arts Yearbook IV, 1961.

Catherine Grenier, *L'art contemporain est-il chrétien ?*, Jacqueline Chambon, Nîmes, 2003.

Henri Guérin, *Patience de la main*, Cerf, Paris, 1995.

Serge Guilbaud, *Comment New York vola l'idée de l'art moderne*, Jacqueline Chambon, Nîmes, 1989.

Raymond Hains, Pierre Restany (coll.), *Manifeste des nouveaux réalistes*, Éd. Dilecta, Paris, 2007.

Lydia Harambourg, *L'École de Paris 1945-1965. Dictionnaire des peintres*, Ides et Calendes, Neuchâtel, 1993.

Jean-Louis Harouel, *Culture et Contre-cultures*, PUF, Paris, 1994, 1998, 2002.

Nathalie Heinich, « Légitimation et culpabilisation : critique d'un usage critique d'un concept », in *L'art c'est l'art*, Musée d'ethnographie, Neuchâtel, 1999.

Nathalie Heinich, *Le Triple Jeu de l'art contemporain. Sociologie des arts plastiques*, Les Éditions de Minuit, Paris, 1998.

Nathalie Heinich, *Les Rejets de l'art contemporain*, Jacqueline Chambon, Nîmes, 1998.

Nathalie Heinich, *L'Élite artiste*, Gallimard, Paris, 2005.

Nathalie Heinich, *Le Statut de l'artiste*, Gallimard, Paris, 2005.

Judith Housez, *Marcel Duchamp*, Grasset, Paris, 2006.

René Huyghe, *L'Art et l'Homme*, tome III, Larousse, Paris, 1961.

Marc Jimenez, *La Querelle de l'art contemporain*, Gallimard, coll. « Folio », Paris, 2005.

Philippe Lejeune, *Carnets d'atelier*, Éditions Mémoire vivante, Paris, 1998.

Philippe Lejeune, *Via crucis. Dessins*, Éditions Mémoire vivante, Paris, 1999.

Philippe Lejeune, *Conseils à un jeune peintre*, Éditions de Paris, Versailles, 2001.

Philippe Lejeune, *La Vision créatrice*, Éditions Mémoire vivante, Paris, 2002.

Élisabeth Lévy, *Les Maîtres censeurs*, J.-C. Lattès, Paris, 2002.

Jean-François Lyotard, *La Condition postmoderne. Rapport sur le savoir*, Les Éditions de Minuit, Paris, 1979.

André Malraux, *La Métamorphose des dieux*, Gallimard, Paris, 1957-1976.

Frédéric Martel, *De la culture en Amérique*, Gallimard, Paris, 2006.

Georges Mathieu, *Le Massacre de la sensibilité*, Odilon Média, 1996.

William Marx (sous la dir. de), *Les arrières gardes au XXe siècle, l'autre face de la modernité esthétique*, PUF, Paris, 2004.

Kostas Mavrakis, *Pour l'art. Éclipse et renouveau*, Éditions de Paris, Versailles, 2006.

Henri Meschonnic, *Modernité, modernité*, Verdier, Lagrasse, 1988.

Yves Michaud, *L'Artiste et les Commissaires*, Jacqueline Chambon, Nîmes, 1989.

Yves Michaud, *Enseigner l'art ?*, Jacqueline Chambon, Nîmes, 1993.

Yves Michaud, *La Crise de l'art contemporain*, PUF, Paris, 1997.

Yves Michaud, *Critères esthétiques et jugement de goût*, Jacqueline Chambon, Nîmes, 1999.

Yves Michaud, *L'Art à l'état gazeux*, Stock, Paris, 2003.

Nathalie Moureau et Dominique Sagot-Duvauroux, *Le Marché de l'art contemporain*, La Découverte, coll. « Repères », Paris, 2006.

Raymonde Moulin, *L'Artiste, l'Institution, le Marché*, Flammarion, Paris, 1992.

Raymonde Moulin, *La Construction de la valeur artistique*, Flammarion, Paris, 1995.

Joseph-Émile Muller, *La Fin de la peinture*, Gallimard, Paris, 1982.

Michel Onfray, *Archéologie du présent. Manifeste pour une esthétique cynique*, Grasset, Paris, 2003.

Jean Onimus, *Étrangeté de l'art*, PUF, Paris, 1992.

Pierre Parsus, *Carnets d'atelier*, Éditions Mémoire vivante, Paris, 1998.

Alain QUÉMIN, *L'Art contemporain international : entre les institutions et le marché*, Jacqueline Chambon, Nîmes, 2002.

Pierre RESTANY, *Letourneur*, Éditions Cercle d'art, Paris, 1999.

Rainer ROCHLITZ, *Subversion et subvention. Art contemporain et argumentation esthétique*, Gallimard, Paris, 1994.

Rainer ROCHLITZ, *L'Art au banc d'essai. Esthétique et critique*, Gallimard, Paris, 1998.

Mgr ROUET, Mgr LOUIS, père Robert POUSSEUR, Gilbert BROWNSTONE, *L'Église et l'Art d'avant-garde. De la provocation au dialogue*, Albin Michel, Paris, 2002.

Maryvonne DE SAINT-PULGENT, *Le Gouvernement de la culture*, Gallimard, Paris, 1999.

Marie SALLANTIN, Colin CYVOCT, Gilles MARREY, *Cinq Questions posées par des peintres à des auteurs d'écrits sur l'art*, Éditions du Linteau, Paris, 1999.

Marie SALLANTIN, *L'Art en questions. Trente réponses*, Éditions du Linteau, Paris, 1999.

Jean-Marie SCHAEFFER, *Les Célibataires de l'art. Pour une esthétique sans mythes*, Gallimard, Paris, 1996.

Michel SCHNEIDER, *La Comédie de la culture*, Seuil, Paris, 1991.

Daniel SIBONY, *Création. Essai sur l'art contemporain*, Seuil, Paris, 2005.

Pierre SOUCHAUD, *Art contemporain. Territoire de non-sens, état de non-droit*, E. C. Éditions, Campagnan, 1999.

Christine SOURGINS, *Les Mirages de l'art contemporain*, La Table ronde, Paris, 2005.

Frances STONOR-SAUNDERS, *Qui mène la danse ? La CIA et la guerre froide culturelle*, Denoël, Paris, 2003.

Jacques THUILLIER, *Histoire de l'art*, Flammarion, Paris, 2002.

Paul VEYNE, *L'Empire gréco-romain*, Seuil, Paris, 2005.

Alain VIRCONDELET, *Mémoires de Balthus*, Le Rocher, Paris, 2001.

Wladimir WEIDLÉ, *Les Abeilles d'Aristée*, Ad Solem, Genève, 2002.

Tom WOLFE, *Le Mot peint*, Gallimard, Paris, 1978.

Articles de presse et revues

Bérénice BAILLY, « Les sceptiques de la Nuit blanche », *Le Monde*, 9 octobre 2006.

Bérénice BAILLY, « Succès inégal de la 5ᵉ Nuit blanche », *Le Monde*, 10 octobre 2006.

Harry BELLEY, « OPA de Sotheby's et Christie's sur l'art contemporain », *Le Monde*, 2 octobre 1997.

Jean CLAIR, « La fin d'un monde », *La Revue des Deux Mondes*, octobre 1992.

COLLECTIF, « L'utopie Beaubourg dix ans après », *Esprit*, février 1987.

Philippe DAGEN, « L'art contemporain sous le regard des maîtres censeurs », *Le* Monde, 15 février 1997.

Jean-Philippe DOMECQ, divers articles en 1988, 1991, 1992, 1994, 1995 dans la revue *Esprit*.

Claude LÉVY-STRAUSS, « Le métier perdu », *Le Débat*, 1981.

Giovanni Lista, « Le Triomphe de la peinture », *Ligeia*, janvier-juin 2006.

P. GUERLAIN, « Les guerres culturelles américaines », *Revue française d'études américaines*, 1998.

Françoise MONNIN, entretien avec Faust CARDINALI, « L'art peut-il encore être subversif aujourd'hui ? », *Artension*, n° 33, janvier-février 2007.

Krzysztof POMIAN, « La querelle de l'art contemporain », *Le Débat*, n° 110, mai-août 2000.

Christine SOURGINS, « L'envers du vitrail contemporain », *Kephas*, juillet-septembre 2006.

Christine SOURGINS, « L'université et l'art contemporain », *Conflits actuels*, n° 17, Paris, 2006.

Christine SOURGINS, « L'art contemporain, un nouveau révisionnisme », *Commentaire*, n° 113, printemps 2006.

Jean-Marie TÉZÉ, « La gloire du sensible », *Christus*, 1970.

Morris WEITZ, « The Role of Theory in Aesthetics », dans *The Journal of Aesthetics and Art Criticism*, XV, 1956.

Index des noms propres

A

Aballéa Martine 261
Abeille Claude 258
Abramovic Marina 61
Adorno T. W. 85-86
Aillagon Jean-Jacques 124
Albanel Christine 202
Alfera Gilles 261, 271
Alfred Kenneth 261
Allais Alphonse 164-165, 183
Almodovar Pedro 90
Alquin Nicolas 258
Althoff Kai 89
Amato Alfonso d' 52
Ambille Paul 265
Amel Pascal 119
Amer Ghada 261
Amsellem Guy 230
Anguera Jean 258
Antoine Jean-Philippe 192
Antonioz Bernard 256
Arasse Daniel 169, 171
Arcabas 265, 259-260
Arcimboldo 140
Arendt Hannah 169
Arman 142, 217
Armani Giorgio 45, 84
Arnault Bernard 70, 72, 126, 139, 143-146, 244-245
Aron Jean-Paul 120, 185-186
Aron Rémy 120, 199-202, 235-237, 248
Asada 247
Aubry Michel 261
Aujame 264
Avoy Mac 255
Ayme Albert 261

B

Bailly Bérénice 147
Ball George 261
Balossini Fabrice 270
Balthus 217, 237, 264
Ban Shigeru 143
Barbarin Mgr 288
Barbier Gilles 261
Barrer Patrick 120, 237, 241
Barry Daphné du 258
Basquiat Jean-Michel 66
Bataille Eugène 165
Baudrillard Jean 37, 83, 117, 135, 190-191, 199
Bazaine Jean 238
Bazin Germain 168-169
Bazin Léon 176
Belley Harry 63
Bellow Saul 48
Belmondo Jean 177, 256
Belting Hans 172-173
Ben 141, 191, 217, 298
Bengy Jean de 259-260
Benjamin Walter 287
Benoist Alain de 120, 191
Benzaken Carole 261, 269
Berge Louis-René 261
Bernadac Marie-Laure 124, 132
Bernard Émile 264
Bernstein Leonard 54
Bertall 165
Berthenod Martin 70
Bertholle 248, 255, 264
Besancenot Olivier 199
Besançon Alain 93
Beuys 201, 243, 285
Bignolais Gérard 119, 238
Bigot Jean 282
Bilhaud Paul 165
Bioulès 268
Birga Sergio 247

Bischoff Jordan 295
Bissara Françoise 258
Blazy Michel 299-300
Blistène Bernard 301-302
Bocabeille Jean 295
Boisgallais Maya 261
Boissoudy François-Xavier de 270
Bollo Jacques 271
Boltanski Christian 89-90, 201, 217, 243
Bontoux Jean-Martin 261
Bouchard Henri 177-178, 256
Bougnoux Daniel 188
Bourdelle Pierre 256
Bourdet-Guillerault Henri 120
Bourdieu Pierre 68, 180, 190, 274
Bourriaud Nicolas 38, 60, 81, 103, 120, 126, 146, 195-199, 282
Bousteau Fabrice 120, 217
Boutet de Monvel 178
Boutrais Marc 271
Brasilier André 265-266
Brayer 255
Bréon Emmanuel 178-179
Brérette Geneviève 266
Breton André 76, 171, 213, 265
Briot Marie-Odile 207
Broodthaers 243
Broto José Manuel 261
Brownstone Gilbert 61, 92
Brunon Georges 238
Brunovsky Albin 261
Bublex Alain 217
Buffet Bernard 266
Buraglio Pierre 268
Bureau Xavier 120
Buren Daniel 31, 38, 201, 217, 243, 276

Buschère Christophe de 255
Bush George (père) 49, 53, 55-56
Bush George W. (fils) 49

C

Cabanes Damien 261
Cacheux François 258
Cage John 76
Caillois Roger 169
Calle Sophie 174, 201
Canchy Jean-François de 192, 194, 276
Cane Louis 268
Capote Truman 48
Cardinali Faust 95, 150
Cardot Jean 254, 258
Carrière Eugène 206
Carron Pierre 265
Carter Jimmy 51
Carzou Jean 266
Cassel Axel 248
Cassou Jean 168
Castelli Leo 33, 242, 303
Catellan Maurizio 276
Cat Roland 270
Cattelan Maurizio 61, 89-90
Cazanova Philippe 271
Cellini Benvenuto 144
César 142
Cesch Hélène 261
Cézanne Paul 46
Chalumeau Jean-Luc 119
Chambellan René 41
Chapelain-Midy François 258, 264
Chastel André 168, 171-172, 180
Chattaway William 247, 258
Chauvel-Lévy Léa 300
Cheng François 169
Chepik Serguei 247, 270
Chia Sandro 63
Chiesi Andrea 215
Ciry Michel 238, 265
Clair Jean 59, 81, 83, 87, 118, 171, 180, 185, 188, 191-193, 195, 197-198, 208, 220
Claverie Jean-Paul 145
Clerici Fabrizio 270
Clinton Bill 49, 55

Cliville Jean-Louis 271
Clot René-Jean 231-233, 270
Cognée Philippe 261
Combas Robert 217
Commines Laurent de 270
Coquelin Gabriel 177, 256
Cornette de Saint-Cyr Pierre 293
Cortot Jean 265
Cousino Juan Luis 238, 265
Cousseau Henry-Claude 124, 128-129, 132-133
Coutelle 255
Couturier Robert 177, 258
Couvaigne 177
Cremonini Leonardo 120, 194, 247
Crenn Yves 271
Crozat Christine 261
Cueff Alain 192
Curie Parvine 258
Cyvoct Colin 120, 204, 228

D

Dadérian 248, 261
Dado 260-261
Dagen Philippe 120, 171, 178-180, 188, 191-193, 208, 228, 283, 304
Dalbis Éric 261
Danchin Laurent 120
Danto Arthur 74, 76-78, 165, 186, 192, 194
Darmon 261
Daviot Jean 215
Debecque-Michel Laurence 209
Debord Guy 32, 197, 265
Debray Régis 38, 120, 149
De Bus Jean-François 261, 271
Decroix Geneviève 255
De Kooning 75
Delacampagne Christian 81, 120
Delamarre Raymond 177, 256
Deleuze Gilles 34, 189
Delisle Lisbeth 258
Delpech Alain 261
Delpech Jean 248, 254-255
Delvoye Wim 84

Demoule Jean-Paul 301
Denis Maurice 178, 225
Derain André 264
Dérivery François 81, 119-120, 237, 273
Dermarkarian 238
Derrida Jacques 34, 189
Desmazières Érik 261, 270
Desmet Cyril 261
Despiau Charles 178, 256
Desvallières George 178
Devaux Judith 258
Diaz Gérard 261
Dickie George 78, 186
Di Rosa Hervé 261
Doaré Yves 261, 270
Dodeigne Eugène 258
Doig Peter 210, 212
Doisneau Robert 142
Dolla Noël 261
Domecq Jean-Philippe 59, 81, 83, 118, 188, 191-193, 197, 209, 220, 224, 228, 285
Domenach Jean-Marie 120
Donnedieu de Vabres Renaud 124
Douste-Blazy Philippe 129
Druet Daniel 258
Duchamp Marcel 31-34, 36, 76-79, 128, 140, 155, 157-161, 163-165, 177, 183-184, 201, 265, 285
Duhamel Ludovic 119
Dumas Marlène 210
Dupré Michel 119
Duteurtre Benoît 120, 188
Duve Thierry de 192
Du Wang 72

E

Édouard Pierre 258
Ellul Jacques 169
Emdadian 247, 271
Erhard Auguste 165
Erro 142

F

Fabre Valérie 216
Faikhod Maria de 258
Faublé Michel 271
Favier Philippe 261
Fenosa Apel 255-256

Index des noms propres

Féraud Albert 258
Ferris William 56
Filliou Robert 218
Finkielkraut Alain 120
Flandrin Marthe 178
Fleury Sylvie 126, 144
Focillon Henri 181
Forest Fred 68
Foucault Michel 34, 172, 179, 189
Francastel Pierre 168, 171
Francs Alix des 258
Freud Sigmund 32
Friedlander Johnny 248, 255
Frohnmayer John 53-54, 61
Fumaroli Marc 81, 83, 118, 171, 188, 191

G

Gäfgen Wolfgang 261
Gagez Louis 271
Gaillard Françoise 301
Gall Nathalie 261
Gang Zhou 247
Garel Philippe 248, 271
Garel Quentin 258
Gargallo 178
Garouste Gérard 268
Gaudrat Marie-Laurence 270
Gautier Théophile 224
Geers Kendell 90
Gehry Frank 72, 138, 143
Geldzhalu Henri 75
Genette Gérard 81
Gerbier Luc 261, 270
Germignani Ulysse 177, 256
Gerz Jöchen 192
Gestalder Jacques 256
Giacometti 264
Gilbert Christophe 147
Gilbert et George 61
Gilbert Louis Mgr 61
Gimond Marcel 177, 256
Gimpel Jean 120
Ginzburg Carlo 169
Gioia Dana 56
Giorda Patrice 215, 271
Girard René 135, 183
Giraud Christophe 70
Giraud Joel 255
Gobin Nathalie 226, 255
Goetz Henri 248, 255

Goldin Nan 53, 61
Gombrich Hans 169, 182
Gonzalez-Forester Dominique 164
Goodman Nelson 80
Gordon Douglas 89
Goudji 95, 246-247
Goux Jean-Joseph 191
Grabar André 169
Gramsci 32, 38, 137-138, 143
Granet Roseline 258
Granier Jean-Marie 261
Greenberg Clement 76
Grenier Catherine 89-90, 92, 103, 120, 150-151
Grimaldi Nicolas 120, 209
Gris Juan 178
Guatta Giuliano 215
Guattary Félix 301
Guérin Henri 233-234
Guerrin Michel 266
Gueury Francis 226
Guidiéri Remo 191
Guilbaut Serge 62, 75
Guilleminot Marie-Ange 217
Gupta Subodh 96
Guzmán Alberto 247

H

Haas Michel 261
Hadid Zaha 138, 143
Hagens Gunther von 84, 130, 283
Haijima Masao 247
Hains Raymond 217
Halleux Jean-Sébastien de 271
Hamon Jean 300
Harado Tetsuo 247
Harambourg Lydia 265
Haring Keith 96
Harouel Jean-Louis 59, 170, 188
Hauterives Arnaud d' 265
Hayter S. W. 248, 255-256
Hegel 106
Heinich Nathalie 68, 112, 120-122, 132, 187, 189-190, 209, 222, 274-275
Hélaine Frank 295
Helms Jesse 53, 55
Henricot Michel 270

Hermann Thierry 288
Herszkowicz Sophie 252
Heuzé Hervé 271
Hindry Ann 142
Hiquily Philippe 258
Hirschhorn Thomas 161
Hirst Damian 61, 70, 90, 285
Hölderlin 292
Houplin 261
Housez Judith 158
Houtin 261
Hoving Thomas 51
Huguenot Marie-Christine 120
Huyghe René 168-169, 171, 265, 276
Hwang Jongyung 216
Hybert Fabrice 217

I

Iacovleff Alexandre 178
Idir Jean-Marc 255
Immendorff Jorg 210

J

Jacob Jean-Paul 300
Jacobs Marc 126, 143
Jaffe Shirley 261
Janis Sydney 33
Janniot Alfred 176-178, 254, 256
Jarry Alfred 116, 164
Jennewein Paul 41
Jimenez Marc 81-85, 103, 120, 130, 134, 180
Joffre Hughes 63
Johnson P. 43, 49-50
Jonchère Évariste 178
Joubert Laurent 261
Journiac Michel 88
Jouve Paul 178
Jünger Ernst 263
Juppé Alain 123

K

Kac Eduardo 84
Kaepplin Philippe 258
Kahnweiler 30, 33
Kant Emmanuel 166
Kaprow Allan 78
Karmitz Marin 294-296

Kennedy 49-50
Kern Pascal 261
Kessler Mathieu 120
Kiefer Anselm 269
Kippenberg Martin 210
Kline 75
Koenig Fritz 43
Koestler Arthur 48
Kokovivina Azé 298
Koller Ben-Ami 271
Koons Jeff 131
Kossuth 78
Krier Léon 191
Krystufek Elke 124
Kung Samuel 71

L

Labauvie Dominique 261
Labelle-Rojoux Arnaud 298
Laclotte Michel 169
Lacroix Christian 96, 140
Lambert Yvon 122
Lampe Katinka 215
Land Peter 89
Landowsky Marcel 178
Lang Jack 36, 129, 149, 184-185
Lanvin Gérard 258
Lapene Didier 270
Laprade Albert 176
Larivière Jean 261
Lauretta Francesco 280
Lavier Bertrand 217
Lawrie Lee 41-42
Le Blaise 261
Le Bot Marc 120
Lebovici Élisabeth 207
Le Corbusier 43
Lee Caroline 248
Le Gac JEan 268
Legrand François 255
Lejeune Philippe 219, 225-228, 248, 255, 265, 287, 289, 291
Le Lagadec Robert 258
Le Maréchal Jacques 270
Le Méné Marc 261
Lemoine Marc 271
Léon Jean-Luc 136
Letourneur Jean 258
Letourneur René 177, 256, 258
Lévi-Strauss Claude 32, 120, 185
Lévy Élisabeth 120

Lévy Jules 164
Lipshitz Jacques 177, 256
Lista Giovanni 204-205, 209-210, 213-215
Lodhéo Étienne 261
Loisy Jean de 296-300
Louineau Katerine 120, 237
Lublin Léa 261
Luci Frédéric 261
Ludwig Peter 187
Lyotard Jean-François 34, 189, 281

M

Mabille Rodolphe 271
Malraux André 103, 149, 165-166, 168-169, 256, 264, 271-272
Manet 302
Manschip Paul 41
Mapplethorpe 52
Maraval Pierre 140-141
Marchand Yo 238, 271
Margolles Teresa 61, 131
Marie Cécile 271
Marie Mathieux 261
Marin Enrique 270
Marrey Gilles 120, 204, 228, 271
Marshall George 47
Marshall Maria 90
Martel Frédéric 40, 59, 62, 66
Martine Martine 258
Marx Karl 32
Marx William 174-175
Mary Claude 258
Mason Raymond 247
Mathieu Georges 238, 265, 280
Mattei Jean-François 120
Mavrakis Kostas 81, 120, 191, 223-225
Mayaux Philippe 261
Mazuru Didier 270
McCarthy Joseph 47
McLuhan 32
Mennour Kamel 146
Meschonnic Henri 185
Mesples Eugène 165
Messager Annette 126, 200-201, 217

Michaud Yves 60, 66, 81-83, 103-106, 108, 111, 113-115, 120, 126, 139, 173, 177, 180, 185, 187-189, 195-196, 198, 208, 236, 251, 282, 287, 290
Michel Régis 172
Millet Catherine 120, 160, 191-194, 303-304
Ming Yan Pei 138, 261
Mitry Catherine de 271
Mitterrand François 184
Mockel Francis 261, 270
Mohlitz Philippe 261, 270
Mohr Dietrich 248
Moisdon-Tremblay Stéphanie 124, 132
Molino Jean 188
Mollard Claude 301-302
Monet Claude 44, 174, 218
Mongin Olivier 120
Moninot Bernard 261
Monneret Jean 235
Monnin Françoise 120
Moreh 247, 261
Morice Charles 205-207, 213
Morisse Sophie 271
Mosset 31
Mostefaoui Salem 295
Moulin Raymonde 68, 190, 216, 244, 273, 275
Mouraud Tania 96
Moureau Nathalie 68-70, 274
Muguet Georges 177, 256
Muller Bernard 301
Muller Joseph-Émile 185
Murray Philippe 120
Musy Jean 254
Mutt M. 158, 160

N

Nahon Marianne et Pierre 136
Nakamura Shinya 255
Nitsch Hermann 61, 210
Nixon Richard 49
Nobuyoshi Araki 61
Noorbergen Christian 120

O

Ofili Chris 58, 210

Index des noms propres

Ogien Ruwen 131
Oliva Bonito 36
Olsson Jan 215
Onfray Michel 82
Onimus Jean 238
Ono Shoichi 247
Orloff Chana 177, 256
Othoniel Jean-Michel 96, 217
Ousouf Jean 177, 256

P

Pacquement Alfred 157, 160-162
Pagé Suzanne 244
Pane Gina 88
Panofsky Erwin 169
Parent Francis 120
Parmentier 31
Parsus Pierre 238, 265, 270
Patch Walter 158
Patellière Amédée de la 178
Peinado Bruno 144
Pékin Amélie 81
Perrin Alain-Dominique 139, 146
Perrin Philippe 96, 99
Perrot Raymond 119-120
Pettibon Raymond 89
Picabia 183
Picasso 72
Piccirilli Attilio 41
Pierre et Gilles 61, 217
Pinard Julien 295
Pinault François 64, 67, 70, 142, 145, 187, 211, 244-245
Pincemin Jean-Pierre 261
Pinoncelli Pierre 157, 160-162, 164-165, 199
Piquet Roger 255
Plassart Catherine 120, 202
Poirier Mario 295
Poirier Patrick et Anne 283
Pollock Jackson 48, 75
Pommereulle Daniel 261
Poncet Antoine 258
Ponchut Olivier 271
Ponneau Dominique 169
Pousseur Robert (père) 61
Préaud Maxime 261
Privat Gilbert 177, 256
Pury Simon de 213
Putman André 143

Q

Quadrio David 71
Quémin Alain 65, 67, 120
Quillevic 261

R

Ramon Gérard 258
Rancillac Bernard 261
Raphaël 71
Rebeyrolle Paul 271
Recht Roland 171
Reich Wilhelm 34
Reigl Judith 261
Renouf Edda 261
Restany Pierre 30-34, 77, 159, 184, 257-258, 265
Rheims Bettina 127
Rivera Diego 42
Roche Joël 261
Rochlitz Rainer 59, 82, 188-189
Rockefeller David 42-43
Rockefeller John D. 40, 43, 57
Rockefeller Nelson 42-43, 49
Rockewell Norman 46
Rodin Auguste 256
Rohaut Jacques 255
Roman Dana 270
Roméas Nicolas 119-120
Rondinone Ugo 144
Rosenberg Pierre 171
Rosenblum Robert 46, 169, 260
Rosselli Colette 270
Roth Emery 43
Rothko Mark 71, 218
Rouet Mgr 61, 124
Rouillé André 117-118, 132
Rubel-Moreh Georges 270
Rudolf Lorenzo 71

S

Saatchi Charles 64, 70, 187, 209-213
Sabbagh 178
Sacksick Gilles 270
Sagot-Duvauroux Dominique 68-70, 274
Saint-Jacques Camille 120, 237
Saint-Pulgent Maryvonne de 120, 188
Salinger 48
Sallantin Marie 81, 120, 204-205, 207-209, 214, 216, 228-231, 237
Sam Rindy 122
Sans Jérôme 146
Sarkis 201
Sarkozy Nicolas 199-200, 294
Sarr Ousseynou 247
Sarrabezolles 177, 256
Sartre Jean-Paul 292
Saunier Hector 247, 261
Savigneau Josiane 304
Schaeffer Jean-Marie 81, 188
Schnapper Antoine 171
Schneider Michel 120, 188
Schwartz Arturo 159
Scott Dread 54
Séchas Alain 261
Sélavy Rose 285
Senaud Franc 255
Serra Santiago 130
Serrano Andres 52, 61
Sert José Maria 42
Serve Joëlle 248, 255-256, 261
Settis Salvatore 169
Sibilia Franca 247, 261, 270
Sibony Daniel 81, 103, 107-109, 111, 113, 195-197
Smith Kiki 61
Sobieski White 144
Sollers Philippe 304
Solveig 261
Soos Marine de 258
Souchaud Pierre 81, 119-120, 199, 209, 234-235, 237
Soulages Pierre 217
Sourgins Christine 16, 21, 81, 95, 120, 133, 222-223, 252, 283
Souverbie Jean 225
Spoerri Daniel 300-302
Sprinkle Annie 54
Stassart Gilles 295
Steiner George 155, 169
Stern Peter R. 69
Stieglitz Alfred 159
Stockhausen Karlheinz 283

Stonor-Saunders Frances 62, 75, 241
Subira Puig Jose 248
Szafran Sam 247, 261

T

Taniguchi Yoshio 44
Tatah Djamel 261
Teana Francisco Marino di 247
Teh-Chun Chu 247
Templon Daniel 242, 303
Terziev Brigitte 258
Tézé Jean-Marie 288
Thatcher Margaret 211
Thomass Chantal 141
Thuillier Jacques 120, 166, 169, 171-172, 180-181, 265, 277
Tibi Teddy 119
Tinguely 142, 179
Tisserand Jérôme 271
Tissot Christophe 271
Titien 93, 302
Toroni Niel 31
Traquandi Gérard 261
Trautmann Catherine 194
Traverse 177
Trémois Pierre-Yves 261, 266
Tricoire Agnès 163
Trignac Gérard 261, 270
Trocheris Yves 97
Troïl Laurent de 261
Tronche Anne 301-302
Truman Harry 47

Tudor David 76
Turrell James 144
Tuymans Luc 210, 215
Twombly 122

V

Vabres Donnedieu de 67, 129
Valladares 247, 261
Van der Rohe Carla 202
Vandromme Roch 258
Van Gogh 218
Van Hove 270
Vasari 268
Vauquelin Max 270
Védrines Louis 191
Velázquez Diego 70
Velly Jean-Pierre 270
Venet Bernard 288
Verdière François de 200
Verluca Robert 255
Verna Jean-Luc 61
Véronèse 93
Veyne Paul 169, 259
Vié Bernard 258
Vieille 261
Vignoles André 265
Villéglé Jacques 261
Villepin Dominique de 148-149
Vinardel Pascal 204
Vinci Léonard de 218
Vircondelet Alain 238
Vivin Bertrand 261
Voss Jan 261

W

Waligora Charlotte 120
Wallinger Mark 89
Warhol Andy 45, 72, 77, 107, 139, 145, 159, 184, 275
Waroquier 178
Weidlé Wladimir 14-16
Weil Simone 280
Weitz Morris 76-78
West Demian 120, 122
Wildmon Donald 52
Wilson Robert 144
Winckler Jean-Marc 270
Wojnarowicz David 53
Wolfe Tom 120, 185
Wou-Ki Zao 247
Wrigth Stephen 301
Wurm Erwin 96

Y

Yamasaki Minoru 43
Yencesse Hubert 177, 256
Yu Zhu 84, 130
Yuskavage Lisa 61
Yvonnet Bruno 261

Z

Zalkalus Théodore 255
Zeïlé Valentina 248, 255, 258
Zeri Federico 169

Du même auteur

Sacré art contemporain. Évêques, inspecteurs et commissaires, Éditions Jean-Cyrille Godefroy, 2012.

Les Échelles du ciel, Éditions du Savoir perdu, Parme, 2001.

Ouvrages collectifs

Les Années noires de la peinture. Une mise à mort bureaucratique ?, Éditions Pierre Guillaume de Roux, 2013, avec Marie Sallantin et Pierre Marie Ziegler.

« La très grande crise de l'art », dans *Art contemporain : art ou mystification, huit essais*, Éd. Russkiy Mir, 2012, avec Jean Clair, Marc Fumaroli, Christine Sourgens, Boris Lejeune, Kostas Mavrakis et Jean-Philipe Domecq.

« L'art contemporain et la guerre contre soi-même », dans *La Guerre civile perpétuelle*, Artège, 2012, sous la direction de Bernard Dumont et Christophe Reveillard.

« L'empire du bien, vingt ans après », dans *Philippe Murray*, Cerf, 2010, sous la direction de Maxence Caron.

« La grande crise métaphysique de l'art », dans *Qu'est-ce que la métaphysique ?*, L'Harmattan, 2010, sous la direction de Bruno Bérard.

www.ingramcontent.com/pod-product-compliance
Lightning Source LLC
Chambersburg PA
CBHW070936230426
43666CB00011B/2459